All-for-one Tourism
Incubator

All-for-one Tourism
in the Era of Independent
Travelling

全域旅游孵化器

自主旅游时代的全域旅游

林 峰 ◎ 著

中国旅游出版社

项目统筹：段向民
责任编辑：李志忠　孙妍峰
特约策划：王志联　罗晓楠
责任印制：冯冬青

图书在版编目（CIP）数据

全域旅游孵化器：自主旅游时代的全域旅游/林峰著；-- 北京：中国旅游出版社，2017.11

（绿维旅游开发运营系列丛书）

ISBN 978-7-5032-5884-8

Ⅰ．①全… Ⅱ．①林… Ⅲ．①旅游企业－企业孵化器－研究 Ⅳ．①F590.65

中国版本图书馆CIP数据核字(2017)第208563号

书　　名：	全域旅游孵化器：自主旅游时代的全域旅游
作　　者：	林　峰　著
出版发行：	中国旅游出版社
	（北京建国门内大街甲9号　邮编：100005）
	http://www.cttp.net.cn　E-mail: cttp@cnta.gov.cn
	营销中心电话：010-85166503
排　　版：	北京天韵科技有限公司
经　　销：	全国各地新华书店
印　　刷：	北京金吉士印刷有限责任公司
版　　次：	2017年11月第1版　2017年11月第1次印刷
开　　本：	700毫米×1000毫米　1/16
印　　张：	21.25
印　　数：	1~15000册
字　　数：	330千
定　　价：	69.80元

ISBN 978-7-5032-5884-8

版权所有　翻印必究

如发现质量问题，请直接与营销中心联系调换

Writer
撰 稿 人

林　峰　　　王志联
杨　茜　　　范珍珍
王天阳　　　田玉堂
罗晓楠　　　夏颖颖
张　静　　　李璐芸
郭海芳　　　金　歌

(特别感谢全域旅游研究院、泛旅游开发分院、文化科技分院、景区分院提供的项目资料和开发孵化部、投融资事业部、品牌推广部提供的相关稿件)

All Draft Editorial Staff
通稿编辑人员

罗晓楠　　　张　静
夏颖颖　　　金　歌
郭海芳　　　李璐芸

旅游，是解决我国社会主要矛盾最有效的工具

一、旅游将成为解决中国社会主要矛盾的重要抓手

十九大报告指出，我国社会主要矛盾已经转化为人民日益增长的美好生活需要和不平衡不充分的发展之间的矛盾。我认为，旅游，就是解决这一主要矛盾最重要和最有效的产业和工具！

旅游生活是美好生活最重要的组成部分，大旅游范围内的旅行、休闲、郊野、运动、游乐、研学、养生度假、养老度假、避暑避寒避霾等，已经成为美好生活最重要的体现。旅游供给，包括景区旅游、休闲运动、度假生活、深度体验、多业态旅游消费等，是提供美好生活的主要供给侧改革与发展目标，而基于乡村小城镇、基于西部偏远山区的旅游开发，为解决不平衡不充分的发展，提供了最具操作性和效果的实施路径。特别是对于乡村振兴计划，休闲农业与乡村旅游，为乡村的发展提供了一、二、三产业融合，附加价值提升，生活水平与文明程度升级的最好路径！

中国开启新时代后，人民日益增长的美好生活需要，是我们服务的目标！什么是"美好生活"？从生老病死，到学习工作，再到八小时之外的旅游休闲度假，无所不包。而旅行、休闲、度假、郊野、养生、养老、运动等泛旅游都很好地体现了美好生活的追求，是最重要的美好生活的内容。

因此，如何做好旅游，是今后发展的重点课题！

宜居、宜业、宜学、宜游、宜养的地方，才会成为美好生活的好地方！

欢乐童年、亲子共享、休闲运动、假期享受、避暑避寒、养生养老，人的生命周期中，需要以旅游为核心，整合文化、运动、康养，形成家人共度、朋友共享、商业同乐的生活价值，这是今天中国社会最重要的需求。旅游休闲度假，是美好生活的二分之一，是美好生活的质量标准！

旅游也不仅仅是观光旅行，而是学习、工作之外的所有休闲活动。八小时之外的休闲，占生命的三分之二，周末与节假日达全年的三分之一，退休后的生活，休闲度假成为享老生活的重要组成部分！

生活美不美好，生活质量的标准是什么？关键在于有健康、有内容，丰富而充满内涵！

中国的"不平衡不充分的发展"在哪里？大多集中在乡村、在小城镇、在中西部偏远山区！

40年来，我们对乡村和小城镇的欠账太多，学生进城了、青壮年进城了，我们的乡村和小镇还停留在20年前的水平，产业支撑不够、城市配套不足，如何发展？东部发展了，沿海发展了，中部西部仍然比较落后，如何高速追赶？

自主旅游时代的全域旅游，正是新时代解决不平衡不充分发展的好模式！

休闲农业与乡村旅游，正是既满足人民对"美好生活"需求，又促进"不平衡不充分的发展"领域（建制镇与乡村）快速赶超的最好方式。乡村和小城镇，有乡村综合体与特色小镇的创新解决方案，其中，旅游是最重要的模式与手段。在西部、偏远山区与落后地区，恰恰保留了较好的生态，保留了美丽的风景、风俗与文化传承，成为游客追逐的目标。依托旅游业发展西部偏远地区、山区和落后地区，成为当今中国不平衡不充分发展地区最好的路径选择！

"小康不小康，关键看老乡"。这句民谚，概括了中国在城镇化奔向小康进程中的关键所在。农业、农村、农民,这"三农"问题,是中国建成小康社会的短板,中国是否能实现"两个一百年"目标,迈进小康社会,不只看城市,更应盯住农村。

十九大报告中首次提出"实施乡村振兴战略",指出农业、农村、农民问题是关系国计民生的根本性问题,必须始终把解决好"三农"问题作为全党工作的重中之重。我认为实施乡村振兴战略是重大发展统筹抓手,特色小镇、田园综合体、美丽乡村建设、扶贫攻坚工程在这一战略下整合发展,可以说乡村振兴战略,是十九大与旅游关联的第一战略。

在党中央和国务院的顶层设计中,特色小镇、休闲农业与乡村旅游已经上升为国家战略。近年来,乡村旅游发展已经成为农村发展、农业转型、农民致富的重要渠道。乡村旅游是旅游精准扶贫的核心,是乡村振兴战略的重要抓手,在解决三农问题,拓展农业产业链、价值链,助力脱贫攻坚,城乡统筹建设等方面发挥了巨大的作用。而特色小镇、田园综合体作为当前社会的发展热点,兼顾了生态、生产、生活"三生合一",不仅可以促进一、二、三产业融合发展,结合美丽乡村建设,对扶贫攻坚、全域旅游以及城乡一体化协调发展,也都起到积极作用。可以说乡村振兴战略的实施,将有利于在未来形成"村镇化"与"城镇化"的双轮驱动,加速区域经济的协调发展,使三大产业在城乡之间进行广泛渗透融合,城乡经济相互促进,为城乡协调发展提供坚强的物质基础,最终实现共同繁荣。

绿维文旅专注于创意休闲农业与乡村旅游度假领域的创新研究和乡村区域综合开发项目的运营,致力于以优质生态环境为依托、以大农业资源为基础、以品质乡村旅游为引导、以城乡一体化协调发展为目标,打造集"生态产业、现代农业、农产品DIY加工、乡村旅游、养生度假、休闲地产、创意文化"为一体的综合开发项目,包括文旅小镇、田园综合体、乡村旅游休闲度假区等,依托"旅游与特色小镇开发运营平台",通过"全产业链全程联合孵化服务模式"和"旅游项目孵化器、全域旅游孵化器、特色小镇孵化器、运营IP孵化器"四大孵化器,以"规划设计"为核心,整合投融资、开发、建造、运营、人才培训、智慧旅游等资源,为项目提供从前期策划规划设计到后期运营管理咨询的全程服务,实现"创意经典、落地运营"的交钥匙工程,为新时代"美好生活"目标的实现和乡村振兴战略的实施，贡献自己的力量。此外，绿维文旅与上市公司全域旅游产业扶贫联盟（简称"上扶联"，由中国扶贫开发协会博士后扶贫工程中心管理）合作，形成了全域旅游背景下以上市公司为主的"农业+"产业链扶贫整体解决方案。

二、自主旅游时代已经到来

随着人们旅游消费观念的不断成熟，以及移动互联和智能科技的不断崛起，以主题化、定制化、圈子化、小众化、深度化、随意化为特征的自主旅游开始兴起并受到追捧。自主旅游时代已经到来！旅游者标榜个性、追求自主、渴望深度互动参与的需求，必将带来旅游供给端的改革。因此，基于这一时代背景，全域旅游必将顺应新趋势，从旅游供给侧改革的角度，通过商业模式的创新、旅游产品的丰富、产业结构的调整，催生出不同于以往任何一个时代的新产品、新业态、新模式和新架构！

自主旅游将带来全域旅游的新商业体系。提供旅游导览服务的不再仅仅是导游，那些对当地文化、习俗、生活方式有足够了解的当地居民，将成为最好的"导游"；吸引人们前往旅游目的地不再仅仅是景区、主题公园等传统的投资巨大的旅游产品，一位艺术家经营的民宿或是一对归国回来的夫妻打造的亲子乐园，或许都将成为旅游者前来的理由……

自主旅游将带来全域旅游的新共享体系。基于全域的开放式、交互式系统，房、车、人、资本等越来越多的要素将被纳入共享体系，资源的利用效率将大大提升。

自主旅游将带来全域旅游的新智慧体系。AI、AR和LBS的技术的应用，大大提升了旅游者"自主性需求"实现的可能性。行前通过手机APP就可以解决线路推荐和在线购买；行中，移动互联网、AR和LBS助力游客随时随地的在线购票、分享推送、虚拟拍照、实景增强、虚拟导航、游戏体验等；"行后"游客可以在线评论、线路推荐、在线分享等。

自主旅游将带来全域旅游的新营销体系。自主旅游时代，结合新媒体，人人都是营销者，处处都是营销点。基于LBS的精准营销、基于AR的虚拟营销、"网红+直播"式的粉丝营销，旅游目的地可以一夜之间爆红，也可以因为一个负面新闻而被全民口诛笔伐。

三、迎接全域旅游新时代

十九大之后，全域旅游有了更好的发展基础与社会条件！自主旅游时代，全域旅游需要不断的创新理念与模式！

全域旅游不仅仅是区域的全覆盖，还在于更加有效地用产业带动偏远区域、落后区域等的经济社会发展，提供供给的升级。自主旅游时代的全域旅游，还需要更加善于运用现代科技，运用移动互联网，结合城市居民快速提升的美好生活需求，以此来努力解决美好生活需求与不平衡不充分的发展之间的矛盾！

全域旅游是创新的理念！

社会上对全域旅游的误读很多，我认为，全域旅游，不是一个望文生义的概念，而是一种中国特色的工作理念与整合推进模式。

首先，全域旅游是一种创新的、适应中国国情的理念，我们必须转变思维方式，跟上这一趋势。李金早局长十分清晰地表达了九大转变，在此不再赘述。其次，全域旅游是一种工作模式的转变，主要是由党政一把手亲自抓，构建旅游主导下的行政资源整合、产业整合、运营模式整合。

要实现这两个方面的转变，前提是要有全域旅游的顶层设计。好的顶层设计，要把一个县（市）的产业发展逻辑，落地的吸引核项目，休闲聚集与夜间留客项目，可持续经营的项目策划、规划、设计出来；需要给出政府如何动员包括财税、人力、渠道、金融、行业等各种资源的方案；需要将全域旅游下的公共工程及公共服务结构转变为可实施的项目；需要给市场化的产业项目定好位，拿出招商引资、合作开发的办法。

自从李金早局长正式提出将"全域旅游"作为我国新时期旅游发展的创新模式和思路后，绿维创景成立了全域旅游专项课题组，围绕全域旅游，从全域旅游的架构、全域旅游的项目化、全域旅游落地运营、"全域旅游+PPP"、"全域旅游+基金"等方面进行了深度研究，并通过对数十个全域旅游规划项目的编制研讨，在全域思维、基础支撑、发展架构、核心理念、运营模式、服务体系等方面形成了一系列研究成果和服务模式，并产生了一批以全域思维打造的创新案例。

全域旅游是一种全社会发展理念，是在新阶段、新理念、新思维方式下，解决如何运用旅游产业工具，推动社会发展达到高境界的推手。因此对任何一个政府而言，如何有效运用这个推手，推动社会发展进步，实现社会经济发展和文明结构转化，才是真正的全域旅游发展目标，而不仅仅是追求GDP，追求游客带来的直接经济效益。

全域旅游从不同的角度看，可形成不同的层次：

第一个层次，从社会文明的角度看，全域旅游是城市文明，是社会发展的思维方式；

第二个层次，从区域经济发展的角度看，全域旅游是区域综合发展下，以区域经济结构为主导的发展方式；

第三个层次，从以旅游业为主导的多产业角度看，全域旅游是以旅游为主导的产业融合与产业带动方式；

第四个层次，从旅游产业本身的角度看，全域旅游是旅游产业本身的一种发展方式；

第五个层次，从旅游产品的角度看，全域旅游要推动旅游产业中的产品如公共服务设施、通道结构、服务环境等的发展。

最重要的在于，全域旅游必须落地运营！

绿维文旅认为，做全域旅游应立足地方旅游发展条件和所处阶段，以市场为导向，破除求全思维，立逻辑，找抓手，达目标。

对不同区位、不同先天资源、不同发展阶段的区域，全域旅游建设的工作重点、方法思路、实现周期、难易程度肯定有所不同。做全域旅游定要打破"全"的概念，寻找突破点和发展重点。

首先，对游客和本地休闲消费客群而言，一个地方的全域旅游是否具有吸引力，核心仍在于有没有符合市场需求、能吸引消费者的旅游吸引物。因此全域旅游的开发必须立足于自身特点，从市场需求出发，开发相应的旅游产品。目前的旅游市场越来越细分、越来越多元化，旅游目的从单一的观光为主，升级为观光、休闲、度假并存的多元结构；对旅游出行组织方式的需求，从组团为主转化为自助、自驾、组团相结合；旅游人群也开始划分为儿童、学生、情侣、家庭和老年等专项市场；旅游者的行为举止变得极富个性，只有充分研究目标旅游市场的特征，才能开发出畅销的旅游产品。

其次，全域旅游应该在适合旅游开发的区域内，立足地域特色，充分利用"旅游+"的手段，实现有针对性的产品的创新。全域内定有非旅游开发区，全景中定有非景观建设区，不惜血本的全域旅游开发、全景观化不符合经济社会发展要求和规律。在全域范围内，应寻找适合发展旅游的关键节点，通过"旅游+"的手段，把旅游和不同产品业态进行创意组合，形成满足市场需求的有效供给。因此，"旅游+"是手段、工具和方法，是政府做全域旅游的关键所在。

全域旅游发展的时代已经来临，需用创新理念、创新业态、创新产品去推进落地规划。本书的内容，是绿维文旅 2016 年年初至今关于全域旅游研究和实践的部分成果，基于以上五个层次的理解，绿维文旅响应国家旅游局号召，承担数十个全域旅游规划项目，从全域思维、基础支撑、核心理念、发展架构、运营模式、服务体系等方面总结出一套全域旅游创新观念。

期望本书的出版，可以抛砖引玉，共享成果，携手共绘中国旅游蓝图！

2017 年 11 月

第一篇 全域旅游政策与实践

第一章
全域旅游发展背景与政策解读……………………3

第二章
我国全域旅游发展实践……………………53

第二篇 绿维全域旅游观

第三章
绿维全域旅游新解读……………………83

第四章
绿维全域旅游"325"架构……………………89

第三篇 自主旅游时代的全域旅游创新

第五章
自主旅游时代概述……………………97

第六章
自主旅游时代的全域旅游创新思路……………………108

第四篇 绿维全域旅游规划探索

第七章
全域旅游规划体系探索……………………125

第八章
全域旅游的系统整合……………………129

第九章
旅游基础设施与公共服务设施的建设提升路径……………………143

第十章
全域旅游的投融资模式……………………152

第十一章
全域旅游的体制创新……………………171

第五篇 绿维全域旅游的孵化体系

第十二章
绿维"全域旅游孵化器"解读……………………177

第十三章
全域旅游下的"旅游项目管理"探索……………………187

第六篇 绿维全域旅游案例篇

第十四章
绿维全域旅游典型案例……………………199

第十五章
池州全域旅游发展规划……………………208

参考文献

……………………295

附录

附录一
全域旅游示范区创建工作导则……………………299

附录二
绿维文旅：中国旅游与特色小镇开发运营O2O平台……………………310

第一篇 全域旅游政策与实践

第一章
全域旅游发展背景与政策解读

第二章
我国全域旅游发展实践

第一章 全域旅游发展背景与政策解读

第一节 全域旅游的发展背景

一、旅游业发展现状与困境

（一）旅游业发展现状

我国正处于经济社会发展的重要战略机遇期，提升旅游产业竞争力有利于增强我国综合竞争力、调整产业结构、扩大消费需求。我国旅游业经过黄金十年，发展势头持续强劲，市场规模稳步扩大，据联合国世界旅游组织测算，2016年中国旅游业对GDP综合贡献达11%，对社会就业综合贡献超过10.26%，与世界平均水平持平。2016年全年，我国旅游经济实现了较快增长，大众旅游时代使市场消费基础更加扎实，产业投资和创新更加活跃，经济社会效应更加明显，旅游业成为"稳增长、调结构、惠民生"的重要力量：国内旅游超过44.4亿人次，比上年同期增长11.0%；入出境旅游超过2.6亿人次，比上年同期增长3.9%；全年实现旅游总收入4.69万亿元，增长13.6%。

据《2016—2017中国旅游消费市场发展报告》统计，当前，国内旅游人均花费增长到880元/年，旅游产品销售也加入到以采购电器、服装、生活用品为主体的"双十一"促销战中，成为人们日常常态的消费对象，家庭旅游占比达60%，好友组织的出行占比在20%左右。自由行成为主要出行方式，自驾游、乡村游持续升温，带动全域旅游示范工作顺利开展。当前国内、入境、出境旅游三大市场的自助游客比例分别为93%、82%、61%。国内自驾游、乡村游等旅游形式成为民众出游的常态。

2016年12月14日，国家发改委与国家旅游局联合发布了《关于实施旅游休闲重大工程的通知》，旨在引导和完善社会资本参与旅游基础设施和公共服务体系。在一系列利好政策的支持下，2016年我国旅游投资达到12997亿元，同比增长29.04%，高出全国固定资产投资增速21个百分点（详见图1-1）。其中，民营旅游投资积极性高涨，占到旅游投资总额的59%。

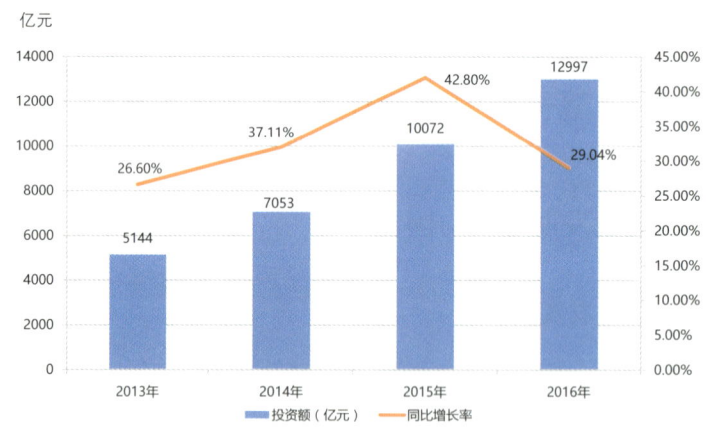

图1-1 我国旅游业近四年投资额情况

（二）旅游业发展存在的困境

旅游是一个涉及综合开发的复杂系统，从顶层设计，到开发建设、持续运营，涉及规划服务商、投资商、开发商等角色的有效沟通，涉及多要素、多类型、多载体的统筹考虑。基于旅游业的复杂性，在全域旅游的快速推动下，旅游开发快速增长的同时，也出现了很多问题，我们将其归纳为"三大脱节，四大分离"，详见图1-2。

图1-2 旅游业发展困境

从规划服务商角度看，多年来规划设计一直很难落地，被戏称为"墙上挂挂"，很多设计院在做规划方案时，并没有考虑人流、现金流、销售等运作层面的问题，造成顶层规划与运营脱节；从政府投资与市场需求角度看，政府不断推动旅游投资，但背后是否有足够的市场需求，消费者买单与否是关键；从企业投资与回报角度看，大多数都是在靠地产、行政力量等因素实现回报，而依靠现金流支撑回报的较少，能够达到8%以上收益率的旅游项目更是少之又少，投资与回报之间并没有很好衔接。除此之外，在旅游项目开发过程中也存在着"四大分离"问题。即旅游规划设计、旅游投资、旅游开发建造、旅游运营四个阶段之间的相互分离。首先，如今各行各业的投资者都在转型投资旅游业，但他们对旅游目标定位、旅游产品规划设计、旅游建造、旅游项目管理等旅游开发过程并不熟悉；其次，大部分旅游投资者并不具备运营能力与基础；再次，大量的建造商并不知道如何营造特色主题，如何建造旅游特色景观，造成设计与施工分离；最后，仍然是旅游规划设计与旅游运营分离。

目前，我国旅游业经过几十年的长效发展，已经具备了一定的实践基础。但是，就现实来讲，还普遍存在产业导向机制僵硬、产业要素资源分散、产业链条单一、旅游产品同质化竞争及旅游形象宣传不足等多种问题。

二、自主旅游时代的到来

改革开放近40年来，我国旅游业经历了从无到有、从小到大的发展过程。随着我国人均GDP的不断增长，旅游业已进入休闲度假时代，人们的生活方式与旅游方式发生很大变化，人均出行次数不断增加，自助游达到93%，自驾游超过60%。传统的以点为特征的景点旅游模式，已不能满足现代旅游发展的需要，这就要求旅游业必须要从景点旅游模式向全域旅游模式转变。

新常态之下旅游正处在一个承上启下的重要阶段，随着社会经济的不断发展和人们消费能力的提高，缺少自主空间的跟团旅游与同质化的景区景点已经不能满足人们出游的需求，旅游者开始呼唤更高品质、个性化、原生态的旅游产品，并且对旅游产品的关注点已从价格逐步转变为品质，更加倾向于自主选择的个性化旅行。人们的旅游方式正在从观

光逐步转为休闲度假，开始注重差异化的体验和精神层面的满足，标榜个性、自主、深度互动参与的体验式旅游受到人们的青睐，融入旅游目的地的生活、体验当地文化成为人们旅游的主要目的。旅游市场结束了普通意义的跟团游时代和自助旅游时代，进入了自主旅游时代！

自主旅游，是在移动互联和智能科技支持下产生的游客完全自主选择旅游时间、旅游线路、旅游内容、出游方式、旅游服务方式与服务商等，以主题化、定制化、圈子化、小众化、深度化、随意化为特征的新型旅游方式。

基于游客的消费能力、闲暇时间、游览喜好等多方面因素，定制化、主题化、深度化的自主旅游产品应运而生，这预示着以自主旅游为主要旅行方式的世界范围内的自主旅游时代已经到来！

自主旅游时代，旅游者将拥有更多的可选择时间，拥有更多的可选择产品和商业提供服务方式，旅游创业和创新成为时代趋势，科技引领成为时代的印记。自主旅游时代将顺应旅游者的新需求，通过商业模式的创新、旅游产品的丰富、产业结构的调整，满足旅游者主题化、定制化、圈子化、小众化、深度化、自主化的旅游需求。自主旅游时代顺应供给侧结构性改革的需求，利用新业态推动互联网、大数据、人工智能和旅游经济深度融合，在中高端旅游消费、共享经济等领域培育新增长点、形成新动能。自主旅游时代响应"大众创业、万众创新"的号召，开创鼓励创业带动就业的新模式，不断发挥"双创"的带动作用，为缩小收入分配差距，实现精准扶贫提出新思路。

因此，自主旅游时代，需要通过发展全域旅游来加大旅游改革创新力度，建立现代旅游综合治理机制；以供给侧结构性改革为主要抓手，不断满足游客需求，催生更多的旅游新业态，提供更多的新产品和新服务；通过"旅游+"推进现代旅游产业向深度和广度空间发展，促进旅游就业，优化旅游环境和旅游全过程。这既是顺应自主旅游时代发展的新趋势，也是旅游业转型升级的新战略、新路径。

第二节 全域旅游政策梳理

我国全域旅游相关概念的提出最早源于 2008 年汶川特大地震后阿坝

州在灾后重建中提出的"全域景区"和浙江绍兴提出的"全城旅游"。《汶川地震灾后旅游业恢复重建规划》率先用"全域旅游"思想来统筹规划，将旅游业作为恢复重建的先导产业，通过旅游业在灾区全域重新配置生产要素，对与旅游关系密切的城乡建设、农村住房、交通体系、公共服务设施等以导则的形式提出旅游化建设要求。绍兴市则提出"全城旅游"战略，在《绍兴全城旅游区总体规划》下对市区景区的游客中心、旅游交通、游览、旅游安全、卫生、邮电、购物、综合管理、资源和环境等方面进行整改提升，来了个"大变身"，硬件和软件上都有了质的突变。随后重庆巴中县提出以全域旅游观念统筹全县旅游开发，成都市大邑县也提出发展全域旅游度假产业，在2011—2015年湖北十堰、云南石林、浙江桐庐、四川甘孜、山东蓬莱、黑龙江大庆、四川九寨、陕西商南、四川泸州纳溪、山东诸城等更多区域开始提出构建全域旅游新格局。直到2015年9月，国家为进一步发挥旅游业在转方式、调结构、惠民生中的作用，实现旅游业与其他行业的深度融合，国家旅游局发布了《关于开展"国家全域旅游示范区"创建工作的通知》，将全域旅游概念清晰地呈现在大众面前。

一、中央层面的重要指示

2016年7月18—20日，习近平总书记在宁夏视察时指出，宁夏发展全域旅游，路子是对的，要坚持走下去。2016年5月19日，李克强总理在首届世界旅游发展大会开幕式上的《让旅游成为世界和平发展之舟》致辞中指出，中国还将推进全域旅游和"旅游+"行动，大力发展乡村旅游、工业旅游、文化旅游、养老养生游，并与"互联网+"相结合，在促进旅游中实现一、二、三产业融合发展，以旅游业的升级换代促进国民经济的提质增效。2017年3月5日，李克强总理在《政府工作报告》中明确提出要迎接正在兴起的"大众旅游时代"，提出"完善旅游设施和服务，大力发展乡村、休闲、全域旅游"，并表示"全域旅游"是2017年重点工作任务之一。

随着"全域旅游"首次写入《政府工作报告》，全域旅游上升为国家战略，将成为一种国策，推动社会全面关注和参与。

二、国家旅游局层面的推动要点

全域旅游是在供给侧改革状态下,国家旅游局发力的一种发展模式和发展路径,意图是在以旅游业为主导产业或支柱产业的地域通过旅游全域化建设,实现旅游业的转型升级并推动和引领区域经济社会发展。这是一种高位的战略谋划。自 2015 年全国旅游工作研讨会上明确提出全面推动全域旅游发展的战略部署后,两年来全域旅游得到了快速推进,国家旅游局在多次大会中都强调发展全域旅游的战略意义,并在浙江桐庐、宁夏中卫、陕西西安召开了三届全国全域旅游创建和推动工作会,围绕如何发展全域旅游,形成瞄准"九大转变",致力于"十大突破",避免"八个误区"一整套发展体系,并提出了多项具体要求,国家旅游局于 2017 年 8 月,发布了《2017 全域旅游发展报告》,对全域旅游发展进行了阶段性总结。国家全域旅游政策的具体推进详见图 1-3。

图 1-3 国家全域旅游政策推进图

(一)"三个要点"

国家旅游局在全国全域旅游创建工作现场会上提出发展全域旅游要把握"三个要点"。详见图 1-4。

第一篇：全域旅游政策与实践

图 1-4　全域旅游发展要把握的三个要点

（二）"九大转变""十大突破""八个误区"

国家旅游局在第二届全国全域旅游推进会上提出，推进全域旅游要瞄准"九大转变"，致力"十大突破"，避免"八个误区"。详见图 1-5～图 1-7。

1. "九大转变"目标

"九大转变"最终是要实现从小旅游到大旅游的转变，从低效率旅游到高效率旅游的转变，从低品质旅游到高品质旅游的转变。详见图 1-5。

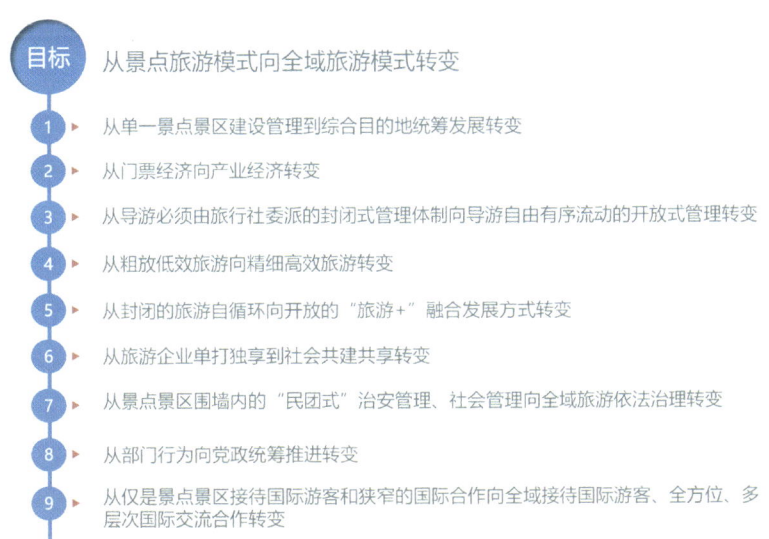

图 1-5　全域旅游"九大转变"目标

9

2. "十大突破"重点

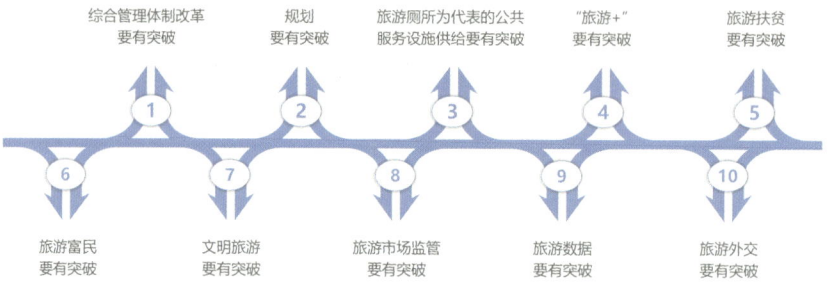

图 1-6　全域旅游"十大突破"重点

3. 避免八个误区

八个误区是针对于快速发展的全域旅游提出的一些忧虑，详见图 1-7。

01　防止盲目开发、过度开发、掠夺式开发行为

02　防止简单模仿，千城一面、千村一面、千景一面

03　防止粗暴克隆，低劣伪造

04　防止短期行为，盲目涨价

05　防止不择手段，不顾尊严，低俗媚客

06　防止运动式、跟风式、一哄而起和大拆大建

07　防止重推介、重形式，而轻基础、轻内容

08　防止在全域旅游改革中换汤不换药，换牌子不换体制，换机构不换机制，换人不换理念

图 1-7　全域旅游"八大误区"

（三）五大推动路径

在 2017 年 5 月 19 日中国旅游日，国家旅游局局长李金早在"大力发展全域旅游，精耕旅游幸福产业"主题讲话中指出，发展全域旅游要有全域的眼界、全域的胸怀、全域的能力，并提出要从五大方面去推动。

详见图 1-8。

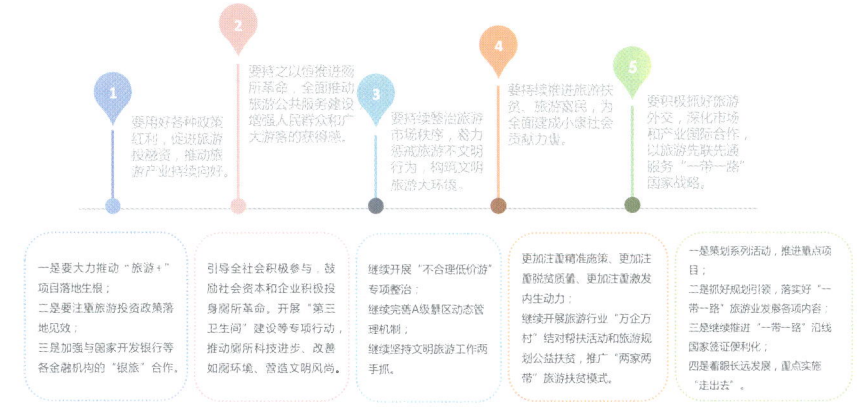

图 1-8 全域旅游"五大推动路径"

（四）四点新要求

2017 年 8 月 3 日，第三届全域旅游推进会暨"人文陕西"推介会在陕西西安举行，国家旅游局对全域旅游提出了四点新的要求。详见图 1-9。

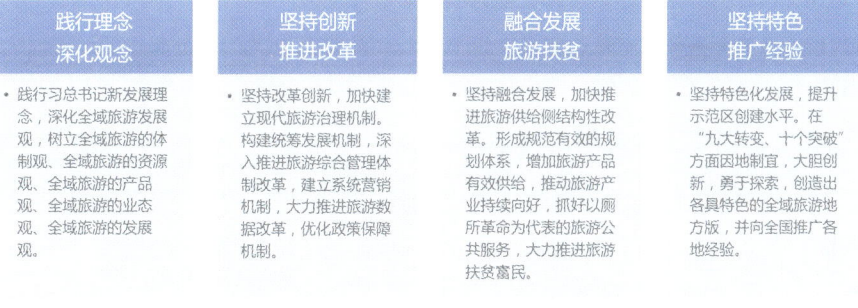

图 1-9 国家旅游局提出的四点新要求

三、全域旅游示范区的政策解读

（一）全域旅游示范区的政策推进

自 2015 年 9 月国家旅游局启动开展"国家全域旅游示范区"创建工

作以来，出台了诸多政策，来保障这一任务的推进，详见表 1-1。截至目前，已公布了两批国家全域旅游示范区创建名录，共计 500 家创建单位。并于 2017 年 6 月发布了《全域旅游示范区创建工作导则》，形成全域旅游示范区创建的依据，本书重点对其进行解读。

表 1-1　全域旅游示范区的政策推进历程

时间	政策
2015.9	国家旅游局《关于开展"国家全域旅游示范区"创建工作的通知》（旅发〔2015〕182 号）
2016.2	国家旅游局《关于公布首批创建"国家全域旅游示范区"名单（262 家）的通知》（旅发〔2016〕13 号）
2016.8	国家旅游局《关于新增百家国家全域旅游示范区创建单位的通知》（旅发〔2016〕103 号）
2016.9	国家旅游局《关于公布第二批国家全域旅游示范区创建单位名单的通知》（旅发〔2016〕141 号）
2016.9	《国家全域旅游示范区创建工作导则》（试行）
2016.9	国家全域旅游示范区认定标准（征求意见稿）
2017.6	《全域旅游示范区创建工作导则》（旅发〔2017〕79 号）

（二）创建工作导则的核心内容

《全域旅游示范区创建工作导则》为全域旅游示范区的创建工作提供了最新依据和行动指南。主要明确了创建工作要始终坚持"三大方针""六项原则"，最终为了"五大目标"，具体落实好"八方面任务"。

"三大方针"是全域旅游示范区创建及管理工作的机制，坚持宽进严选，以示范形成引领，并加强动态管理，做到有进有出。

"六项原则"是全域旅游示范区创建所依据的标准，是为了防范地方创建工作跑偏，落入"八个误区"，能起到导向作用，主要涉及改革创新、党政统筹、融合共享、创建特色、绿色发展、示范导向六个方面。详见图 1-10。

第一篇：全域旅游政策与实践

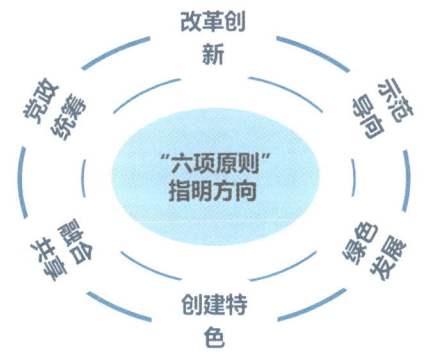

图 1-10　全域旅游示范区创建的六项原则

"五大目标"中既有对旅游业本身治理与品质提升的要求，也有对参与主体"全民化"的要求，更有对旅游发展全域化和效应最大化的要求，兼顾了景点旅游与全域旅游的辩证关系，描绘了全域旅游的发展蓝图，具体是指实现旅游治理规范化、旅游发展全域化、旅游供给品质化、旅游参与全民化、旅游效应最大化"五大目标"。详见图 1-11。

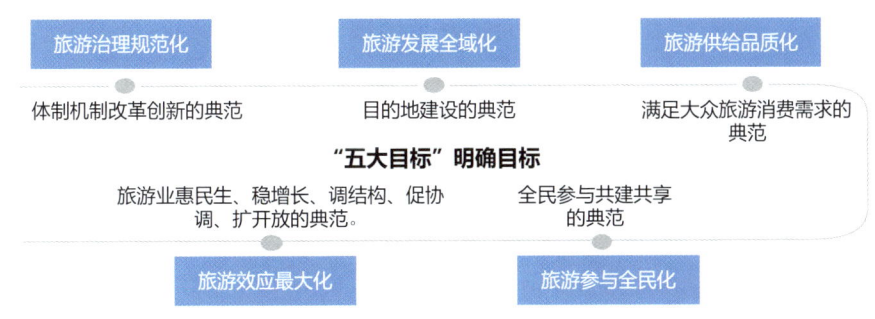

图 1-11　全域旅游示范区创建的五大目标

"八方面任务"是对全域旅游示范区创建的具体要求，主要包含创新体制机制、加强规划工作、加强旅游设施建设、提升旅游服务、丰富

13

旅游产品、实施整体营销、加强旅游监管、优化城乡环境八方面，详见图 1-12。最终努力实现旅游业现代化、集约化、品质化、国际化，最大限度满足大众旅游时代人民群众的消费需求。

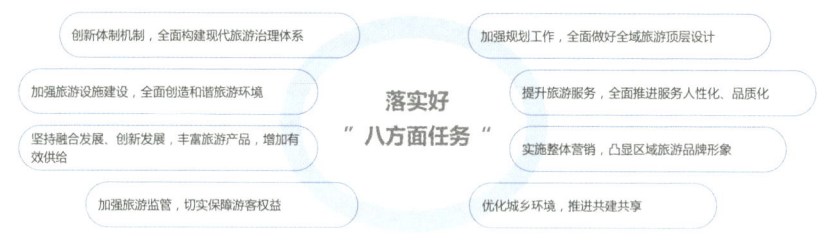

图 1-12　全域旅游示范区需落实的八方面任务

第一，创新体制机制，全面构建现代旅游治理体系。此项任务符合发展全域旅游的内在理念和思路逻辑，在旅游业由景区景点旅游转变为全域旅游的过程中，旅游资源泛化，导致旅游业管理主体的多元化，构建现代旅游治理体系则是发挥社会主体作用，强调部门间的联动作用和综合治理机制，也符合法制化社会的发展要求，能真正实现共享共建。《导则》中提到了建立党政主要领导挂帅的全域旅游组织领导机制，探索建立与全域旅游发展相适应的旅游综合管理机构，积极推动公安、工商、司法等部门构建管理内容覆盖旅游领域的新机制，积极推动旅游配套机制和政策的创新。

第二，加强规划工作，全面做好全域旅游顶层设计。在全域旅游发展中顶层设计扮演着重要角色，有助于明确示范区未来发展蓝图和具体举措，统一各界认识，协调好部门利益，落实好责任关系，形成发展合力，合理配置资源，有效指导实践，保障示范区可持续发展。《导则》中提到将旅游发展作为重要内容纳入经济社会发展、城乡建设、土地利用、基础设施建设和生态环境保护等相关规划中；完善旅游规划体系；加强旅游规划实施管理。

第三，加强旅游设施建设，全面创造和谐旅游环境。旅游设施的加强可以解决目前"如厕难、购票难、上网难、停车难"的短板，只有旅游设施的规范化建设才能保证全域旅游的服务品质。《导则》中重点从厕所革命、便捷交通网络、集散咨询服务体系、引导标识系统、旅游停车场五个方面提出了完善和规范要求。

第四，提升旅游服务，全面推进服务人性化、品质化。作为软环境的旅游服务，它的提升有时可以弥补资源的不足，甚至可以成为吸引物，同时是保证示范区落实的工作重点。《导则》从发挥标准作用、个性需求服务、智能化服务、志愿者体系等方面对全域旅游示范区创建提出了要求。

第五，坚持融合发展、创新发展，丰富旅游产品，增加有效供给。创新实质的落脚点是增加旅游有效供给，为全域旅游示范区产品体系的完善提供了行动指南。《导则》明确提出推动旅游与13个领域融合发展，丰富品牌旅游产品，提升产品品质，并推动主体的创新。

第六，实施整体营销，凸显区域旅游品牌形象。《导则》提出，示范区创建单位应制定整体营销规划和方案；要求拓展营销内容，为此，各地在做好景点景区、饭店宾馆等传统产品推介的同时，应进一步挖掘和展示地区特色；提出实施品牌营销战略，塑造特色鲜明的旅游目的地形象，建立多层次、全产业链的品牌体系；营销机制方面，建立政府部门、行业、企业、媒体、公众等参与的营销机制，上下结合、横向联动、多方参与；还提出创新全域旅游营销方式，要适应移动互联网时代自媒体的发展，借助新兴媒体，提高全域旅游宣传营销的精准度、现代感和亲和力。

第七，加强旅游监管，切实保障游客权益。从旅游执法、投诉受理、监管和旅游文明四个方面对旅游行业监管和游客文明行为提出了较为系统的设计，特别是在联合执法、数字化执法平台构建、旅游领域社会信用体系建设、事中事后监管、旅游红黑榜、执法专业化等方面的要求，构建了一个全过程、全要素的立体化综合监管体系，有利于形成全社会广泛参与的旅游监管模式。

第八，优化城乡环境，推进共建共享。《导则》将城乡环境也纳入到示范区的任务当中，并将其细化为加强资源环境生态保护、推进全域环境整治、强化旅游安全保障、大力促进旅游创业就业、大力推进旅游扶贫和旅游富民、营造旅游发展良好社会环境六项具体任务。这一任务重点体现了从景区景点旅游到目的地旅游转变的理念，同时也有利于调动一切社会力量共促旅游发展，带动区域经济和社会发展。

（三）创建程序及评估管理

《全域旅游示范区创建工作导则》中对示范区创建的程序和评估管理进行了说明，详见图1-13。

图1-13　全域旅游示范区创建程序及管理

国家旅游局相关负责人表示，未来将根据《导则》制定《全域旅游示范区考核命名和管理办法》，对符合条件并能够发挥示范作用的予以命名。同时，将建立全域旅游示范区创建工作管理系统，加强对各创建单位的指导和评估，以确保示范区创建能够有序、有效开展。

（四）优惠政策的创新

按照国家旅游局的工作要求，凡列入国家全域旅游示范区名录的，将享受国家"八优先"优惠政策。即将优先纳入中央和地方预算内投资支持对象，优先支持旅游基础设施建设；优先纳入旅游投资优选项目名录；优先安排旅游外交、宣传推广重点活动，纳入国家旅游宣传推广重点支持范围；优先纳入国家旅游改革创新试点示范领域；优先支持A级景区等国家重点旅游品牌创建；优先安排旅游人才培训；优先列入国家旅游

第一篇：全域旅游政策与实践

局重点联系区域。详见图1-14。

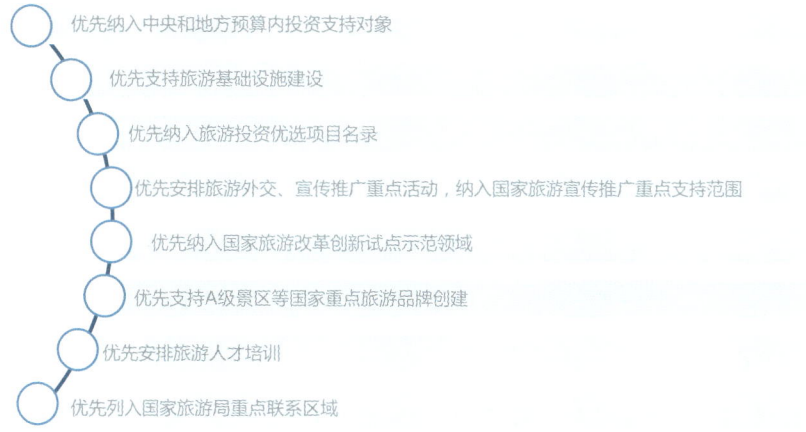

图1-14　全域旅游示范区名录八大优惠政策

第三节　其他相关政策梳理

由于全域旅游的综合性很强，涉及区域内的经济、社会、自然、生态资源的全面整合，需要多部门、多行业的协作和支持，同时又因其带动性很强，各行政部门也在助推基础设施层面的支持政策，各产业部门也在积极推动"旅游+"相关政策，形成政策推动的合力。

一、全域旅游下的公共服务规划政策

旅游设施建设已经成为当前旅游发展，乃至城镇化发展重要的基础性工作，尤其是在全域旅游发展的背景下。政策的密集出台，表明旅游设施建设已经进入飞速发展阶段。在《"十三五"旅游业发展规划》与《"十三五"全国旅游公共服务规划》两个规划的总指导下，旅游设施建设的政策分类更细，指向性更强，可操作性更强。专项性的旅游设施相关政策主要集中在交通运输设施、新型旅游设施、卫生设施、旅游信息化设施、旅游设施投融资、旅游设施用地六个方面，这些政策将旅游基础设施建设提到了新的高度。详见图1-15。

17

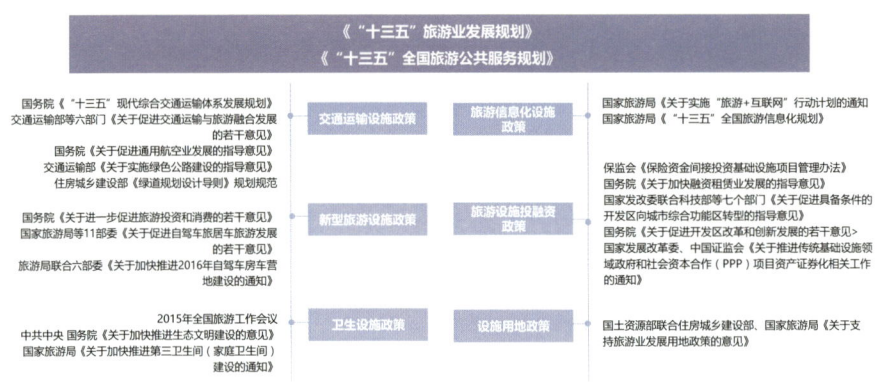

图 1-15 旅游公共服务相关规划政策

（一）旅游公共服务发展的 16 项重点工程

《"十三五"全国旅游公共服务规划》是旅游基础设施与公共服务设施建设的纲领性文件，其中明确了旅游公共服务发展的 16 项重点工程。

1. "12301"国家智慧旅游公共服务平台提升工程
2. 旅游服务中心建设工程
3. 厕所革命推进工程
4. 旅游"最后一公里"优化工程
5. 国家旅游风景道公共服务示范工程
6. 旅游观光巴士示范工程
7. 旅游休闲绿道示范工程
8. 自驾车旅居车营地公共服务示范工程
9. 旅游区（点）道路交通标识体系优化工程
10. 旅游安全与应急救援示范工程
11. A 级旅游景区视频监控工程
12. 乡村旅游公共服务工程
13. 红色旅游公共服务工程
14. 旅游志愿者服务管理工程
15. 旅游公共服务标准化工程
16. 旅游公共服务质量评价工程

第一篇：全域旅游政策与实践

（二）旅游交通设施建设相关政策

在旅游交通设施建设方面，交通运输部与国家旅游局等联合发布的《关于促进交通运输与旅游融合发展的若干意见》明确提出对"旅游交通基础设施统筹规划"，这是对交通与旅游的有效整合，将交通系统纳入旅游思维和旅游模式，这是非常大的进步。而"快进"与"慢游"概念的提出比以前更为科学。因为进入的便捷性、游览的观光性、游乐性、服务性、支持性非常符合旅游的规律和当下自驾、自助、自主等旅游特征。用游览特征指导交通体系建设，将有效地把旅游的价值模式导入到旅游基础设施建设中来。旅游交通设施建设方面的重要指向如下：

第一，完善旅游交通基础设施网络体系，体系建设要求详见图1-16。

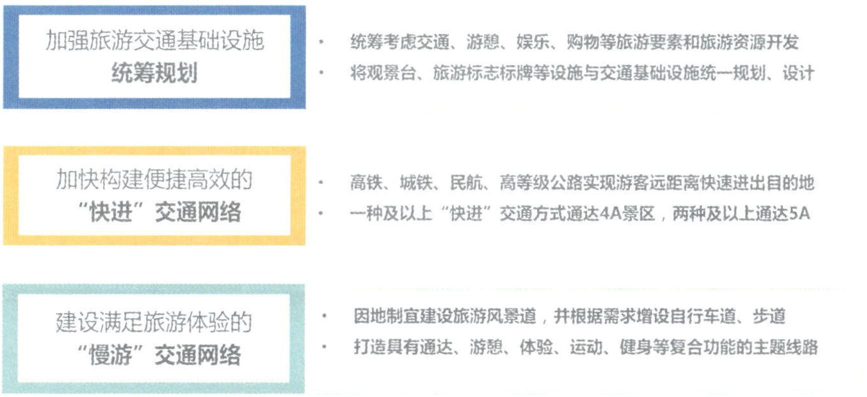

加强旅游交通基础设施**统筹规划**	• 统筹考虑交通、游憩、娱乐、购物等旅游要素和旅游资源开发 • 将观景台、旅游标志标牌等设施与交通基础设施统一规划、设计
加快构建便捷高效的**"快进"交通网络**	• 高铁、城铁、民航、高等级公路实现游客远距离快速进出目的地 • 一种及以上"快进"交通方式通达4A景区，两种及以上通达5A
建设满足旅游体验的**"慢游"交通网络**	• 因地制宜建设旅游风景道，并根据需求增设自行车道、步道 • 打造具有通达、游憩、体验、运动、健身等复合功能的主题线路

图 1-16 旅游交通基础设施网络体系建设要求

第二，重点建设国家旅游风景道。

以国家等级交通线网为基础，加强沿线生态资源环境保护和风情小镇、特色村寨、汽车营地、绿道系统等规划建设，完善游憩与交通服务设施，实施国家旅游风景道示范工程，形成品牌化旅游廊道。在《"十三五"旅游业发展规划》中首次提出要重点建设25条国家旅游风景道。

第三，推进旅游交通产品创新，详见图1-17。

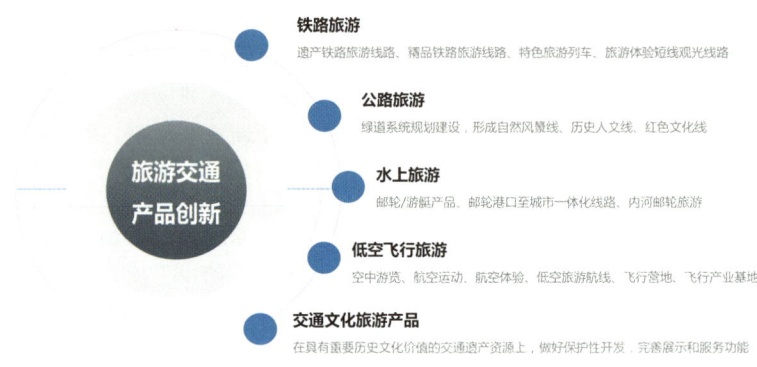

图 1-17 旅游交通产品创新体系

（三）新型旅游设施建设相关政策

在新型旅游设施建设方面，对应新兴的旅游市场需求，自驾车/旅居车营地、邮轮/游艇码头、飞行营地等新型旅游类型正在成为交通与旅游结合的创新结构。可以预见，旅居车、邮轮、飞机等这些高端交通工具与生活方式一体化，与旅游度假方式一体化所创造出来的很多市场和业态将是各地发展的重头戏。

《"十三五"现代综合交通运输体系发展规划》和《十三五旅游发展规划》中也多次提到增加房车旅游、低空飞行等设施供给，对自驾车/旅居车营地、邮轮/游艇码头等新型旅游类型的设施提出了建设目标与方向。

第一，推进自驾车/旅居车营地建设，建设要求详见图 1-18。

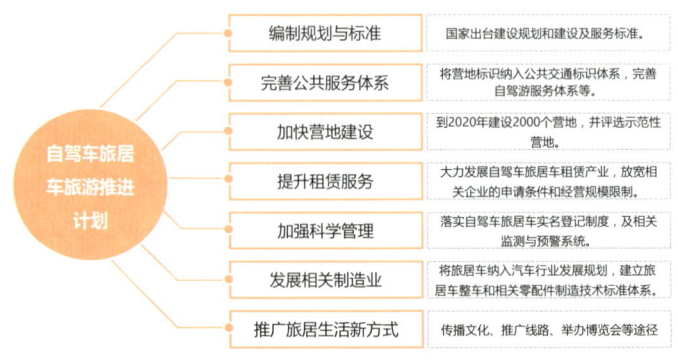

图 1-18 自驾车/旅居车营地建设要求

第一篇：全域旅游政策与实践

第二，推进邮轮码头建设，完善公共配套服务，制定了发展计划。

《"十三五"现代综合交通运输体系发展规划》明确：有序推进天津、大连、秦皇岛、青岛、上海、厦门、广州、深圳、北海、三亚、重庆、武汉等邮轮码头建设，在沿海、沿江、沿湖等地区发展公共旅游和私人游艇业务，完善运动船艇配套服务。《十三五旅游业发展规划》中提到了邮轮艇旅游的五大发展计划，详见图1-19。

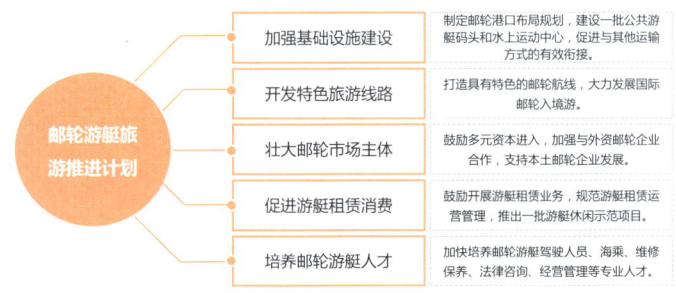

图1-19 油轮游艇旅游发展计划

（四）卫生设施建设相关政策

2015年1月，全国旅游工作会议上提出2015-2017年要实施"515"战略，发动"旅游厕所革命"，三年内全国要新建、改扩建旅游厕所58500座（截至2017年2月已完成87%）。《"十三五"全国旅游公共服务规划》也提出到2020年累计完成10万座新建、改扩建旅游厕所。详见表1-2。

表1-2 旅游厕所建设的相关指标

	新建旅游厕所	改建旅游厕所	说明
2015—2017年	33500	25000	
截至目前	35856	15060	完成87%
"十三五"期间	10万座		

《"十三五"全国旅游公共服务规划》提出实现"数量充足、干净无味、实用免费、管理有效"的目标，并对未来五年"厕所革命"指明了方向，详见图1-20。

> 建设方向：充足供给+人性化　　　　　> 管理模式：信息化+创新

 推动旅游集中区域的厕所建设
推进旅游景区、旅游度假区、旅游线路、商业步行街区、乡村旅游点等游客集中区域的厕所建设

 制度保障
修订出台《旅游厕所质量等级的划分与评定》标准，并将旅游厕所纳入A级景区等创建和评定工作

 人性化建设
开展第三卫生间建设，推进厕所无障碍化

 信息化管理
完善旅游厕所管理服务平台，将所有旅游厕所纳入平台管理，实现厕所信息电子化、厕所管理实时化、厕所查询网络化、厕所评价动态化

 以活动推建设
组织开展"全国厕所革命万里行"等活动，推动全社会关注和参与厕所革命

 创新管理模式
加大"以商建厕、以商管厕、以商养厕"厕所管理模式的创新和应用

图 1-20　旅游厕所建设方向与管理模式

（五）旅游信息化设施建设相关政策

《"十三五"旅游业发展规划》与《"十三五"全国旅游公共服务规划》是"旅游＋互联网"建设的纲领与指南。提出要实施五大旅游信息化提升工程，详见图 1-21。

优化提升"12301"国家智慧旅游公共服务平台	建立面向游客和企业的旅游公共服务平台，完善旅游公共信息发布与资讯平台，旅游产业运行监管平台，警示门类预约与表跃预警平台，旅游大数据集成平台
建设旅游行业监管综合平台	完善旅游团队服务管理系统，导游公共服务监管平台，旅游质监执法平台，旅游住宿业标准化管理信息系统，旅行社网上审批系统，旅游志愿者服务管理信息平台等
建设旅游应急指挥体系	建立覆盖主要旅游目的地的实时数据和影像采集系统，建立上下联动、横纵贯通的旅游网络数据专线，实现对景区、旅游集散地、线路和区域的突发事件应急处理及交通预测预警
建设旅游信息化标准体系	建成涵盖旅游服务业态、信息数据、技术体系等在内的旅游信息化标准体系
建设国家旅游基础数据库	建立旅游统计普查数据库、旅游企业查报数据库、国内旅游抽样调查基础数据库、入境花费调查基础数据库、国际旅游基础数据库、旅游产业基础数据库

图 1-21　旅游信息化提升工程

以国家旅游局发布的《关于实施"旅游＋互联网"行动计划的通知》为标志，旅游设施的信息化开始加速。互联网基础设施建设、物联网设施建设、在线旅游新业态等十大内容，将成为今后发展的重点，详见图 1-22。

第一篇：全域旅游政策与实践

图 1-22　十大重点行动计划

（六）旅游设施建设的投融资相关政策

在国务院办公厅发布的《关于进一步促进旅游投资和消费的若干意见》中，明确提出：积极引导社会资本投资旅游业，不断完善旅游基础设施和公共服务体系，极大改革创新力度，促进旅游投资持续增长，丰富旅游产品和服务，迎接正在兴起的大众休闲旅游时代。同时还要求各级人民政府要加大对国家重点旅游景区、"一带一路"及长江经济带等重点旅游线路、集中连片特困地区生态旅游开发和乡村旅游扶贫村等旅游基础设施和公共服务设施的支持力度。详见图 1-23。

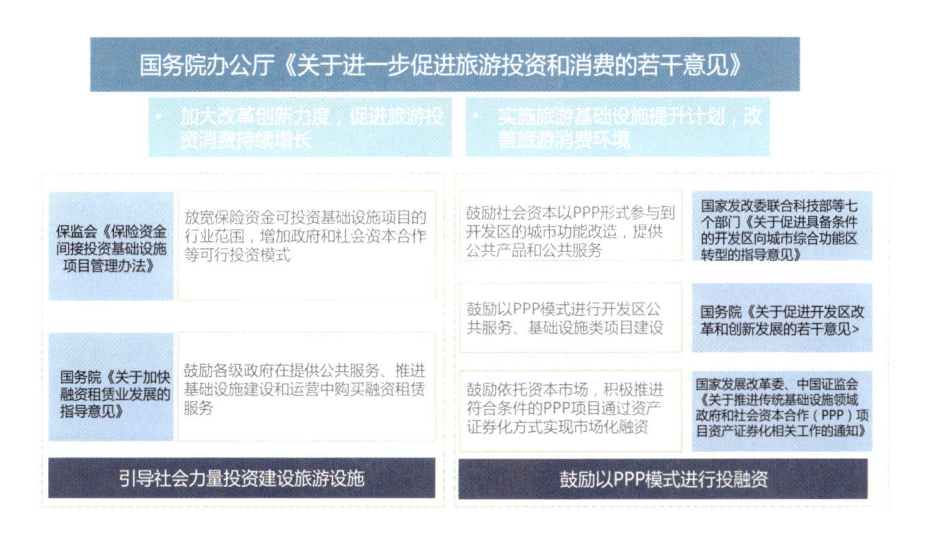

图 1-23　旅游设施建设的投融资相关政策

23

（七）旅游设施用地的政策

为了促进旅游业的改革发展，国土资源部联合住房和城乡建设部、国家旅游局于 2015 年底发布了《关于支持旅游业发展用地政策的意见》，其中提到了景区内公共设施、旅游厕所、自驾车和房车营地的用地支持和要求。详见图 1-24。

景区内公共设施用地供应的支持

景区内建设亭台栈道、厕所、步道、索道缆车等设施用地，可按《城市用地分类与规划建设用地标准》"其他建设用地"办理规划手续，参照公园用途办理土地供应手续。

加大旅游厕所的用地保障

新建、改建旅游厕所及相关粪便无害化处理设施需使用新增建设用地的，可在 2018 年前集中申请，按照法定报批程序集中统一办理用地手续。

符合《划拨用地目录》的粪便处理设施，可以划拨方式供应。

支持在其他项目中配套建设旅游厕所，可将配建要求纳入土地使用条件。

支持新业态的设施用地

新建自驾车房车营地项目用地，应当满足符合相关规划、垃圾污水处理设施完备、建筑材料环保、建筑风格色彩与当地自然人文环境协调等条件。

图 1-24 旅游发展用地指导意见

二、"全域旅游+"相关政策

随着旅游业发展步伐的加快，中央及国家各大部委也加快了对旅游业及"+旅游"政策的支持，以下梳理了从 2009 年至今的重要旅游政策，详见表 1-3。

表 1-3 2009 年至今旅游政策汇总表

时间	相关文件	签发单位
2009 年 2 月	《旅行社条例实施细则》	国家旅游局
2009 年 7 月	《全国乡村旅游业发展纲要》（征求意见稿）	国家旅游局
2009 年 11 月	《关于加快发展旅游业的意见》	国务院
2010 年 9 月	《关于审理旅游纠纷案件适用法律若干问题的规定》	最高人民法院
2011 年 3 月	《2011—2015 年全国红色旅游发展规划纲要》	中共中央办公厅、国务院办公厅
2011 年 12 月	《旅游业"十二五"发展规划纲要》	中央委员会

第一篇：全域旅游政策与实践

续表

时间	相关文件	签发单位
2012年2月	《"十二五"全国旅游基础设施建设规划》	国家发改委、国家旅游局
2012年6月	《关于进一步做好旅游公共服务工作的意见》	国家旅游局
2013年2月	《国民旅游休闲纲要（2013—2020年）》	国务院办公厅
2013年10月	《中华人民共和国旅游法》	人大常委会
2014年7月	《确定促进旅游业改革发展的政策措施》	国务院
2014年8月	《关于促进旅游业改革发展的若干意见》	国务院办公厅
2015年2月	《依法治理旅游市场秩序三年行动方案（2015年）》	国家旅游局
2015年4月	《全国旅游厕所建设管理三年行动计划》	国家旅游局
2015年4月	《关于进一步加强旅游行业文明旅游工作的指导意见》	国家旅游局
2015年5月	《游客不文明行为记录管理暂行办法》	国家旅游局
2015年7月	《关于进一步促进旅游投资和消费的若干意见》	国务院办公厅
2015年7月	《自驾游管理服务规范》	国家旅游局
2015年7月	《旅游演艺服务与管理规范》	国家旅游局
2015年7月	《温泉旅游服务质量规范》	国家旅游局
2015年7月	《高尔夫管理服务规范》	国家旅游局
2015年8月	《关于进一步促进旅游投资和消费的若干意见》	国务院办公厅
2016年1月	《关于推进农村一二三产业融合发展的指导意见》	国务院办公厅
2016年1月	《关于支持沿边重点地区开发开放若干政策措施的意见》	国务院
2016年1月	《关于落实发展新理念加快农业现代化 实现全面小康目标的若干意见》	中共中央 国务院
2016年2月	《关于加大脱贫攻坚力度支持革命老区开发建设的指导意见》	中共中央办公厅、国务院办公厅
2016年4月	《关于加强旅游市场综合监管的通知》	国务院办公厅
2016年5月	《关于推动文化文物单位文化创意产品开发若干意见的通知》	国务院办公厅

25

续表

时间	相关文件	签发单位
2016年6月	《贫困地区发展特色产业促进精准脱贫指导意见》	农业部、国家发改委、财政部、中国人民银行等九部门
2016年6月	《关于印发全民健身计划（2016—2020年）的通知》	国务院
2016年9月	《国家全域旅游示范区创建工作导则、认定标准（征求意见稿）》	国家旅游局
2016年9月	《旅游安全管理办法》	国家旅游局
2016年10月	《"健康中国2030"规划纲要》	国务院
2016年10月	《关于加快发展健身休闲产业的指导意见》	国务院办公厅
2016年11月	《关于进一步扩大旅游文化体育健康养老教育培训等领域消费的意见》	国务院办公厅
2016年12月	《"十三五"旅游业发展规划》	国务院
2016年12月	《关于实施旅游休闲重大工程的通知》	国家发改委、国家旅游局
2017年5月	《关于开展田园综合体建设试点工作的通知》财办〔2017〕29号	财政部
2017年6月	《全域旅游示范区创建工作导则》	国家旅游局

纵观我国旅游政策的演进历程，相关政策在不同阶段发挥了重要的作用，奠定了我国旅游产业发展的基本格局，为我国迈向世界旅游强国打下了坚实的基础。

（一）"旅游+农业"相关政策

我国是以农业为主体的发展中国家，乡村地域广阔，乡村人口众多。休闲农业与乡村旅游把自然、民族文化和农耕文化融入到旅游中，丰富了旅游业内涵。随着旅游业与农村、农业的不断融合，进一步带动农村各方面基础设施建设不断发展，成为拓展农业多功能性、促进资源高效利用、满足新兴消费需求的朝阳产业。本书总结了十八大以来重要的农业政策与指导方针，可以看到近两年，农业与旅游融合的业态越来越丰富，政策支持力度也在不断加大，详见表1-4。

第一篇：全域旅游政策与实践

表1-4 近年农业产业重点相关政策汇总

发布时间	政策名称	主要内容	签发单位
2013年1月	《全国农村经营管理信息化发展规划（2013—2020年）》	四大主要任务：建设农村经营管理综合信息平台、加快农经监管信息化建设步伐、提升农业生产经营服务信息化水平、加强农经信息化基础条件建设；四大重大工程：农经电子政务平台建设工程、农经监管服务信息化推进工程、农村土地承包管理信息化示范工程、农业生产经营服务信息化示范工程	农业部
2013年2月	《关于做好2013年农业农村经济工作的意见》	抓好强农惠农富农政策落实和完善，保护和调动农民生产积极性，稳定发展粮食等重要农产品生产，持续提高农业综合生产能力、创新农业生产经营体制，增强现代农业发展活力、强化农业生产风险防控，促进农业农村经济健康稳定发展	农业部
2013年5月	《关于开展第三批全国一村一品示范村镇认定工作的通知》	发展一村一品是推进现代农业和新农村建设，培育区域优势特色产业，促进农民增收，构建新型农业经营体系的重要途径。农业部将继续在全国认定一批一村一品示范村镇	农业部
2013年5月	《关于2013年深化经济体制改革重点工作的意见》	加快和规范发展民营金融机构和面向"三农"的中小金融机构；研究制定城镇化发展规划。有序推进城乡规划、基础设施和公共服务一体化，创新城乡社会管理体制；建立健全农村产权确权、登记、颁证制度。依法保障农民土地承包经营权、宅基地使用权、集体收益分配权。开展国有林场改革试点。研究提出国有林区改革指导意见。探索建立农村产权交易市场	国务院
2013年7月	《办公厅关于开展全国休闲渔业示范基地创建工作的通知》	各级渔业行政主管部门要高度重视全国休闲渔业示范基地创建工作，把创建工作作为促进休闲渔业发展的重要举措，大力宣传，广泛动员，评选出条件过硬、代表性强的休闲渔业基地，通过示范创建促进本地休闲渔业发展	农业部

续表

发布时间	政策名称	主要内容	签发单位
2013年12月	《国家农业综合开发2013年推进现代农业发展的实施意见（试行）》	推进农业产业化发展、推进现代农业园区建设。从2013年起，重点在粮食主产区和其他具备条件的地区，分类开展扶持国家农业综合开发现代农业园区、龙头企业带动产业发展、"一县一特"产业发展试点。通过试点，不断完善农业综合开发推进现代农业发展的政策措施	农业部
2013年9月	《2014年国家农业综合开发产业化经营项目申报指南》	通过财政扶持，壮大一批带动能力强、与农民建立紧密利益联结机制的农业产业化龙头企业，培育一批运作规范、组织带动力强的农民专业合作社，发展一批高产、优质、高效、生态、安全、市场竞争力强的优势特色产业	农业部
2013年11月	《关于2014年国家农业综合开发现代农业园区试点项目申报有关事宜的通知》	通过现代农业园区试点，采取政府政策引导、加大扶持力度、强化科技支撑、创新体制机制和发挥市场机制等措施，加大现代农业综合开发力度，形成运作规范、组织带动力强的农民合作社、专业大户或家庭农场，培育带动能力强、与农民建立紧密利益联结机制的重点产业化龙头企业，在全国打造成一批规模化、生态化、标准化、机械化、科技化、信息化、专业化、集约化、市场化水平高的国家农业综合开发现代农业园区	农业部
2013年11月	《中共中央关于全面深化改革若干重大问题的决定》	加快构建新型农业经营体系。坚持家庭经营在农业中的基础性地位，推进家庭经营、集体经营、合作经营、企业经营等共同发展的农业经营方式创新； 赋予农民更多财产权利。保障农民集体经济组织成员权利，积极发展农民股份合作，赋予农民对集体资产股份占有、收益、有偿退出及抵押、担保、继承权	中共中央
2014年12月	2014年中央农村工作会议	关于农产品质量和食品安全，要把农产品质量安全作为转变农业发展方式、加快现代农业建设的关键环节； 关于"谁来种地"，要通过富裕农民、提高农民、扶持农民，让农业经营有效益，让农业成为有奔头的产业，让农民成为体面的职业，让农村成为安居乐业的美丽家园	中共中央、国务院等

第一篇：全域旅游政策与实践

续表

发布时间	政策名称	主要内容	签发单位
2014年2月	《关于促进家庭农场发展的指导意见》	指出家庭农场作为新型农业经营主体，是农户家庭承包经营的升级版，已成为引领适度规模经营、发展现代农业的有生力量；要探索建立家庭农场管理服务制度、引导承包土地向家庭农场流转、落实对家庭农场的相关扶持政策、强化面向家庭农场的社会化服务、完善家庭农场人才支撑政策、引导家庭农场加强联合与合作、加强组织领导	农业部
2014年4月	《关于金融服务"三农"发展的若干意见》	加大对"三农"金融服务的政策支持：健全政策扶持体系、加大政策支持力度、完善涉农贷款统计制度、开展政策效果评估，不断完善相关政策措施，更好地引导带动金融机构支持"三农"发展、防范金融风险、加强督促检查	国务院
2014年5月	《关于2014年申报创建国家现代农业示范区的通知》（农业部）	按照全国农业工作会议再认定一批国家现代农业示范区的有关要求，组织开展2014年国家现代农业示范区申报创建工作	农业部
2015年2月	《关于加大改革创新力度加快现代化建设的若干意见》	要积极开发农业多种功能，挖掘乡村生态休闲、旅游观光、文化教育价值。扶持建设一批具有历史、地域、民族特点的特色景观旅游村镇，打造形式多样、特色鲜明的乡村旅游休闲产品	国务院
2015年4月	《关于开展2015年全国休闲农业与乡村旅游示范县、示范点创建工作的通知》	要积极开发农业多种功能，挖掘乡村生态休闲、旅游观光、文化教育价值。扶持建设一批具有历史、地域、民族特点的特色景观旅游村镇，打造形式多样、特色鲜明的乡村旅游休闲产品	国家农业部、国家旅游局
2015年8月	《关于加快转变农业发展方式的意见》	强化体验活动创意、农事景观设计、乡土文化开发，提升服务能力。保持传统乡村风貌，传承农耕文化，加强重要农业文化遗产发掘和保护，扶持建设一批具有历史、地域、民族特点的特色景观旅游村镇	国务院

29

续表

发布时间	政策名称	主要内容	签发单位
2015年8月	《关于积极开发农业多种功能 大力促进休闲农业发展的通知》	发展休闲农业，推进农村一二三产业融合发展，是在资源环境硬约束背景下加快转变农业发展方式、推进生态文明建设的战略要求；是在经济增速放缓背景下拓宽农民增收渠道、全面建设小康社会的战略选择	国家农业部
2016年1月	《国务院办公厅关于推进农村一二三产业融合发展的指导意见》	要拓展农业多种功能。加强统筹规划，推进农业与旅游、教育、文化、健康养老等产业深度融合。积极发展多种形式的农家乐，提升管理水平和服务质量	国务院
2016年1月	《关于落实发展新理念加快农业现代化 实现全面小康目标的若干意见》	要大力发展休闲农业和乡村旅游。依托农村绿水青山、田园风光、乡土文化等资源，大力发展休闲度假、旅游观光、养生养老、创意农业、农耕体验、乡村手工艺等，使之成为繁荣农村、富裕农民的新兴支柱产业	国务院
2016年5月	《贫困地区发展特色产业促进精准脱贫指导意见》	促进一、二、三产业融合发展。积极发展特色产品加工，拓展产业多种功能，大力发展休闲农业、乡村旅游和森林旅游休闲康养，拓宽贫困户就业增收渠道	农业部、国家发改委、财政部、中国人民银行、国家林业局、国家旅游局、银监会、保监会、国务院扶贫办

续表

发布时间	政策名称	主要内容	签发单位
2016年9月	《关于大力发展休闲农业的指导意见》	挖掘农业文明，注重参与体验，突出文化特色，加大资源整合力度，形成集农业生产、农耕体验、文化娱乐、教育展示、水族观赏、休闲垂钓、产品加工销售于一体的休闲农业点（村、园），打造生产标准化、经营集约化、服务规范化、功能多样化的休闲农业产业带和产业群；鼓励各地大力发展休闲度假、旅游观光、养生养老、创意农业、农耕体验、乡村手工艺等，促进休闲农业的多样化、个性化发展，鼓励各地探索农业主题公园、农业嘉年华、教育农园、摄影基地、特色小镇、渔人码头、运动垂钓示范基地等，提高产业融合的综合效益	农业部、国家发改委、财政部、国土资源部、住房城乡建设部、水利部、文化部、人民银行、林业局、旅游局、国务院扶贫办
2016年11月	《关于组织开展国家现代农业庄园创建工作的通知》	现代农业庄园是以现代化农业生产为基础，以先进经营理念和管理方式为支撑，依托特色自然、人文资源，拓展精深加工、农耕体验、旅游观光、休闲度假、健康养老、教育文化等多种功能，满足消费者多元化需求的一种新型现代农业发展模式和旅游消费形态	国家旅游局、农业部
2016年12月	《关于建立全国农村创业创新园区（基地）目录的通知》	当前发展农村经济，重点是支持规模种养业，农产品加工业，休闲农业，乡村旅游，电子商务和生活性、生产性服务业等，这样有利于助推农业调结构、转方式，以实现农业增效农民增收	农业部
2016年12月	《关于进一步促进农产品加工业发展的意见》	将农产品加工业纳入"互联网+"现代农业行动，利用大数据、物联网、云计算、移动互联网等新一代信息技术，培育发展网络化、智能化、精细化现代加工新模式。引导农产品加工业与休闲、旅游、文化、教育、科普、养生养老等产业深度融合。积极发展电子商务、农商直供、加工体验、中央厨房等新业态	农业部
2016年12月	《关于推进农业领域政府和社会资本合作的指导意见》	深化农业投融资体制改革，加强农业领域政府与社会资本合作，对于多渠道增加农业投入，推动农业供给侧结构性改革，促进农业持续健康发展具有重要意义	农业部、国家发改委等

续表

发布时间	政策名称	主要内容	签发单位
2017年4月	《关于开展全国休闲农业和乡村旅游示范县（市、区）创建工作的通知》	决定2017年继续开展全国休闲农业和乡村旅游示范县（市、区）创建工作，通过培育品牌、树立典型，充分发挥示范和带动作用，不断满足城乡居民消费升级需求，发展农村新产业新业态新模式，培育经济发展新动能	农业部
2017年5月	《关于推动落实休闲农业和乡村旅游发展政策的通知》	推动用地政策、财政政策、金融政策、公共服务、品牌创建、宣传推介等各项政策落地生根，促进休闲农业和乡村旅游业态多样化、产业集聚化、主体多元化、设施现代化、服务规范化和发展绿色化	农业部
2017年5月	《关于田园综合体建设试点工作通知》	明确重点建设建设内容、立项条件及扶持政策，确定河北、山西、内蒙古、江苏、浙江、福建、江西、山东、河南、湖南、广东、广西、海南、重庆、四川、云南、陕西、甘肃18个省份开展田园综合体建设试点	财政部
2017年6月	《开展农村综合性改革试点试验实施方案》	试点试验主要通过综合集成政策措施，尤其是多年中央1号文件出台的各项改革政策，多策并举，集中施策，推进乡村联动，政策下沉到村，检视验证涉农政策在农村的成效，积极发挥农村综合改革在统筹协调、体制创新、资源整合方面的优势，扎实推进农业供给侧结构性改革，有效释放改革政策的综合效应，为进一步全面深化农村改革探索路径、积累经验	财政部
2017年7月	《促进乡村旅游发展提质升级行动方案(2017年)》	通过组织落实各项行动任务，推动形成体系完善、布局合理、品质优良、百花齐放的乡村旅游发展格局，争取2017年全国乡村旅游实际完成投资约达5500亿元，年接待人数超过25亿人次，乡村旅游消费规模增至1.4万亿元	国家发改委

（二）"旅游＋体育"相关政策

在目前有关体育产业的各项政策中，体育产业发展与城市发展、区域经济社会发展之间的引导措施已有显露，如《国务院关于加快发展体育产业促进体育消费的若干意见》提出"以体育设施为载体,打造城市体育服务综合体,推动体育与住宅、休闲、商业综合开发";《国务院办公厅关于加快发展健身休闲产业的指导意见》提出,结合新型城镇化建设、社会主义新农村建设、精准扶贫等国家重大部署,以健身休闲重点运动项目和产业示范基地等为依托,发挥其辐射和带动效应,促进区域经济发展和民生改善。随着体育产业的不断融合、深化发展,其在区域经济社会发展中的作用将会不断凸显。

2017年,随着体育旅游相关政策及特色小镇相关政策的推进落实(见表1-5),随着体育产业市场化的推进、休闲化体验化的增强、消费潜力的不断挖掘、与旅游健康养老等产业的渐融式发展,在2016年兴起的建设特色小镇浪潮的推动下,体育小镇这一能够集合体育、旅游、文化、健康等多种产业,能够集合商业、餐饮、养生等多种消费业态,能够带动地方社会经济发展的项目,将成为体育产业发展的重要载体与抓手,成为经济转型升级的重要力量,我们将迎来体育产业与体育小镇发展的爆发期!

表1-5 近年体育产业重点相关政策汇总

发布时间	政策名称	主要内容	签发单位
2014年10月	《关于加快发展体育产业促进体育消费的若干意见》	首次将体育产业上升为国家战略	国务院
2016年4月	《中国足球中长期发展规划(2016—2050年)》	提出2016—2050年足球发展目标,到2050年全力实现足球一流强国的目标	国家发改委
2016年4月	《关于印发促进消费带动转型升级行动方案的通知》	提出了体育消费健身扩容行动	国家发改委
2016年4月	《关于强化学校体育促进学生身心健康全面发展的意见》	到2020年基本形成体系健全、制度完善、充满活力、注重实效的中国特色学校体育发展格局	国务院

续表

发布时间	政策名称	主要内容	签发单位
2016年5月	《体育发展"十三五"规划》	十三五时期深化体育重点领域改革,促进群众体育、竞技体育、体育产业、体育文化等各领域全面协调可持续发展,推进体育发展迈上新台阶	国家体育总局
2016年5月	《全国足球场地设施建设规划(2016—2020年)》	到2020年,全国足球场地数量超过7万块,平均每万人拥有达到0.5块以上	国家发改委
2016年5月	《关于推进体育旅游融合发展的合作协议》	体育与旅游、金融等相关职能部门一起,促进体育旅游互动融合,助力经济转型升级	国家体育总局 国家旅游局
2016年6月	《全民健身计划(2016—2020年)》	到2020年,群众体育健身意识普遍增强,参加体育锻炼的人数明显增加,每周参加1次及以上体育锻炼的人数达到7亿,经常参加体育锻炼的人数达到4.35亿,群众身体素质稳步增强	国务院
2016年7月	《体育产业发展"十三五"规划》	市场主体进一步壮大,建设50个国家体育产业示范基地、100个国家体育产业示范单位和100个国家体育产业示范项目	国家体育总局
2016年7月	《竞技体育"十三五"规划》	坚持改革创新,有效转变竞技体育发展方式,不断优化竞技体育项目结构,加速职业体育发展进程	国家体育总局
2016年8月	《冰雪运动发展规划(2016—2025年)》	到2025年,形成冰雪运动基础更加坚实,普及程度大幅提升,竞技实力极大提高,产业体系较为完备的冰雪运动发展格局	国家发改委 国家体育总局 教育部 国家旅游局

第一篇：全域旅游政策与实践

续表

发布时间	政策名称	主要内容	签发单位
2016年9月	《青少年体育"十三五"规划》	到2020年青少年体育活动更加广泛，青少年训练基础更加坚实，青少年基本公共体育服务城乡、区域更加协调	国家体育总局
2016年10月	《关于加快发展健身休闲产业的指导意见》	到2025年，基本形成布局合理、功能完善、门类齐全的健身休闲产业发展格局，总规模达到3万亿元	国务院
2016年10月	《"健康中国2030"规划纲要》	到2050年建成与社会主义现代化国家相适应的健康国家	国务院
2016年11月	《群众冬季运动推广普及计划（2016—2020年）》	到2020年，努力推动实现"三亿人参与冰雪运动"的目标	24部委联合
2016年11月	《全国冰雪场地设施建设规划（2016—2022年）》	到2022年，全国冰雪场地设施有效供给极大提升，经济社会效益明显提高，初步形成布局合理、类型多样、基本满足需求的冰雪场地设施网络	国家体育总局
2016年11月	《水上运动产业发展规划》	十三五时期，基本形成组织机构完善、管理制度健全、俱乐部布局合理、产业带动明显、赛事活动成熟、群众基础坚实的水上健身运动休闲环境	国家体育总局
2016年11月	《山地户外运动产业发展规划》	到2020年，山地户外运动产业总规模达到4000亿元，成为推动经济社会持续发展的重要力量	国家体育总局
2016年11月	《航空运动产业发展规划》	到2020年，初步构建布局合理、功能完善、门类齐全的航空运动产业体系	国家体育总局

续表

发布时间	政策名称	主要内容	签发单位
2016年11月	《关于进一步扩大旅游文化体育健康养老教育培训等领域消费的意见》	大力促进体育消费	国务院
2016年12月	《关于大力发展体育旅游的指导意见》	到2020年，在全国建成100个具有重要影响力的体育旅游目的地，建成100家国家级体育旅游示范基地，推出100项体育旅游精品赛事，打造100条体育旅游精品线路，培育100家具有较高知名度和市场竞争力的体育旅游企业与知名品牌，体育旅游总人数达到10亿人次，占旅游总人数的15%，体育旅游总消费规模突破1万亿元	国家旅游局
2017年5月	《关于推动运动休闲特色小镇建设工作的通知》	运动休闲特色小镇应与旅游等相关产业融合发展；实现体育旅游、体育传媒、体育会展、体育广告、体育影视等相关业态共享发展，运动休闲与旅游、文化、养老、教育、健康、农业、林业、水利、通用航空、交通运输等业态融合发展，打造旅游目的地	国家体育总局

（三）"旅游＋林业"相关政策

我国的森林旅游市场正迅速崛起，2015年林业旅游与休闲人数达23亿人次，实现旅游收入6700亿元。为进一步发挥森林在教育、体验、养生等方面的功能，国家林业局将森林体验和森林养生作为今后一个时期森林旅游发展的重要方向，并在森林特色小镇建设中给予很大政策支持力度（见表1-6），未来森林旅游也将为全域旅游增添有力的一笔！

第一篇：全域旅游政策与实践

表 1-6　近年林业产业重点相关政策汇总

发布时间	政策名称	主要内容	签发单位
2016 年 1 月	《关于大力推进森林体验和森林养生发展的通知》	加快森林体验和森林养生发展，有助于推动森林旅游的创新发展和绿色发展，有助于发挥林业在弘扬生态文明、改善民生福祉中的巨大潜力	国家林业局
2016 年 1 月	《全国城郊森林公园发展规划（2016—2025年）》	从发展城郊森林公园的必要性、我国城郊森林公园发展成效和挑战、城郊森林公园发展的总体思路、发展布局、主要建设内容和保障措施共 6 个方面进行了编制	国家林业局
2016 年 2 月	《关于启动全国森林体验基地和全国森林养生基地建设试点的通知》	标志着林业主管部门推动的全国森林体验基地和全国森林养生基地（以下简称"两个基地"）试点建设工作正式启动	国家林业局
2016 年 4 月	《关于省级以下森林公园审批有关事项的通知》	要求把省级以下森林公园审批作为本地区森林公园建设发展工作的重要环节，认真抓实做好，确保省级以下森林公园审批的公开、公正、透明开展	国家林业局
2016 年 4 月	《中国生态文化发展纲要（2016—2020 年）》	要求全国森林公园总数由 2015 年的 3000 处增加至 4400 处、建设 76 个国家湿地保护与合理开发利用、湿地生态文化服务体系建设示范区、扩建一批国家沙漠公园，初步建立起国家沙漠公园网络体系等	国家林业局
2016 年 5 月	《林业发展"十三五"规划》	"十三五"时期，我国将加快建设京津冀生态协同圈，打造京津保核心区并辐射到太行山、燕山和渤海湾的大都市型生态协同发展区，增强城市群生态承载力，京津冀区域将建成国家级森林城市群	国家林业局

续表

发布时间	政策名称	主要内容	签发单位
2016年7月	《全国森林经营规划（2016—2050年）》	针对我国森林经营理论和技术滞后的突出问题，吸纳借鉴国际先进森林经营理念和技术，确立了多功能森林经营理论为指导的经营思想，树立了全周期森林经营理念，明确了培育健康稳定优质高效森林生态系统的核心目标	国家林业局
2016年9月	《国家林业局关于着力开展森林城市建设的指导意见》	到2020年，初步建成6个国家级森林城市群、200个国家森林城市、1000个森林村庄示范，城乡生态面貌明显改善，人居环境质量明显提高，居民生态文明意识明显提升	国家林业局
2016年12月	《林业改革发展资金管理办法》	林业改革发展资金是指中央财政预算安排的用于森林资源管护、森林资源培育、生态保护体系建设、国有林场改革、林业产业发展等支出方向的专项资金	财政部 国家林业局
2017年7月	《关于开展森林特色小镇建设试点工作的通知》	推动林业发展模式由利用森林获取经济利益为主向保护森林提供生态服务为主转变，提高森林观光游览、休闲度假、运动养生等生态产品供给能力和服务水平，不断满足人民群众日益迫切的生态福祉需求，大力提升林业在国民经济发展中的战略地位	国家林业局

（四）"旅游+教育"相关政策

随着研学被纳入中小学教学计划中，研学旅行的市场需求将被大量释放，研学旅游产品亦被视作未来旅游投资的十大重要领域之一。在此背景下，不少地方和企业都铆足了劲，试图在这片蓝海中抢先分羹。

第一篇：全域旅游政策与实践

表 1-7 近年教育业重点相关政策汇总

发布时间	政策名称	主要内容	签发单位
2013 年 2 月	《国民旅游休闲纲要（2013—2020年）》	在放假时间总量不变的情况下，高等学校可结合实际调整寒、暑假时间，地方政府可以探索安排中小学放春假或秋假，逐步推行中小学生研学旅行；鼓励学校组织学生进行寓教于游的课外实践活动，健全学校旅游责任保险制度	国务院办公厅
2014 年 4 月	《我国基础教育新形势与蒲公英行动计划》	提出了研学旅行的定义：学生集体参加的有组织、有计划、有目的的校外参观体验实践活动	教育部
2014 年 7 月	《中小学学生赴境外研学旅行活动指南（试行）》	对举办者安排活动的教学主题、内容安排、合作机构选择、合同订立、行程安排、行前培训、安全保障等内容提出指导意见，特别在操作性方面，规范了带队教师人数、教学内容占比、协议规定事项、行前培训等具体内容，为 2014 年 8 月整个行业活动划定了基本标准和规则	教育部
2014 年 8 月	《关于促进旅游业改革发展的若干意见》	首次明确了"研学旅行"要纳入中小学生日常教育范畴	国务院
2014 年 12 月	《国务院关于促进旅游业改革发展的若干意见》	指出积极开展研学旅行的工作方向是正确的，当前，开展研学旅行有四方面的重要意义：1.研学旅行是贯彻《国家中长期教育改革规划和发展纲要》和十八大及十八届四中全会精神的重要举措；2.研学旅行是培育和践行社会主义核心价值观的重要载体；3.研学旅行是全面推进中小学素质教育的重要途径；4.研学旅行是学校教育与校外教育相结合的重要组成部分	国务院

39

续表

发布时间	政策名称	主要内容	签发单位
2015年8月	《国务院办公厅关于进一步促进旅游投资和消费的若干意见》	支持研学旅行发展，把研学旅行纳入学生综合素质教育范畴。支持建设一批研学旅行基地，鼓励各地依托自然和文化遗产资源、红色旅游景点景区、大型公共设施、知名院校、科研机构、工矿企业、大型农场开展研学旅行活动，建立健全研学旅行安全保障机制，旅行社和研学旅行场所应在内容设计、导游配备、安全设施与防护等方面结合青少年学生特点，寓教于游，加强国际研学旅行交流，规范和引导中小学生赴境外开展研学旅行活动	国务院办公厅
2016年3月	《关于做好全国中小学研学旅行实验区工作的通知》	各实验单位要坚持问题导向，把握工作规律，大胆探索研学旅行的政策措施和有效做法，创造一批特色突出、借鉴性强的先进经验	教育部
2016年7月	《住房城乡建设部 国家发改委 财政部关于开展特色小镇培育工作的通知》	到2020年，培育1000个左右各具特色、富有活力的休闲旅游、商贸物流、现代制造、教育科技、传统文化、美丽宜居等特色小镇，引领带动全国小城镇建设，不断提高建设水平和发展质量	住房城乡建设部、国家发改委、财政部
2016年11月	《教育部等11部门关于推进中小学生研学旅行的意见》	把研学旅行纳入学校教育教学计划，与综合实践活动课程统筹考虑，促进研学旅行和学校课程有机融合	教育部、国家发改委、公安厅、财政厅等11部门
2016年12月	《国家旅游局 国家体育总局关于大力发展体育旅游的指导意见》	加强体育旅游与文化、教育、健康、养老、农业、水利、林业、通用航空等产业的融合发展，培育一批复合型、特色化体育旅游产品	国家旅游局、国家体育总局
2017年5月	《研学旅行服务规范》（LB/T 054—2016)	本标准规定了研学旅行服务的术语和定义、总则、服务提供方基本要求、人员配置、研学旅行产品、研学旅行服务项目、安全管理、服务改进和投诉处理	国家旅游局

(五)"旅游+文化"相关政策

我国文化与旅游结合的需求越来越明显。全国各地文化旅游业发展如火如荼，现阶段要实现旅游产业利益最大化，关键在于开发利用各种文化资源，满足人们对旅游产品和服务中的文化价值需求，在深度挖掘旅游文化内涵的过程中，创新一批新产品，建立产业良性的内部运行机制和外部发展模式，从而提升产业价值，获得可持续发展。

表1-8 近年文化产业重点相关政策汇总

发布时间	政策名称	主要内容	签发单位
2015年3月	《推动共建丝绸之路经济带和21世纪海上丝绸之路的愿景与行动》	加快"一带一路"建设，有利于促进沿线各国经济繁荣与区域经济合作，加强不同文明交流互鉴，促进世界和平发展，是一项造福世界各国人民的伟大事业。	国家发改委、外交部、商务部
2015年5月	《关于印发2015年扶持成长型小微文化企业工作方案的通知》	重点扶持游戏业、文化旅游业等成长型小微文化企业	文化部办公厅
2016年5月	《关于推动文化文物单位文化创意产品开发若干意见》	确定了充分调动文化文物单位积极性、发挥各类市场主体作用、加强文化资源梳理与共享、提升文化创意产品开发水平、完善文化创意产品营销体系、加强文化创意品牌建设和保护和促进文化创意产品开发的跨界融合等七项主要任务	国务院办公厅、文化部等
2016年6月	《国务院办公厅关于发挥品牌引领作用推动供需结构升级的意见》	鼓励传统出版企业、广播影视与互联网企业合作，加快发展数字出版、网络视听等新兴文化产业，扩大消费群体，增加互动体验。有条件的地区可建设康养旅游基地，提供养老、养生、旅游、度假等服务，满足高品质健康休闲消费需求	国务院办公厅

续表

发布时间	政策名称	主要内容	签发单位
2016年9月	《关于推动文化娱乐行业转型升级的意见》	加强文化娱乐行业内容建设、鼓励生产企业开发新产品、鼓励娱乐场所丰富经营业态、鼓励娱乐场所发展连锁经营、支持以游戏游艺竞技赛事带动行业发展、鼓励参与公共文化服务、探索对娱乐场所开展环境服务分级评定、严格行业自律八项主要内容	文化部
2016年10月	国务院确定进一步扩大国内消费五大措施	指出要加大旅游、文化等领域有效供给	国务院
2016年11月	《关于进一步扩大旅游文化体育健康养老教育培训等领域消费的意见》	在文化消费方面，稳步推进引导城乡居民扩大文化消费试点工作，尽快总结形成一批可供借鉴的有中国特色的文化消费模式；出台推动文化娱乐行业转型升级的意见；出台推动数字文化产业发展的指导意见	国务院办公厅
2016年12月	《"十三五"旅游业发展规划》	促进旅游与文化融合发展，培育以文物保护单位、博物馆、非物质文化遗产保护利用设施和实践活动为支撑的体验旅游、研学旅行和传统村落休闲旅游。扶持旅游与文化创意产品开发、数字文化产业相融合，发展文化演艺旅游，推动旅游实景演出发展，打造传统节庆旅游品牌。推动"多彩民族"文化旅游示范区建设，集中打造一批民族特色村镇（文化部、国家民委、国家旅游局、国家文物局）	国务院
2017年1月	文化部"一带一路"文化发展行动计划（2016—2020年）	加强与"一带一路"沿线国家和地区的文明互鉴与民心相通，切实推动文化交流、文化传播、文化贸易创新发展，特制订本行动计划	文化部

第一篇：全域旅游政策与实践

续表

发布时间	政策名称	主要内容	签发单位
2017年2月	《"十三五"时期文化旅游提升工程实施方案》	以提高文化旅游发展质量和效益为中心，把握好深化供给侧结构性改革这条主线，把握好市场与政府的关系，把握好中央和地方权责分工，聚焦改善民生和扩大有效需求，做好公共文化服务托底、补齐遗产保护利用短板、夯实旅游产业发展基础，切实保障广大人民群众的基本文化权益，促进珍贵遗产资源保护传承，充分发挥文化旅游在开展公民教育、促进地方经济结构转型升级，以及带动革命老区、民族地区、贫困地区经济社会发展等方面的积极作用	文化部、新闻出版广电局、林业部、旅游局、文物局等
2017年5月	《关于做好2017年度中央财政文化产业发展专项资金重大项目申报工作的通知》	通知明确，资金支持内容包括文化金融扶持计划、特色文化产业发展、文化创意和设计服务与相关产业融合发展三个主要方面	文化部办公厅

（六）"旅游+康养"相关政策

2013年可以说是我国的"养老元年"，2014—2016年对中医药养生及中医康养旅游不断加大政策支持力度，2017年对健康旅游的全面发展提出明确的政策支持（见表1-9）。

表1-9　近年康养产业重点相关政策汇总

发布时间	政策名称	主要内容	签发单位
2012年7月	《关于鼓励和引导民间资本进入养老服务领域的实施意见》	从服务、产业、机构、政策、资金、规范六大方面鼓励和引导民间资本进入养老服务领域，对实现养老服务投资主体多元化，缓解养老服务供需矛盾	民政部

续表

发布时间	政策名称	主要内容	签发单位
2013年7月	《关于推进养老服务评估工作的指导意见》	养老机构应将评估结果作为老年人入院、制定护理计划和风险防范的主要依据；对于经评估属于经济困难的孤寡、失能、高龄、失独等老年人，政府投资兴办的养老机构，应当优先安排入住	民政部
2013年8月	《深化改革加快发展养老服务业的任务措施》	加强养老服务能力建设；分层分类提供养老服务；创新养老服务模式；切实加强农村养老服务；推动医养融合发展，探索医疗机构与养老机构合作新模式	国务院
2013年9月	《关于加快发展养老服务业的若干意见》	该意见明确了我国养老服务业发展的基本定位、依靠力量、主要路径和最终目标，是指导今后一个时期我国养老服务业发展的纲领性文件	国务院
2013年9月	《关于促进健康服务业发展的若干意见》	发展健康文化和旅游；支持健康知识传播机构发展，培育健康文化产业；鼓励有条件的地区面向国际国内市场，整合当地优势医疗资源、中医药等特色养生保健资源、绿色生态旅游资源，发展养生、体育和医疗健康旅游	国务院
2014年2月	《国家旅游局和国家中医药管理局关于推进中医药健康旅游发展的合作协议》	提出开发中医药健康旅游产品、打造中医药健康旅游品牌、壮大中医药健康旅游产业、开拓中医药健康旅游市场、创新中医药健康旅游发展模式、培养中医药健康旅游人才队伍、完善中医药健康旅游公共服务、促进中医药健康旅游可持续发展八个重点任务	国家旅游局、国家中医药管理局
2014年8月	《国务院关于促进旅游业改革发展的若干意见》	明确提出："发挥中医药优势，形成一批中医药健康旅游服务产品"	国务院
2015年4月	《中医药健康服务发展规划》	将培育发展中医药健康旅游作为七大重点任务之一	国务院

第一篇：全域旅游政策与实践

续表

发布时间	政策名称	主要内容	签发单位
2015年8月	《关于进一步促进旅游投资和消费的若干意见》	积极发展中医药健康旅游，推出一批以中医药文化传播为主题，集中医药康复理疗、养生保健、文化体验于一体的中医药健康旅游示范产品，在有条件的地方建设中医药健康旅游产业示范园区	国务院
2015年11月	《关于促进中医药健康旅游发展的指导意见》	提出到2020年，中医药健康旅游人数达到旅游总人数的3%，中医药健康旅游收入达3000亿元；到2025年，中医药健康旅游人数达到旅游总人数的5%，中医药健康旅游收入达5000亿元；培育打造一批具有国际知名度和市场竞争力的中医药健康旅游服务企业和知名品牌	国家旅游局、国家中医药管理局
2016年2月	《国务院关于印发中医药发展战略规划纲要（2016—2030年）的通知》	推动中医药健康服务与旅游产业有机融合，发展以中医药文化传播和体验为主题，融中医疗养、康复、养生、文化传播、商务会展、中药材科考与旅游于一体的中医药健康旅游。开发具有地域特色的中医药健康旅游产品和线路，建设一批国家中医药健康旅游示范基地和中医药健康旅游综合体。加强中医药文化旅游商品的开发生产。建立中医药健康旅游标准化体系，推进中医药健康旅游服务标准化和专业化。举办"中国中医药健康旅游年"，支持举办国际性的中医药健康旅游展览、会议和论坛	国务院
2016年7月	《推动中医药健康旅游示范区(基地、项目)创建工作的通知》	探索中医药健康旅游发展的新理念和新模式，创新发展体制机制，推广应用互联网技术，在产业化改革创新等方面先行先试，推动旅游业与养老相结合，与中医药健康服务业深度融合	国家旅游局、国家中医药管理局

45

续表

发布时间	政策名称	主要内容	签发单位
2016年10月	《"健康中国2030"规划纲要》	推进健康中国建设，是全面建成小康社会、基本实现社会主义现代化的重要基础，是全面提升中华民族健康素质、实现人民健康与经济社会协调发展的国家战略	国务院
2017年5月	《关于促进健康旅游发展的指导意见》	提出提高健康旅游供给能力，发展丰富健康旅游产品，融合高端医疗、中医药特色、康复疗养、休闲养生等服务，延长健康旅游产业链	国家卫生计生委、国家发改委、财政部、国家旅游局、国家中医药局
2017年7月	《关于开展健康旅游示范基地建设的通知》	促进健康服务和旅游融合，推动健康旅游产业规范有序发展，满足群众多层次、个性化健康服务和旅游需求	国家卫生计生委、国家发改委、财政部、国家旅游局、国家中医药局

（七）"旅游+交通"相关政策

旅游交通作为旅游业发展必不可少的先决条件和基础，其发展状况对旅游目的地的持续发展具有重要影响。

表1-10　近年旅游交通重点相关政策汇总

发布时间	政策名称	主要内容	签发单位
2015年4月	《关于规范旅居车上路通行管理工作的通知》	宣告了房车上路正式合法化	公安部
2015年8月	《关于进一步规范外国人驾乘自备交通工具来华旅游有关监管工作的通知》	为进一步规范外国人驾乘自备交通工具来华旅游活动的安全监管工作，确保外国人在华期间自驾车旅游活动依法有序进行，促进该项旅游活动的健康发展	海关总署、国家旅游局、解放军总参谋部

第一篇：全域旅游政策与实践

续表

发布时间	政策名称	主要内容	签发单位
2016年4月	《关于进一步规范导游专座等有关事宜的通知》	为保障导游安全执业，国家旅游局、交通运输部决定进一步规范"导游专座"设置和使用等事宜	国家旅游局、交通运输部
2016年5月	《关于印发2016年全国公路服务区工作要点的通知》	要"科学规划设置长途接驳客运车辆、房车、危险化学品运输车辆专用停车位，明确监管主体和监管责任，强化安全管理和服务"，以达到"加强公共场区秩序管理"的目的	交通运输部办公厅
2016年5月	《关于印发2016年停车场建设工作要点的通知》	积极发展房车营地建设，鼓励应用集约化立体停车库并同步配建充电桩	国家发改委办公厅
2017年3月	《关于促进交通运输与旅游融合发展的若干意见》	旅游业是国民经济重要的战略性支柱产业，交通运输是旅游业发展的基础支撑和先决条件。近年来，我国综合交通运输体系不断完善，交通运输与旅游融合发展已经成为旅游业转型发展的新趋势。为深入贯彻党中央、国务院关于推进供给侧结构性改革的决策部署，进一步扩大交通运输有效供给，优化旅游业发展的基础条件，加快形成交通运输与旅游融合发展的新格局	交通运输部、国家旅游局、国家铁路局等
2017年7月	《关于开展健康旅游示范基地建设的通知》	要完善基地基础设施，做好基地内外交通衔接，开展地下综合管廊建设，推进海绵型基础设施和公园绿地建设以及生态修复	国家旅游局、国家中医药局

47

续表

发布时间	政策名称	主要内容	签发单位
2017年6月	《国家旅游局关于印发全域旅游示范区创建工作导则的通知》	构建畅达便捷交通网络。完善综合交通体系，科学安排支线机场新建和扩建，优化旅游旺季和通重点客源市地航班配置，加强覆盖旅游景区的通用机场建设。改善区域公路通达条件，提升区域可进入性，提高乡村旅游道路的建设等级，推进干线公路与景区公路连接线以及相邻区域景区之间公路建设，形成旅游交通网络。提高游客运输组织能力，开通旅游客运班车、旅游公交车和观光巴士等。推进旅游风景道、城市绿道、骑行专线、登山步道、交通驿站等公共休闲设施建设，打造具有通达、游憩、体验、运动、健身、文化、教育等复合功能的主题旅游线路	国家旅游局
2017年8月	《全国红色旅游公路规划(2017—2020年)》	确定126个红色旅游公路项目，建设总里程约2442千米。其中，中西部地区建设里程占比达90.8%。明确要重点对现状四级以下的红色旅游经典景区景点出口路、直接连接和服务景点景区的三级及以下普通干线公路进行升级改造	交通部

（八）"旅游+特色小镇"相关政策

表1-11　近年特色小镇重点相关政策汇总

发布时间	政策名称	主要内容	签发单位
2015年10月	《中共中央关于制定国民经济和社会发展第十三个五年规划的建议》	发展特色县域经济，加快培育中小城市和特色小城镇，促进农产品精深加工和农村服务业发展，拓展农民增收渠道，完善农民收入增长支持政策体系，增强农村发展内生动力	中共中央

第一篇：全域旅游政策与实践

续表

发布时间	政策名称	主要内容	签发单位
2016年2月	《关于深入推进新型城镇化建设的若干意见》	提出加快特色镇发展。充分发挥市场主体作用，推动小城镇发展与疏解大城市中心城区功能相结合、与特色产业发展相结合、与服务"三农"相结合。发展具有特色优势的魅力小镇，带动农业现代化和农民就近城镇化	国务院
2016年3月	《国民经济和社会发展第十三个五年规划纲要》	加快发展中小城市和特色镇。因地制宜发展特色鲜明、产城融合、充满魅力的小城镇	中共中央
2016年7月	《关于开展特色小镇培育工作的通知》	制订了2020年的培育目标。到2020年，培育1000个左右各具特色、富有活力的休闲旅游、商贸物流、现代制造、教育科技、传统文化、美丽宜居等特色小镇，引领带动全国小城镇建设	住房城乡建设部、国家发改委、财政部
2016年8月	《关于做好2016年特色小镇推荐工作的通知》	全国特色小镇培育工作进入推进阶段。公布了特色小镇的申报程序、申报标准及推荐材料，要求全国32个省/市/区推荐	住房城乡建设部
2016年10月	《住房城乡建设部关于公布第一批中国特色小镇名单的通知》	全国第一批特色小镇培育名单公布。各地推荐基础上，经专家复核，会签国家发改委、财政部，认定北京市房山区长沟镇等127个镇为第一批中国特色小镇	住房城乡建设部
2016年10月	《国家发改委关于加快美丽特色小（城）镇建设的指导意见》	明确区分特色小镇和特色小城镇。特色小镇主要指聚焦特色产业和新兴产业，集聚发展要素，不同于行政建制镇和产业园区的创新创业平台	国家发改委

49

续表

发布时间	政策名称	主要内容	签发单位
2016年12月	《关于实施"千企千镇工程"推进美丽特色小（城）镇建设的通知》	通过政策、金融支持引导社会资本参与特色小镇建设。建设的内容为聚焦重点领域（产业）、建立信息服务平台、搭建镇企合作平台、镇企结对树品牌、推广典型经验	国家发改委、国家开发银行、中国光大银行、中国企业联合会、中国企业家协会、中国城镇化促进会
2016年12月	《关于深入推进农业供给侧结构性改革 加快培育农业农村发展新动能的若干意见》	提出建设农业类特色小镇。建设一批农业文化旅游"三位一体"、生产生活生态同步改善、一产二产三产深度融合的特色村镇。这将有助于农业类特色小镇的脱颖而出	中共中央、国务院
2017年1月	《开发银行关于推进开发性金融支持小城镇建设的通知》	提出通过开发性金融支持推动小城镇建设。重点支持内容包括：城镇化发展的基础设施建设；产业发展的配套设施建设；城镇环境塑造与文化传承的工程建设	住房城乡建设部、国家开发银行
2017年2月	《关于开发性金融支持特色小（城）镇建设促进脱贫攻坚的意见》	赋予特色小（城）镇带动区域性脱贫的责任。建设特色小（城）镇是推进供给侧结构性改革的重要平台，应加大金融支持力度，推动金融扶贫与产业扶贫紧密衔接	国家发改委、国家开发银行
2017年4月	《关于推进商业金融支持小城镇建设的通知》	金融资本支持政策创新。各级住房城乡建设部门、建设银行各分行要"加大对小城镇建设的信贷支持力度。对纳入全国小城镇建设项目储备库的推荐项目，予以优先受理、优先评审和优先投放贷款"	住房城乡建设部、中国建设银行
2017年5月	《关于推动运动休闲特色小镇建设工作的通知》	推动运动休闲特色小镇建设。到2020年，在全国扶持建设一批体育特征鲜明、文化气息浓厚、产业集聚融合、生态环境良好、惠及人民健康的运动休闲特色小镇	体育总局办公厅

第一篇：全域旅游政策与实践

续表

发布时间	政策名称	主要内容	签发单位
2017年5月	住房城乡建设部《第二批全国特色小镇推荐工作的通知》	开展第二批特色小镇推荐工作。确定了2017年各省（区、市）特色小镇推荐名额共计300个，并且提出了特色小镇要具备特色鲜明的产业形态等要求	住房城乡建设部
2017年6月	《关于组织开展农业特色互联网小镇建设试点工作的通知》	力争在2020年试点结束以前，原则上以县（市、区）或垦区为单位，在全国建设、运营100个农业特色优势明显、产业基础好、发展潜力大、带动能力强的农业特色互联网小镇。在小镇内，培育一批经济效益好、辐射带动强的新型农业经营主体，打造一批优势特色明显的农业区域公用品牌、企业品牌和产品品牌，将小镇培育成农业农村经济的重要支柱	农业部
2017年4月	《国家林业局办公室关于开展森林特色小镇建设试点工作的通知》	在国有林场和国有林区开展森林特色小镇建设试点工作，为全面推进森林特色小镇建设探索路子、总结经验	国家林业局
2017年7月	《住房城乡建设部关于保持和彰显特色小镇特色若干问题的通知》	提出建设特色小镇要避免"三盲目"：尊重小镇现有格局，不盲目拆老街区；保持小镇宜居尺度，不盲目盖高楼；传承小镇传统文化、不盲目搬袭外来文化	住房城乡建设部
2017年8月	《体育总局办公厅关于公布第一批运动休闲特色小镇试点项目名单的通知》	公布的各类运动休闲特色小镇，都体现了特色鲜明的运动休闲业态、深厚浓郁的体育文化氛围、与旅游等相关产业融合发展、脱贫成效明显、禀赋资源的合理有效利用等特点，不少小镇多以项目特色命名	国家体育总局
2017年8月	《住房城乡建设部关于公布第二批全国特色小镇名单的通知》	在各地择优推荐的基础上，经现场答辩、专家审查，认定北京市怀柔区雁栖镇等276个镇为第二批全国特色小镇	住房城乡建设部

（九）"旅游+"其他相关政策

表1-12 "旅游+"其他相关政策

发布时间	政策名称	主要内容	签发单位
2016年3月	《最高人民法院 国家旅游局关于进一步发挥审判职能作用促进旅游业健康发展的通知》	是为在新形势下进一步发挥人民法院和旅游主管部门职能作用，维护旅游者和旅游经营者合法权益，更好地规范旅游市场秩序，保障和促进旅游业持续健康发展而发布的	最高人民法院、国家旅游局
2016年5月	《国务院办公厅关于健全生态保护补偿机制的意见》	到2020年，实现森林、草原、湿地、荒漠、海洋、水流、耕地等重点领域和禁止开发区域、重点生态功能区等重要区域生态保护补偿全覆盖，补偿水平与经济社会发展状况相适应，跨地区、跨流域补偿试点示范取得明显进展，多元化补偿机制初步建立，基本建立符合我国国情的生态保护补偿制度体系，促进形成绿色生产方式和生活方式	国务院办公厅
2016年5月	《水利旅游项目管理办法》	是为统筹兼顾、科学合理地开发利用和保护水利风景资源，保护水资源和水生态环境，保障水工程的安全运行，规范对水利旅游项目的管理而制定的	水利部
2016年11月	《"十三五"国家战略性新兴产业发展规划》	"十二五"期间，受到国内外补贴政策及国内各地政府的积极推动影响，新能源产业在参与者的技术迭代、市场开拓上也呈现了良好的增长态势，但要解决和克服的障碍依然不少	国务院

中央及国家各大部委的一系列举措，都体现了在旅游业蓬勃发展的态势下国家对其健康有序发展的重视和政策支持。

第二章　我国全域旅游发展实践

第一节　我国全域旅游发展现状

2017年8月3日，在陕西西安举行的第三届全域旅游推进会暨"人文陕西"推介会上，国家旅游局发布了《2017全域旅游发展报告》（以下简称《报告》），对全域旅游发展进行了阶段性总结。

《报告》阐述了，全域旅游从提出到试点，从实践到提升，从创新到突破取得了七个方面的阶段性成果：从发展战略上看，全域旅游开创了旅游发展的新路子；从发展定位上看，全域旅游上升为国家战略；从空间布局上看，全域旅游由点到线、由线到面，得到广泛实践；从体制创新上看，全域旅游创造性地探索了"1+3+N"旅游管理新体制，有力推动了现代旅游治理体系建设取得新突破；从旅游供给上看，全域旅游丰富和提升了旅游产品体系，极大地满足了人民群众对旅游产品的新需求；从公共服务上看，全域旅游在"补短板抓提升"上取得明显成效，进一步健全了综合目的地服务体系；从市场促进上看，全域旅游整体营销创新推进，成效显著。

2016年，国家旅游局共批准了两批500家国家全域旅游示范区创建单位，包括海南、宁夏2省（区），91个市（州），407个县（市），覆盖全国31个省区市和新疆生产建设兵团。总面积180万平方千米，占全国国土面积的19%；总人口2.56亿，占全国人口的20%。据报告统计，2016年500家国家全域旅游示范区创建单位共接待国内外游客18亿人次，约占全国旅游人数的40.5%，同比增长20%，旅游总收入1.76万亿元，同比增长21%。

一、全域旅游综合管理机制改革显著

两年来，全域旅游成为旅游行业全面深化改革、实现从部门行为向党政统筹的突破口和助推器，全域旅游综合管理机制取得了新突破。各地纷纷将全域旅游示范区创建工作作为"一把手"工程，从旅游产业发展大会到全域旅游发展推进大会，形成党政主导、部门协同、整体联动、齐抓共管的工作机制，也在综合体制改革、现代旅游治理机制等方面取得了令人鼓舞的突破。

全域旅游进行了"1+3+N"旅游管理体制改革（详见图2-1）从过去部门的单一管理过渡到综合管理，有效缓解了综合产业和综合监管与原有体制之间的矛盾。

旅游发展委员会 ＋ 旅游警察 旅游巡回法庭 工商旅游分局 ＋ 与各部门职能相互包容衔接的各种旅游发展制度 ＝ 适合全域旅游格局的体制机制

图2-1 "1+3+N"旅游管理创新体制

截至2017年8月份，全国已经有23个省（区、市）、155个地市成立了旅游发展委员会，分别占全国的74%和55%；已设立旅游警察机构131家、旅游工商分局77家、旅游巡回法庭221家。其中，国家全域旅游示范区创建单位都成立了全域旅游发展领导小组，91个地市中有60家成立了旅游发展委员会和旅游警察、旅游巡回法庭、工商旅游分局等管理机构，407个县中有80家成立了旅游发展委员会，70家成立了旅游警察、旅游巡回法庭、工商旅游分局等管理机构。

有的推动"1+3"体制向乡镇和景区延伸，如黄山风景区、湖南醴陵等地设乡镇一级旅游分管领导和专门的旅游干事，把旅游警察、旅游工商和旅游巡回法庭搬到了景区和乡镇。有的创新涉旅项目土地供应和会商机制，如苏州市、桂林市建立旅游产业土地供给的综合协调机制，建立涉旅城市规划的工作联席会议制度。有的推动区域统筹发展机制，如一些地方创新规划编制组织形式，由政府牵头，多部门共同编制旅游规划。有的探索全域旅游公共服务新方式，如山东临沂结合公路加油站改造，建设具有复合功能的"全域旅游服务区"，充分体现了全域旅游发展理念。

二、"旅游+"发展格局逐步形成

两年来，全域旅游发展过程中，始终坚持融合发展、创新发展，不断推动"旅游+"深入发展，初步形成开放的"旅游+"发展格局。主要表现在五个方面：一是在"旅游+城镇化、工业化和商贸"下形成了美丽乡村、旅游小镇、森林小镇、风情县城、文化街区、宜游名城以及城市绿道、骑行公园、慢行系统等城乡旅游产品；二是在"旅游+农业、林业和水利"下形成共享农庄、田园综合体、家庭农场、家庭牧场、精品民宿、森林人家、森林公园、湿地公园、沙漠公园、国家水利风景区等新兴旅游产品；三是在"旅游+科技、教育、文化、卫生和体育"下，形成科技旅游、研学旅游、医疗健康旅游、中医药旅游、养生养老旅游等健康旅游产品；四是在"旅游+交通、环保和国土"下形成了包括自驾车房车营地、特色交通旅游邮轮游艇旅游、低空旅游、航空旅游小镇、海洋海岛旅游等新型自由行旅游产品与业态；五是在"旅游+互联网"下，形成了包括旅游互联网金融、分享型旅游产品等在线旅游产品，包括各地旅游大数据中心、旅游大数据应用、智慧旅游交通、智慧旅游政务等旅游大数据与智慧旅游产品。

三、全域公共服务体系形成

两年来，各地公共服务补短板的工作成效显著，全域公共服务体系逐步成熟。综合环境整治力度加大，实现全域旅游发展成果共建共享。

厕所革命不断升级。据不完全统计，各创建单位 2016 年共改建和新建厕所 25769 座，越来越多的厕所配备了第三卫生间，创建单位旅游厕所建设基本达到了"数量充足、干净无味、管理有效、实用免费"的目标，"厕所革命"覆盖城乡全域。

公共服务水平不断提升。各地共建设旅游停车场 4000 余个，建成旅游集散中心 2500 余个，整合形成多级旅游服务体系；依托旅游集散服务体系、交通网络，注重全域范围内旅游交通和智慧旅游等服务体系的互联互通，强化"互联网+旅游"信息化建设，智慧旅游建设取得明显进展。

第二节 全域旅游示范省发展经验

2016年1月29日，在海口召开的全国旅游工作会议上，国家旅游局做了《从景点旅游走向全域旅游，努力开创我国"十三五"旅游发展新局面》的工作报告。并表示我国将开展首批全域旅游示范区创建工作，其中海南省被确定为首个全域旅游创建省，拉开了我国全域旅游创建工作的序幕。

2016年9月10日，在宁夏中卫召开的第二届全国全域旅游推进会上，国家旅游局副局长李世宏宣读了《国家旅游局关于同意宁夏回族自治区创建国家全域旅游示范区的复函》，同意宁夏成为继海南后全国第二个省级全域旅游示范区创建单位，为全国探索经验、做出示范。

2017年8月3日在陕西西安举行的第三届全域旅游推进会上，国家旅游局宣布，陕西、贵州、山东、河北、浙江5省新增为全域旅游示范省创建单位。加上之前的海南、宁夏，我国省级全域旅游示范区创建单位增至7个。此次会议还总结了7省（自治区）各具特色的全域旅游创建经验和成果。海南省实施"点—线—面"全域旅游空间发展战略；宁夏回族自治区推进"全景、全业、全时、全民"四全发展模式；陕西省走"厕所革命和城乡环境综合整治同步推进"全域旅游发展之路；贵州省建设全域山地旅游目的地；山东省全域旅游实行"挂图作战"；河北省通过"党政统筹、区域联动、全民参与"大力推进全域旅游；浙江省探索以建设特色小镇推动全域旅游发展模式。2017年7月开始，国家旅游局组织开展了为期两个月的"全域旅游看中国"的大型主题宣传活动，对全国31个省、区、市和新疆生产建设兵团发展全域旅游的举措成效进行集中展示报道。本书对其发布的7个全域旅游示范省的发展经验进行了整理。

一、海南省全域旅游

2016年1月，海南省被确定为全国首个全域旅游创建省。一年多以来，海南省跳出传统旅游谋划现代旅游、跳出小旅游谋划大旅游。2017年上半年，海南接待游客3145.72万人次，同比增长12.5%。实现旅游总收入371.41亿元，同比增长22.8%，全域旅游发展为海南国际旅游岛建设注

第一篇：全域旅游政策与实践

入了崭新动力。

海南以深入推进旅游供给侧结构性改革为主线，以"点、线、面"相结合为方式，以促进旅游产业全区域、全要素、全产业链发展为基调，以全域共建、全域共融、全域共享为目标，全方位推进全域旅游示范省建设，基本形成了"日月同辉满天星、全省处处是美景"的全域旅游发展新格局。详见图2-2。

强化"点"的打造	坚持"全省一盘棋"的发展理念，以"多规合一"为重要引领，紧紧围绕精品旅游城市、旅游产业园区、旅游综合体、旅游度假区、景区景点、特色风情小镇、乡村旅游点和特色街区等八类"点"存在的短板，以深入实施"百镇千村"工程为重要抓手，重点突出"点"的建设。
加强"线"的串联	以增强和完善点与点之间的"线"的连接功能和旅游功能为工作出发点，海南全面加快推动全省范围内无障碍通达的旅游交通和旅途风景"线"的建设，以及铁路、公路等沿线旅游化景观化改造，初步建成了独具海南特色的全域旅游景观带和景观走廊。
促进"面"的改善	在"点"和"线"的基础上，海南秉承"主客共享"的发展理念，坚持"全省一个整体、一个景区"战略思维和全域按照旅游景区的发展标准，扎实推进全省旅游软硬环境建设。

图 2-2　海南省全域旅游示范省的全域旅游新格局

案例：三亚市全域旅游

2016年8月9日，《三亚市全域旅游发展规划（2016—2020）》及《三亚市创建国家全域旅游示范区工作方案》获得三亚市政府常务会议审议通过。《规划》积极贯彻"创新、协调、绿色、开放、共享"的五大发展理念，抢抓"一带一路""互联网+""多规合一"发展机遇，以"全域旅游"创建工作为抓手，统领三亚旅游供给侧结构改革。统筹三亚城区、特色产业小镇、美丽乡村等工程建设，走"旅游+"的产业融合发展道路，系统构筑三亚全域旅游新格局，从"旅游城市"到"城市旅游"。驱动三亚"旅游+相关产业"经济协作、融合，并积极向产业旅游化转型发展。完善旅游综合管理服务体系和加快旅标准化服务建设，营造"开心、放心、舒心"的全域旅游市场环境。最终实现三亚全域休闲化、景观化、旅游化，城旅一体、景镇联动、产旅互融、主客共享，并建设成为：国家全域旅游示范区、国际知名热带滨海旅游精品城市、亚太西海岸度假中心城市。

以"四项指标"为目标，从"点、线、面"三个层次大力推进全域旅游创建工作。

一、四项指标

旅游业综合贡献率	建立1+3旅游综合执法模式	旅游厕所建设	建立数据中心
据相关数据显示，三亚旅游业对当地经济的贡献率高达24%。目前，三亚已启动旅游卫星账户建设工程，计划2017年底前完成。	率先实施综合性旅游管理机构和旅游警察、旅游法庭、旅游工商分局等"1+3"旅游综合管理和综合执法模式。	2017年计划新建、改建旅游厕所50座。	三亚市民游客中心"数说三亚"平台基本达到了数据中心的基本职能，全面展示了三亚旅游数据功能。

图 2-3 四项目标性指标

二、"点、线、面"推进

（一）"点"层面

改变单一的景区景点式供给模式，打造一批三亚特色的城市休闲旅游点、旅游景区景点、特色乡镇体验点、海洋旅游点、旅游购物点、社会资源访问点以及其他新业态承载点等。

（二）"线"层面

完善三亚全域旅游外部交通、市内交通、旅游专线、风景道等"快旅慢游"的交通无障碍网络体系，发挥"线"的"连接"功能；同时，修复河道及海岸线生态，丰富岸线的旅游功能，串联起三亚全域旅游点产品，形成旅游产业发展带。

（三）"面"层面

这个层面的内容包括"硬环境"和"软环境"两个方面。一方面加大三亚旅游整体风貌优化、旅游全体系建设等硬环境设施建设；另一方面优化三亚旅游发展软环境，全社会参与、机制体制创新、发展政策创新、提升三亚旅游服务质量和水平，全面提升全市公民的文明素质，积极打造热情好客、文明友好的旅居环境。

三、经验体会

以产业运营为目的，打造新型美丽乡村。

以三亚市后靠村为例，与旅行社协会合作成立旅游公司，打造农事体验、水果采摘、亲子游乐、登山野营等乡村旅游示范项目，促进当地的旅游扶贫工作。

与"双修"相结合，打造主客共享的"点"和"线"旅游产品。

通过对城市公园的海绵化改造、河流治污、红树林修复、沙滩人工补沙以及生态修复等措施，构建以公园为"点"，以内河水系、慢行步道、海岸线为"线"的生态旅游空间结构体系。通过解放路骑楼街立面改造，农贸市场、海鲜排挡的标准化建设和功能提升，打造富有热带海滨特色的休闲街区和旅游购物环境。通过对凤凰路等道路的绿化、彩化，丰富道路景观和休闲功能。

"四位一体"的专业化监管与"一站式"治旅。

建立旅游警察、旅游巡回法庭、旅游纠纷调解委员会、行政执法部门"四位一体"的专业化旅游市场监管处置管理模式，全市各区和35个涉旅单位形成联动的综合监管体系。

资料来源：《全域旅游大有可为》全域旅游示范区创建交流材料第二辑

二、宁夏回族自治区全域旅游

2016年9月，宁夏回族自治区成为全国第二个全域旅游示范（省）区创建单位，宁夏旅游业发展迎来新的历史机遇。2016年全区接待国内游客2150万人次，同比增长17.1%；出入境人数达到20.7万人次，同比增长97%；旅游总收入210亿元，同比增长30.2%，旅游总收入占全区GDP比值达到6.73%。旅游业已经成为宁夏战略性支柱产业，在稳增长、调结构、扩内需、惠民生等方面发挥了积极的作用。宁夏回族自治区第十二次党代会报告上，自治区党委对宁夏全域旅游发展做出了新部署、指明了新方向、确立了新目标。即"加快全域旅游示范区建设，把旅游业融入经济社会发展全局，推进旅游向全景全业全时全民的全域旅游转变，建设一批精品旅游景区，优化旅游综合配套服务，创新多形式、多业态、多元化商业模式，发展休闲旅游、体验旅游、康养旅游，吸引游客、留住游客，打造西部独具特色的旅游目的地。"

宁夏"全域旅游"创建分3个阶段实施：2016年以中美旅游领导高峰论坛为重点的"筹备启动期"；2017年以中阿博览会为重点的"持续推动期"；2018年以自治区成立60周年大庆为重点的"全面创建期"。自治区将按照"全景、全业、全时、全民"模式，打破以景区为核心的空间局限，全面推进城乡资源和产业的旅游化发展，优化旅游产业布局，丰富旅游产品体系，创新旅游业态，延伸旅游产业链，完善旅游公共服务体系，实现宁夏全域旅游发展。

（一）全景、全业、全时、全民的全域旅游发展模式

全景，就是秉承"一切资源都是旅游资源"的发展理念，把宁夏作为一个大景区来规划发展。

全业，就是突破一、二、三产业界限，大力推进旅游与文化、工业、农业、林业、水利、体育、教育、商贸会展、康体医疗、休闲养老等产业融合发展；开发"食、住、行、游、购、娱"的新旅游产品群，拉长旅游产业链，构建大旅游、大市场、大产业。

全时，就是适应大众旅游新时代市场需求，打造全年、全天候的旅游产品和旅游服务。

全民，就是调动全社会的力量推进全域旅游发展，引导城乡居民以主人翁的态度参与全域旅游建设，推动旅游基础设施、旅游公共服务共建共享、主客共享，共同分享旅游发展红利，共享旅游业发展带来的美

好生活。

（二）改革体制机制，为全域旅游发展保驾护航

旅游景区门票价格管理新体制：大力推进门票价格管理改革，破除"票中票""园中园"，实行"一票制"，加快建立科学有序、公开透明、相互协调、监管有力的新体制。

旅游服务"红黑榜"制度：重拳整治旅游市场乱象，对旅游企业的硬件即接待服务的基础设施，和企业经营管理的软件即价格、投诉处理、卫生管理等内容进行实地测评，倡导文明旅游，为游客提供更优质的服务和更舒心的旅游环境。

（三）开辟扶贫新路，大力发展乡村旅游

为了充分体现全域旅游惠及全民，宁夏旅游发展委员会大力发展乡村旅游，成为宁夏发展全域旅游的新亮点，10个特色产业示范村、150个三星级以上农家乐、10条特色旅游街区全面开花，旅游业已经成为宁夏扶贫攻坚的主要抓手，成为宁夏扶贫富民的幸福产业。据统计，现在宁夏旅游直接从业人数7万余人，带动间接就业28万多人，占全区就业人数6.4%，占服务业就业人数20.85%。旅游业为宁夏拉动消费、增加就业做出的贡献越来越大。

2016年全区"农家乐"共接待游客578.51万人次，实现收入38706.22万元，分别比上一年增长55.81%和44.09%。

案例：青铜峡市全域旅游

2016年7月，习近平总书记到宁夏视察时指出，发展全域旅游，路子是对的，要坚持走下去，将全域旅游上升到前所未有的高度，给旅游界极大鼓舞，宁夏在全域旅游发展中成为一个具有特殊意义的标志地，青铜峡市作为宁夏回族自治区的国家全域旅游示范市，在全域旅游实践中总结出了一系列的经验：

一、试点先行，稳步推进

选取特定区域、景区、乡村作为先行试点，稳步推进"点上景点"向"面上风景"转变、从单一结构向融合发展转变、从过境地向目的地转变。

二、提升软硬实力，强化服务标准，优化体制机制

有序推进智库建设、人才培训、协会建设和安全管理等工程，实现人才环境高端化，服务质量标准化，行业管理自律化和旅游安全网络化。

成立旅游、发改、文化等40多个相关部门为成员的全域旅游创建工作委员会，建立"市委牵头、政府主抓、部门落实、社会参与"的责任落实和工作推进机制来统筹协调全域旅游产业发展工作。

编制青铜峡市全域旅游《总体规划》《三年行动计划》《实施方案》《提升年活动方案》和各项产业村、特色点的专项规划。

三、"全"字布局，全民共建，打造全域旅游新名片

按照"全域、全景、全业、全时、全民"的总体布局，坚持"抓基础、突重点、育精品、创品牌"的发展路径，全面推进"景点旅游"向"全域旅游"转变。

做精"名片"效应，围绕"黄河岸边、稻花香里、贺兰山下"三条主线，整合提升、优化包装，全力打造旅游新名片。

做特"农家"产品，推进近郊游、民俗游、农业观光游，把乡村旅游培育成为农民创业增收的增长点。

四、经验体会

（一）政府主导是推动全域旅游发展的前提

全域旅游作为一种新的综合改革平台和载体，在推进建立旅游综

合协调管理、综合执法、综合规划管理等方面都必然需要由当地政府进行统筹布局，合理推进工作创建进展。

（二）科学规划是推动全域旅游发展成败的关键

发展旅游需要规划先行，同样的，发展全域旅游也需要跳出传统旅游规划思路，立足实地、科学谋划、准确定位，形成落实全域旅游的纲领性文件。

（三）全民共建共享是推动全域旅游发展的出发点和落脚点

当地居民对全域旅游的态度既是全域旅游发展效应的直接反映，又会反作用于当地全域旅游发展。只有当地居民切实体会到全域旅游发展为其带来的实质性利益和幸福感受，才会进一步支持和推动当地全域旅游的发展。

资料来源：《全域旅游大有可为》全域旅游示范区创建交流材料第二辑

三、陕西省全域旅游

陕西省全域旅游发展过程中，政府主导统筹全省旅游业改革发展工作，统筹全省相关产业部门之间旅游合作与融合发展，统筹省内跨区域旅游资源规划、开发、整合和利用，统筹协调旅游联合执法和安全监管等职能。此外，陕西省还构建现代旅游治理体系，推动设立旅游发展委员会、旅游警察和旅游法庭，加强旅游市场监督、旅游质监执法等工作和队伍建设。同时，建立了全域旅游考核体系，加大了政策支持。陕西省注重整体策划、宣传，强化了全省旅游形象及旅游品牌推广，依托传统媒体和网络新媒体，大力宣传全域旅游示范省创建。

（一）政府主导，推进全域旅游发展

2017年以来，陕西省以省委书记、省长为"主角"，大举推进全域旅游工作，详见图2-4。

时间	事件
2017年1月	**全域旅游推进工作由部门层面正式上升为省政府主导的重点工作** 省十二届六次人大会《政府工作报告》中，正式提出积极创建全域旅游示范省份，着力构建文化旅游融合发展新格局。
2017年3月	**调动方方面面的积极性，把旅游业做大** 陕西省委书记提出：旅游局要有理念、有想法、有任务、有要求，跟大家一起去做。把各方面优质的、潜在的资源挖掘好、利用好、整合好，把旅游业做得不光红红火火还要更好更实。
2017年4月	**研究起草旅游与相关部门融合发展的实施意见** 陕西省政府召开全省旅游业融合发展推进会，研究起草旅游与相关部门融合发展的实施意见。
2017年5月	**用系统化思维推动全域旅游发展** 陕西省委书记在省第十三次党代会报告中提出，要发挥古丝绸之路起点的优势，以精品旅游线路为纽带，深化文化、旅游等合作，建设国际一流文化旅游中心。 5月24日，又在全省全域旅游推进工作会上，系统阐述了为什么要发展全域旅游以及如何因地制宜做出特色、做大格局、做大市场的思路与方法。
2017年5—7月	**围绕全域旅游示范省创建实施方案、旅游与相关产业融合发展的实施意见起草、调研、修订以及沿黄公路全域旅游打造示范工程等** 省委书记、省长、各省委常委以及分管旅游的副省长多次提出具体要求，希望凝聚部门、市县合力，开放视野、做大格局、做精产品、做优环境，走出一条陕西特色的全域旅游发展路径。

图 2-4　陕西省全域旅游政府推进时间表

（二）"旅游+"到"+旅游"的转变，奏响产业融合发展主旋律

全域旅游战略的大举推进，陕西省旅游局昔日大力倡导的"旅游+"，开始向各行各业主动与旅游业融合发展的"+旅游"转变，大举推进全域旅游战略，促进旅游产业与各关联行业、产业的密切融合。陕西省还将出台旅游与12个部门和产业的融合发展系列意见。详见图2-5。

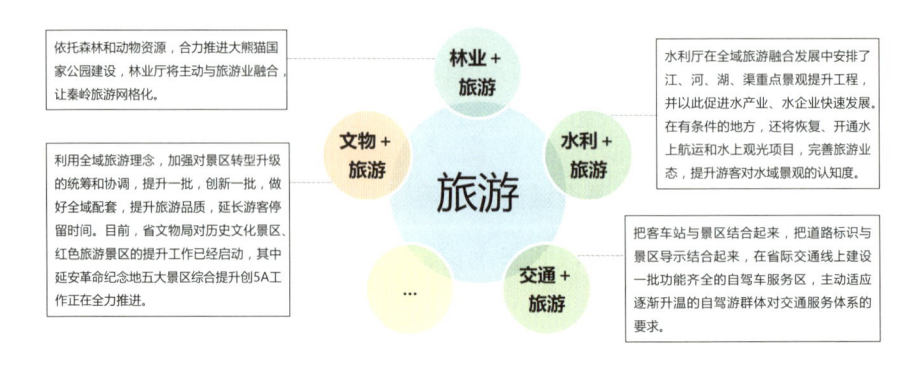

图 2-5　陕西省全域旅游"+旅游"融合发展

第一篇：全域旅游政策与实践

（三）以体制机制改革，撑起全域旅游大格局

2017年3月14日，陕西省旅游局正式更名为陕西省旅游发展委员会，由省政府直属机构调整为省政府组成部门。以新体制为契机，以"五新"战略任务为统揽，突出"五个统筹抓好"，围绕旅游"四大高地"建设，务实创新，主动作为，陕西省旅游业发展焕发出勃勃生机。

目前，陕西部分市、县正大力推进旅游新机制体制建设，其中全省17个国家全域旅游示范区创建市、县，2017年年底前将全部建立"1+3"旅游新机制，并打造丝绸之路起点旅游走廊、秦岭人文生态旅游度假圈、黄河旅游带、红色旅游系列景区为"四大旅游高地"的陕西全域旅游新格局。

（四）出台系列投资政策、项目带动政策，引领社会投资潮

数据显示，2016年，陕西全省旅游业直接投资2333.79亿元，旅游业直接投资占全社会固定资产投资的11.21%；通过行业间的间接作用，综合带动社会投资3832.07亿元，同比增长13.81%，占到全社会固定资产投资的18.4%。如今，围绕全省现代旅游产业格局，百亿元以上的投资项目如雨后春笋般竞相落地，陕西旅游基金总规模已达400亿元。详见图2-6。

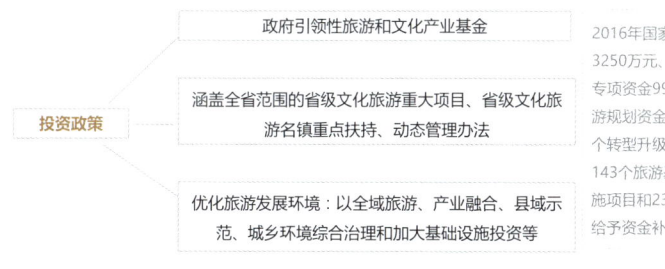

投资政策
- 政府引领性旅游和文化产业基金
- 涵盖全省范围的省级文化旅游重大项目、省级文化旅游名镇重点扶持、动态管理办法
- 优化旅游发展环境：以全域旅游、产业融合、县域示范、城乡环境综合治理和加大基础设施投资等

2016年国家旅游发展基金3250万元、2017年省级旅游专项资金9900万元、省级旅游规划资金560万元，对93个转型升级及旅游厕所项目、143个旅游基础及公共服务设施项目和23个旅游规划项目给予资金补助。

图2-6 陕西省全域旅游投资政策

2017年上半年，开工建设旅游项目480余个，完成投资550多亿元，同比分别增长27%和23.6%。第21届西洽会暨丝绸之路国际博览会共签约旅游项目242个，签约资金2283.17亿元，其中合同金额761.05亿元，

同比分别增长 21.74%、21.23% 和 27.8%。

(五) 注重全域市场推广，强调品牌营销

陕西省整合各级各类宣传资源，构建了省、市、县、企业"四位一体"的营销体系；强化区域合作和对外交流，整合外事、外宣、文化、新闻出版广电、商务等宣传资源，搭建全域旅游营销平台。建立多样化、专业化的营销渠道和第三方旅游营销效果评价机制，运用旅游大数据技术，促进旅游营销精准高效。以全域营销为抓手，塑造旅游目的地品牌形象。详见图 2-7。

第五届"秦岭与黄河对话"	以"长江与黄河旅游带融合发展"为主题，引入秦岭、长江、黄河"三大旅游带"和南北旅游大互动发展理念，多位不同领域的专家、学者和文化名人为陕西旅游可持续发展建言献策
2017陕西国际温泉旅游文化节	在宝鸡太白山举办，50余家新闻媒体聚焦，进行全方位的宣传报道
西北旅游营销大会	全国春季最大旅游营销平台
第十八届西安国际酒店设备及用品展览会	对会议举办进行指导
第九届中国国际旅游商品博览会	组团参加会议
接待境外旅行商、媒体团	组织意大利旅游作家来陕采风报道和欧洲十国驻华外交官"一带一路"城市行走进灞桥活动
境外社交网站营销	FACEBOOK、Twitter等

图 2-7 陕西省全域旅游品牌营销活动

案例：汉中市全域旅游

汉中市长期以来一直坚持将旅游业作为全局工作的重中之重，2014年出台了《关于实施全域旅游工程的意见》，随后高起点、大手笔编制了《汉中全域旅游发展规划》，2016年国家旅游局将其确定为全国首批全域旅游示范市创建单位。经过多年探索，形成了全域旅游发展的"汉中模式"——城是一处景、村镇一幅画、处处是景观、人

人是形象、多业融合、循环发展、全民参与、共建共享。

一、强化顶层设计，全域统筹布局

明晰思路绘蓝图。按照省委省政府关于汉中"循环发展、生态宜居"的战略定位，确立了"文化旅游强市"的战略目标，加快推进从"景点旅游"到"全域旅游"的发展模式转变，实现文化名市向文化旅游强市的跨越式发展。

在坚持党政领导下，多规合一，制定了《创建方案》《推进计划》《年度计划》等一系列政策文件。

二、坚持项目带动，打造全景汉中

做优做强旅游城市，坚持"城旅一体、产城融合"，加快城市旅游项目建设；做精做大旅游景区，大力实施景区提档升级工程；做特做美旅游线路，全力打造"看得见山、望得见水、记得住乡愁"的全景汉中。

三、强化多业融合，创建共建共享

一是文旅融合，彰显两汉三国文化魅力，将文化贯穿于全域旅游发展的全过程中，大力弘扬中华民族优秀传统文化；二是农旅融合，助力脱贫攻坚，改善农村环境，促进农民增收致富；三是工旅融合，开发特色旅游产品，推出一系列独具特色的"汉字号"旅游纪念品，提高游客旅游购物消费意识；四是培育旅游新业态，不断满足休闲消费快速增长的需求。

四、创新机制体制，激发发展动能

组建市级旅游发展委员会，增加了综合协调、产业促进等功能；成立市文物旅游稽查支队，旅游信息服务中心；旅游警察、旅游工商、旅游法庭正在加快组建。同时也创新了资金投入机制和完善奖励激励机制，更好地保障全域旅游的健康有序发展。

五、强化设施建设，优化旅游环境

完善交通网络、促进旅游厕所革命、加快智慧旅游建设等措施的实施，都在很大程度上改善了汉中市的旅游环境，提升游客满意度，让游客游得放心、开心、舒心。

资料来源：《全域旅游大有可为》全域旅游示范区创建交流材料第二辑

四、贵州省全域旅游

谈起贵州旅游业发展取得的成果，贵州省旅游发展委员会党组书记、主任李三旗说，"全域旅游让山水贵州气质更好、颜值更高，为建设多彩贵州新未来做出了积极贡献。"全域旅游发展理念的提出，为贵州旅游业发展注入了新的动力。注重高位推动、"六全"理念、精准扶贫。

（一）高位推动全省棋盘

贵州全域皆是山，一山一景，素有"山地公园省"的美誉。贵州省委、省政府主要领导多次深入各地调研指导山地旅游发展，多次组织召开全省旅游业发展工作会，明确了强化组织协调、资源利用、资金支持、人才培养、用地支撑、监督考核六大支撑措施，将全域旅游发展高位推动、掷地有声：

——各市州把全域旅游纳入"一把手工程"，党政领导亲自安排部署旅游工作，谋划好区域旅游产业发展顶层设计，帮助旅游部门解决实际困难。

——各市（州、县）将旅游发展规划纳入当地"十三五"经济社会总体发展规划，"旅游强市""旅游兴县""旅游富民"呼之欲出。

——9个市州、贵安新区、88个县（市区）参照省旅游发展和改革领导小组的做法，市（州、县）政府负责人担任组长，协调解决旅游经济发展的"痛点""难点"。

——9个市州旅游行政部门实现局改委，部分旅游行政部门已列入政府组成部门。

——2016年3月，贵州省第十二届人民代表大会常务委员会第二十一次会议通过的《贵州省旅游条例修正案》明确要求，省及市、州人民政府应当在财政预算中安排旅游发展专项资金，并根据财政收入增长情况和旅游发展需要逐步增加。县级人民政府根据本地旅游发展的需要在财政预算中安排旅游发展专项资金。

（二）贵州模式的"六全理念"

贵州省委、省政府明确提出，打造"山地公园省·多彩贵州风"旅游品牌新形象，大力发展全域旅游，加快实现从景点旅游向全域旅游转变，把贵州打造成世界知名山地旅游目的地和山地旅游大省，把旅游业培育壮大成为新的重要支柱产业。

强化统筹协调，优化全域旅游新格局，提出了全景式打造、全季节体验、全产业发展、全方位服务、全社会参与、全区域管理的全域旅游"六全理念"，呈现出环境优化、合力凝聚、增长强劲的发展态势。

（三）"请客进乡、农旅融合"的精准扶贫

贵州省委、省政府把乡村旅游作为扶贫攻坚的重要抓手，新建、改造、提升了一大批村庄，实施小康六项行动计划（小康路、小康水、小康房、小康电、小康讯、小康寨），并推出一批以自然气候为吸引的避暑度假型、以生态景观为载体的城郊休闲型、以特色农作物采摘为主导的乡村体验型、以民族村寨为特色的民俗陶冶型的乡村旅游产品。依托自然生态、特色农业、民族村居、文化遗产，打造了雷山西江、平坝天龙屯堡、贵定音寨等一批知名乡村旅游品牌，海内外游客纷纷慕名而来。充分运用旅游带动性强、辐射面广的优势，开展精准扶贫，让山乡人民通过旅游富起来。

案例：遵义市全域旅游

遵义市位于贵州省北部，是中国优秀的旅游城市，首批国家历史文化名城。继 2016 年 2 月被国家旅游局确定为首批国家全域旅游示范区创建地级城市后，遵义市在精品景区、基础设施、智慧旅游、配套服务、旅游扶贫等方面实施了众多项目，催生了一批具有遵义特色的旅游新业态、新产品、新线路，逐步形成了"全景域体验、全过程消费、全产业融合、全民化共享"的新格局。

一、注重全景式打造，加快实现处处是景

统筹资源，将遵义作为一个大景区来谋划，构建全时间、全空间、全产业、全过程旅游产业体系，努力实现处处皆景点、随地可旅游。

二、注重全社会参与，促进全民共建共享

坚持市场引领，党政推动，创新投融资模式，带动社会资本投资，形成全社会参与旅游建设、分享旅游成果、体验旅游快乐的参与格局。

三、注重全产业发展，丰富完善产业链条

全域发挥"旅游+"功能，围绕吃住行游购娱，对全市旅游产业布局进行整体设计，重点推动文旅、农旅、工旅、茶旅、城旅等业态。

四、注重全季节体验，打造四季全时产品

按照全季节体验目标，着力打造休闲城镇、乡村休闲农业、文化创意、山地户外运动、避暑养生度假等四季皆可游的旅游产品。

五、注重全区域管理和全方位服务

构建"全局谋划、资源整合、综合协调、部门联动、统筹推进"的大旅游工作格局，完善旅游安全责任体系和国际化、多层次、全方

位的旅游营销平台。坚持安全至上、方便至上、游客至上，全面推进旅游基础设施和快进慢旅服务体系建设。

资料来源：《全域旅游大有可为》全域旅游示范区创建交流材料第一辑

五、山东省全域旅游

山东创建全域旅游示范省，主要得益于各个发展阶段的"顶层设计"。

（一）做好顶层设计，促进全域旅游蓬勃发展

全域旅游发展已经融入山东省经济社会发展大格局。2017年2月17日，山东省政府出台了《加快推进十大文化旅游目的地品牌建设实施方案》，十大品牌建设推进情况列入了省政府重点督察的34项工作，以十大文化旅游目的地品牌建设为抓手，全力推进全域旅游发展。2017年上半年，山东省组织专家对《山东省旅游产业发展总体规划》进行修订完善，丰富了红色旅游、体育旅游、低空旅游、工业旅游、旅游小镇等内容，并邀请世界旅游组织专家组就《总体规划》进行培训。

山东省委书记刘家义在党代会工作报告中提出，"促进旅游业与上下游产业融合，发展全域旅游"。省长龚正提出"三生三美"，即生产美、生活美、生态美，为山东全域旅游发展定下了基调。2017年3月24日，山东省政府旅游工作联席会议召开第二次全体会，省旅游发展委与26个部门签订了14个全域旅游联合推进计划，涉及工业旅游、乡村旅游、文化旅游、海洋旅游、政策扶持等方面，共86项事宜。进一步强化"资源整合、政策扶持、环境保障、联合执法、宣传营销、综合考核"六大机制，把发展全域旅游作为促进全省经济新动能的总抓手。2017年5月23日，山东省政府印发《山东省乡村旅游提档升级工作方案》。目前，山东已经完成了《关于加快工业旅游发展的意见》起草工作，进入了部门会签程序，下一步将着手编制全省工业旅游发展规划。

山东省发展全域旅游过程中，重视顶层设计，各个发展阶段都靠顶层设计引领，取得了良好的效果。

（二）"好客山东"全方位创全域旅游示范省

1 创5A促核心景区提质
全省5A级景区数量上升为11个

2 旅游公共服务设施建设走在全国前列
旅游厕所建设数量多、质量好。3月份的省内抽查复核，总体合格率达到99.7%。

3 创新立体化推广营销模式
成立省旅游营销推广中心，与12个国家和地区的51家渠道商建立合作。举办"名导带你游山东——大V直播十大品牌"活动。

山东省各地积极响应创建全域旅游示范单位。
全省有国家级全域旅游示范区21个，省内全域旅游示范区16个。

- 泰安、东营等市召开了高规格的全市全域旅游推进会议；
- 济南、青岛、聊城市组建了旅游集团；
- 济南市建立了旅游纠纷先行赔付金制度，"旅游啄木鸟"一举囊括全国旅游志愿服务先锋行动四项全国荣誉；
- 淄博市建立了区县旅游工作考核制度，市政府督查室一月一次在当地媒体上公布督查结果。

图 2-8 山东省全域旅游发展成绩

案例：临沂市全域旅游

临沂市位于山东省东南部，素称沂蒙，是全国知名的文化名城、生态水城、商贸名城，近年来，大力实施"旅游兴市"的战略，积极发展旅游业。临沂市委市政府先后召开市政府常务会议、市委常委会议进行全域旅游的专题研究，一致认为，发展全域旅游是贯彻落实五大发展理念的重要载体，也是推动旅游产业转型升级、提质增效的重要途径。

一、加强顶层设计，科学统筹安排，构建齐抓共管工作格局

召开高规格、大规模的创建全域旅游示范市动员大会，出台市委、市政府《关于创建国家全域旅游示范市的实施意见》，统筹部署全域旅游创建工作。邀请国内一流团队编制全市旅游发展总体规划，指导

第一篇：全域旅游政策与实践

全市旅游业的科学发展、有序推进。

二、对照指标体系，落实创建任务，夯实创建全域旅游示范市基础

打造新产品，创建精品项目，培育新业态，大力发展具有当地特色的旅游品牌，提升旅游业核心竞争力；加快设施建设，完善旅游交通体系和旅游公共服务体系，打造放心、舒心、开心的旅游大环境；加快配套改革，完善体制机制，激发旅游产业的发展活力。

三、强化政策支持，优化发展环境，确保旅游业持续健康推进

根据财政增长情况稳步增加旅游业发展专项资金，完善财政政策，设立临沂市旅游产业促进基金，用于支持旅游业发展；规划和建设城市基础设施和公共服务设施时要兼顾旅游业发展的需要，完善用地政策；鼓励和引导各类金融机构在风险可控、商业可持续发展的原则下加大对旅游企业的信贷支持，完善金融政策；组建成立国有沂蒙文化旅游集团，培育企业主体，作为融资平台，促进文化旅游项目的开发。

资料来源：《全域旅游大有可为》全域旅游示范区创建交流材料第一辑

六、河北省全域旅游

河北省将全省作为一个完整旅游目的地统一规划布局、统筹开发管理，加快推进全域旅游示范省建设，加速构建"快进慢游"旅游交通网、"便捷乐享"旅游服务网、"智慧智能"旅游互联网，优化全域旅游发展配套功能，推动全省全域旅游发展增速。2017年10月公布了首批23个省级全域旅游示范区创建单位名单，包括石家庄、唐山、保定、邯郸、定州5市及武强县、邢台县、香河县等18个县（市、区）。

河北省第九次党代会提出"围绕建设旅游强省，全力推进全域旅游和产业融合发展"。以供给侧结构性改革为主线，以发展全域旅游为方向，以融合发展为手段，力推由"景点游"向"全域游"的转变。2017年7月《河北省全域旅游示范区创建工作指南（试行）》的发布，标志着河北省全

域旅游示范区创建步入快车道。

（一）全域统筹搭平台

河北省 2016 年以首届全省旅游发展大会为契机，打造了串联涞水、易县、涞源三个县的京西百渡休闲度假区，成为全省全域旅游发展的样本。河北省保定市从全域视角着眼，打破行政规划界限，全域统筹，从西南向东北，将三县 6646 平方公里的土地"打包"联动，全力推进全域旅游。短短几个月时间，便用少量的资金撬动了社会资本 300 多亿元，打造出一个拥有 206 公里风景大道，串起三个县的京西百渡休闲度假区。它的亮相，搭起了全域旅游的"大舞台"，推动全域旅游大发展的新成果。按照全域旅游发展理念和方向，河北省建立旅发大会平台机制，2017 年内全省 11 个市陆续召开市级旅发大会，以务实举措全力推动全域旅游发展。

（二）交通串联大景区

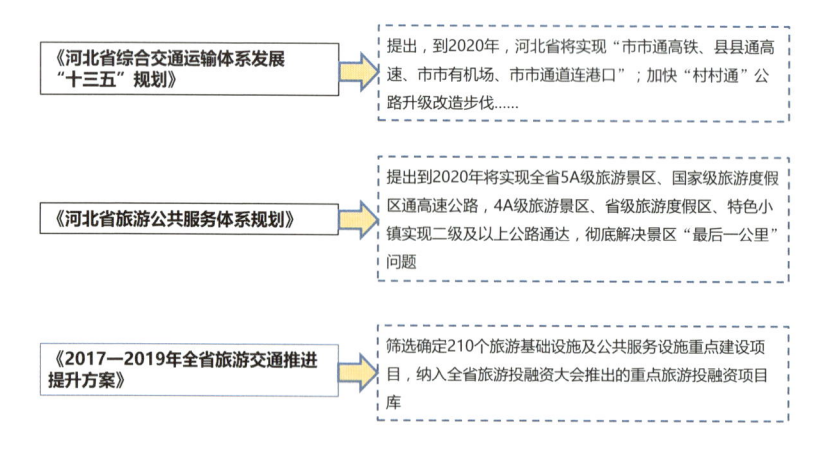

《河北省综合交通运输体系发展"十三五"规划》	提出，到2020年，河北省将实现"市市通高铁、县县通高速、市市有机场、市市通道连港口"；加快"村村通"公路升级改造步伐……
《河北省旅游公共服务体系规划》	提出到2020年将实现全省5A级旅游景区、国家级旅游度假区通高速公路，4A级旅游景区、省级旅游度假区、特色小镇实现二级及以上公路通达，彻底解决景区"最后一公里"问题
《2017—2019年全省旅游交通推进提升方案》	筛选确定210个旅游基础设施及公共服务设施重点建设项目，纳入全省旅游投融资大会推出的重点旅游投融资项目库

图 2-9　河北省全域旅游交通推进政策

（三）项目引领促发展

旅游项目对社会资本的投入带动性强，已成为旅游界共识。近几年，河北旅游投融资政策利好不断。河北省委、省政府及相关部门在深化投

第一篇：全域旅游政策与实践

融资体制改革、促进旅游业改革发展、促进旅游投资和消费、拓宽涉旅企业融资渠道、支持旅游业发展用地、PPP项目资金奖补、资产证券化奖励、创新旅游扶贫机制等多个方面，出台了一系列含金量高、操作性强的政策措施，为各类社会资本投资河北旅游产业提供了强有力的政策支持和保障。

表2-1 河北省旅游项目投融资重要成果

	项目数量	投融资金额
河北省旅游投融资大会	现场签约项目共37个	总投资2194亿元
《河北省旅游投融资白皮书》	文化旅游、乡村旅游、生态旅游三个业态项目的投资总量为971个	实际完成投资385.4亿元，占投资总额的65.41%

（四）扶贫富民显成效

河北省大力实施旅游扶贫工程，2016年全省乡村旅游接待游客达7000万人次，综合收入达150亿元，带动20余万贫困人口就业，促进8万多贫困人口实现稳定脱贫。

表2-2 河北省旅游扶贫重要成绩

	项目数量	投融资金额
《关于创新乡村旅游扶贫机制的实施意见》	培育建设了一批支撑贫困群众脱贫致富的产业项目，探索出景区带动、项目带动、资产收益带动等旅游扶贫新模式	2017年，河北省乡村旅游协会组建成立，省级旅游发展专项资金增加到4000万元，重点支持550个以上建档立卡贫困村发展乡村旅游
河北省乡村旅游协会（2017年成立）	重点支持550个以上建档立卡贫困村发展乡村旅游。目前，全省共有1650多个村庄发展乡村旅游，乡村旅游经营户超过4.5万个，从业者达到36万人	省级旅游发展专项资金增加到4000万元

案例：张家口市全域旅游

张家口市在探索推进"全域旅游"发展的道路上，打破传统以景区为核心的空间局限，全面推进城乡资源和产业的旅游化发展，在面上多点开花，穿珠成链，铺就了一张"大旅游"的旅游版图。紧紧围绕建设"国际休闲运动旅游城市"目标，把"大旅游"作为实现张家口市跨越发展的重要战略途径，促进旅游发展方式转变。传统的以抓点方式为特征的景点旅游模式必须向以旅游业带动社会协调发展的全域化旅游模式转变。

一、优化旅游产业布局、创新旅游产品体系

打造京张体育文化旅游产业带、打造草原天路风景道、发展北部冰雪草原和南部民俗文化，全力打造崇礼世界冰雪运动中心、京北湿地草原旅游度假区、京西第一草原旅游度假区等21个旅游支撑项目。

二、加快旅游要素建设、拓展旅游产业融合深度

加快旅游住宿、旅游餐饮、旅游购物、旅游会展业等旅游要素的建设，大力推动"旅游+农业""旅游+工业""旅游+文化""旅游+体育"和"旅游+康养"的产业融合。

三、提升公共服务品质、强化旅游品牌营销

完善旅游交通服务，深入实施"厕所革命"行动，完善其他配套设施。构建冰雪盛宴等五大旅游品牌，以"冬奥会"为核心的体育运动赛事六大品牌节事，并积极争取与北京实行捆绑式宣传营销。

资料来源：《全域旅游大有可为》全域旅游示范区创建交流材料第二辑

七、浙江省全域旅游

2016年，浙江省旅游产业对全省经济的综合贡献为16.76%，旅游业

第一篇：全域旅游政策与实践

增加值占 GDP 的比重达 7.1%，全省旅游从业人员近 300 万人。浙江全省目前共有 19 个市县被国家旅游局确定为国家全域旅游示范区创建单位。2017 年 2 月省内又公布了 25 家"浙江省全域旅游示范县（市、区）"创建名单，2017 年 6 月浙江省第十四次党代会上党委书记车俊重视旅游业，提出要大力发展全域旅游，积极培育旅游风情小镇，推进万村景区化建设，提升发展乡村旅游、民宿经济，全面建成"诗画浙江"中国最佳旅游目的地。2017 年《浙江省全域旅游示范县（市、区）认定办法》的正式公布又推动了这一目标的实现。在浙江省全域旅游的发展中，重点推动了产业融合、生态转型、机制改革三方面。

（一）产业融合促供给，促进深度体验

浙江省旅游局局长谢济建曾说，旅游不仅是淋漓尽致展现浙江独特韵味的窗口，而且成为联动一、二、三产业的纽带。旅游业与乡村、工业、文化、体育、林业等多行业从"简单相加"到"相融相盛"，不仅催生了一大批区别于传统旅游景区的新旅游点，推动全省走向"处处是风景、行行加旅游、时时可旅游"的全域旅游愿景，更重要的是，能够增加整个经济发展的活力，体现出产业独有的开放性、包容性和关联性价值。

（二）生态理念为引领，建设最美浙江

浙江省旅游的发展正在逐步走向品质化、品牌化。作为浙江发展的"领头雁"，浙江省委、省政府着力优化"为旅游保驾护航"的顶层设计，坚持以"绿水青山就是金山银山"生态发展理念为指引，确立"建设美丽浙江、创造美好生活"的"两美浙江"总目标，用改革的思路和创新的办法全面发力，"把全省作为一个大景区"来谋划建设，推动旅游打造支撑浙江未来发展的万亿产业。

创新性打出环境治理"组合拳"，以"五水共治"行动治污水、防洪水、排涝水、保供水、抓节水，以"四边三化"行动对公路边、铁路边、河边、山边进行全面洁化、绿化、美化，以"三改一拆"行动对旧住宅区、旧厂区、城中村进行全面改造，拆除各类违法建筑。

（三）机制体制全面抓，促进全域推进

浙江省旅游发展领导小组建立旅游发展统筹协调机制和"一事一议"的工作推进机制；省委组织部首次将旅游业纳入对市党政班子的考核内容；提出通过加强资金、土地等要素支持重点培育 100 个国家 3A 级旅游景区以上的特色小镇，旅游产业类特色小镇要建成 5A 级旅游景区，重点培育 100 个旅游风情小镇；浙江省超过 80% 的市县将旅游列为战略支柱产业，各地召开旅游发展大会或全域旅游发展大会 128 次，以党委、政府名义出台相应的扶持政策 162 项；33 个市县成立旅游委员会，并由发改、交通、工商等部门分管领导兼任旅游委分管领导，促使旅游部门从单一的行业主管部门转变为综合协调部门。

案例：丽水市全域旅游

习总书记曾先后 8 次到丽水调研，并对其寄予了"绿水青山就是金山银山，对丽水来说尤为如此"的厚望。为此，丽水市将生态旅游业确立为第一战略支柱产业，作为打开"两山通道"的金钥匙。

一、建立领导体制，以机制保障创建

一是建立组织机构，明确任务；二是加强综合考核，聚焦创建；三是开创了全域旅游专刊，实行动态跟踪。

二、全面推进改革，以改革带动创建

一是促进旅游投融资改革，出台了《关于加快推进丽水市旅游业投融资改革的若干意见》；二是开展全域旅游产业增加值测算研究，开创旅游统计先河；三是建设旅游市场执法体系，为全域旅游示范区创建工作保驾护航。

第一篇：全域旅游政策与实践

三、加快推进项目，以产品引领创建

一是抓实生态旅游景区提升，继续推进旅游景区的创建；二是加快城镇旅游发展，按照城旅融合"六个一批"提升基础配套设施工程；三是促进全域"旅游+"融合发展。

四、优化发展环境，以品质提升创建

一是实施山、水、林、田、湖生态保护和修复工程，开展生态保护行动；二是深化"六边三化三美""治违拆违"工作和小城镇环境综合整治工程，开展美丽丽水行动。

资料来源：《全域旅游大有可为》全域旅游示范区创建交流材料第二辑

第二篇

绿维全域旅游观

第三章

绿维全域旅游新解读

第四章

绿维全域旅游"325"架构

第三章　绿维全域旅游新解读

一、全域旅游的五个层次

全域旅游是全社会发展理念，是在新阶段、新理念、新思维方式下，解决如何运用旅游产业工具，推动社会发展达到高境界的推手。因此对任何一个政府而言，如何有效运用这个推手，推动社会发展进步，实现社会经济发展和文明结构转化，才是真正的全域旅游发展目标，而不仅仅是追求 GDP，追求游客带来的直接经济效益。

全域旅游从不同的角度看，可形成不同的层次：

第一个层次，从社会文明的角度看，全域旅游是城市文明，是社会发展的思维方式；

第二个层次，从区域经济发展的角度看，全域旅游是区域综合发展下，以区域经济结构为主导的发展方式；

第三个层次，从以旅游业为主导的多产业角度看，全域旅游是以旅游为主导的产业融合与产业带动方式；

第四个层次，从旅游产业本身的角度看，全域旅游是旅游产业本身的一种发展方式；

第五个层次，从旅游产品的角度看，全域旅游要推动旅游产业中的产品如公共服务设施、通道结构、服务环境等的发展。

基于以上五个层面的理解，绿维文旅响应国家旅游局号召，承担数十个全域旅游规划项目，从全域思维、基础支撑、发展架构、核心理念、运营模式、服务体系等方面总结出一套全域旅游创新观念。

二、全域旅游破"全"新思维

对不同区位、不同先天资源、不同发展阶段的城市，全域旅游建设的工作重点、方法思路、实现周期、难易程度肯定有所不同。绿维文旅认为，全域旅游要有破"全"新思维，做全域旅游应立足地方旅游发展条件和发展阶段，着眼于市场要素的配置，有的放矢，立逻辑，找抓手，达目标，绝不能面面俱到，否则就没有重点和突破口，造成财力、物力、人力的浪费。

首先，对游客和本地休闲消费客群而言，一个地方的旅游是否具有吸引力，核心仍在于有没有符合市场需求、能吸引消费者的旅游吸引物。因此全域旅游的开发必须立足于自身特点，从市场需求出发，开发相应的核心旅游产品。目前的旅游市场越来越细分、越来越多元化，旅游目的从单一的观光为主，升级为观光、休闲、度假并存的多元结构；对旅游出行组织方式的需求，从组团为主转化为自助、自驾、组团相结合；旅游人群也开始划分为儿童市场、学生市场、情侣市场、家庭市场到老年市场；旅游者的出游需求也变得极富个性。因此，只有充分研究目标旅游市场的特征，才能开发出畅销的旅游产品。

其次，全域旅游应该在适合旅游开发的区域内，立足地域特色，充分利用"旅游+"的手段，实现有针对性的产品创新。全域内一定有非旅游开发区，全景中一定有非景观建设区，不惜血本的全域旅游开发、全景观化不符合经济社会发展要求和规律。应在全域范围内，寻找适合发展旅游的关键节点，通过"旅游+"的手段，把资源和不同产品业态进行创意组合，形成满足市场需求的有效供给。因此，"旅游+"是手段、工具和方法，是政府做全域旅游的关键所在。

三、全域旅游的"新四观"

（一）资源观——全域资源共建共享

在全域旅游资源视角下，从资源的空间观和时间观出发，不局限于传统的国家风景名胜区、自然保护区、文物保护单位等资源，要发现风景道、观光农业、特色乡村、城市社区、山水环境等新资源在四季全时、养心养老、康养运动方面的价值，梳理旅游资源中景区景点、风景道、资源聚集区的空间关系，重新认识旅游资源核心区、旅游资源融合区、旅游资源拓展区的价值。同时，不局限于传统旅游资源的挖掘和开发，要用"旅游+"的手法，串联工业、商业等产业资源，活化当地非物质文化资源，在体现当地文脉的基础上，实现资源的相互融合转化，将人文旅游资源、自然旅游资源、产业资源等多种资源全面共建共享，提升旅游产品的综合价值。详见图3-1。

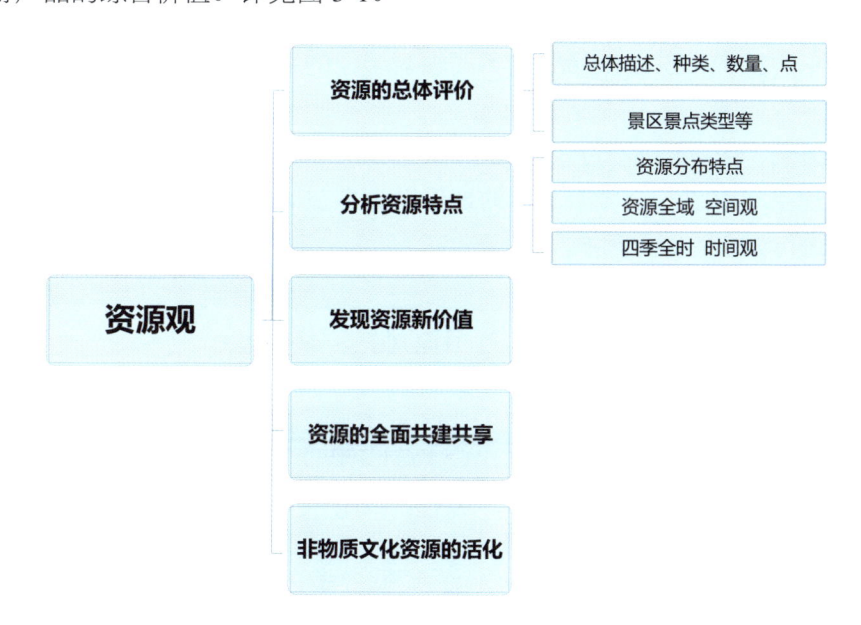

图3-1 绿维文旅的全域旅游资源观

（二）市场观——结构化体系化市场开拓

在全域旅游背景下，旅游目的地注重结构化、体系化的市场分析、研究和开拓。全域旅游格局出现旅游消费常态化、生活化，旅游人群多样化、细分化，旅游市场主题化、体验化、特色化，旅游客群呈现散客和自主旅游的出游偏好，旅游竞争呈现国际化、系统化和全面化的总体特征。全域旅游市场观是建立在大客源基础之上的旅游消费提档升级，

85

应具有结构化、体系化市场开拓的思路。详见图3-2。

首先，市场总体现状调查上，不但需要研究市场总量的变化，同时也需要发现市场人群特征、客源地等变化的趋势，关注客源消费习惯的改变；通过市场调查问卷发放或购买市场大数据获得一手市场资料，形成对客源地的总体评价、景区评价及地域评价。

其次，全域旅游对客源市场的界定，不再是按照车程来划分的距离市场，在以自驾、高铁、飞机为引领的新时代交通格局下，旅游市场除按行程时长划分外，更重要的是通过供给侧的产品创新来开拓市场，通过构建多样化旅游吸引物，以吸引不同类型的市场。按照全域旅游区域内的不同结构和主题产品聚集不同辐射半径的客源，形成多样化市场结构。

最后，市场渠道上，应该做好系统化市场开拓，互联网的出现打破了物理空间束缚，全域旅游目的地借助虚拟空间尤其是借助移动智能终端可进行渠道的优化和推广。

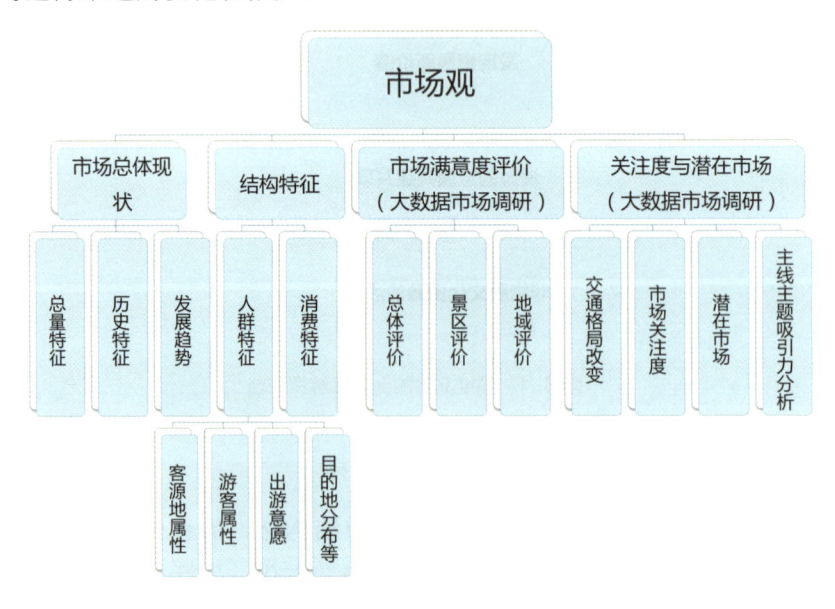

图3-2　绿维文旅的全域旅游市场观

（三）要素观——五大诊断，全要素开发

全域旅游已成为推动我国旅游产业转型升级的核心战略，将对未

来旅游发展过程中的资源保护、规划设计、投资建设、运营管理等方面产生积极而深远的影响。全域旅游的要素已不仅是狭义的旅游六要素或旅游十二要素，绿维文旅的全域旅游要素观体现在对旅游目的地各种发展要素的多元审视，主要包括五个方面：一是对核心吸引物的诊断，包括景区景点开发现状、产品现状、线路现状、节庆情况等；二是对旅游十二要素的诊断；三是对基础设施和公共服务设施的诊断；四是对"旅游+"新业态的诊断，包括文化、健康、体育等；五是对城乡旅游发展环境的诊断。全域旅游发展涉及的各个方面都是全域旅游要素，除了以上五个主要方面，还包括对乡村旅游发展、旅游扶贫、旅游产业融合、目的地旅游品牌等多个方面的研究与推进。详见图 3-3。

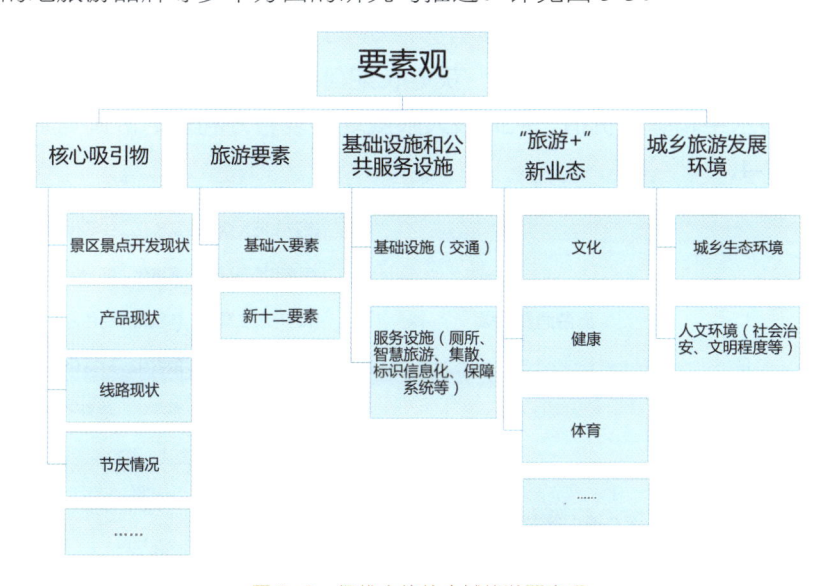

图 3-3　绿维文旅的全域旅游要素观

（四）发展观——全产业链整体发展

全域旅游是一种新的旅游发展观。其不再是"就旅游做旅游"，而是站在旅游推动区域社会经济发展的层面来看待旅游业的发展方向。大众旅游时代下，全域旅游超越了过去以抓点为特征的景点旅游发展模式，将旅游业发展引领到一个更为广阔的空间。随着出行常态化，全域旅游的发展最先表现在包括航空、高铁、高速、邮轮等大交通格局多元化带来的大客源，新的交通带来新的消费业态，引导旅游目的地内部交通网络格局的变化，带来全域化的交通格局，能够全面整合资源开发。大交通引领全域旅游目的地旅游产品升级，带动区域内旅游资源、生态环境、公共服务、体制机制、政策法规、文明素质等的提升。全域旅游的发展提升区域旅游业发展能力，拓展区域旅游发展空间，构建旅游产业新体系，培育旅游市场新主体和消费新热点。

通过发展全域旅游，区域旅游政策也必然会有较多利好，政府的积极推动将增强旅游业的辐射能力，从单纯的旅游行业转变为旅游产业与其他产业的泛融合产业，将进一步优化当地的产业结构，形成区域新的生产力和竞争力。

旅游产业和其他产业的发展势必带动当地居民就业，带来经济收入，拉近城乡差距，提升文明素质，获得长期可持续的稳定发展，提升地区总体发展水平和综合价值，从而最大限度地实现各方利益的协调与平衡。详见图3-4。

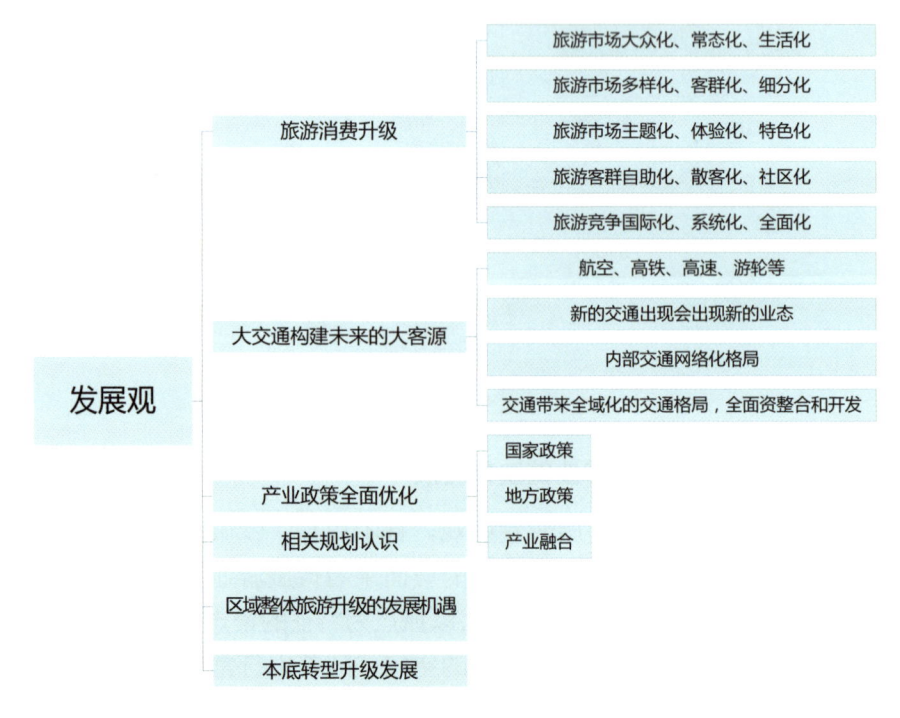

图3-4 绿维文旅的全域旅游发展观

第四章　绿维全域旅游"325"架构

绿维文旅认为全域旅游发展要打破"全"的概念，着眼于市场要素的配置，将全域旅游发展架构总结为"三大网络、两大理念、五大开发层次"，详见图4-1。

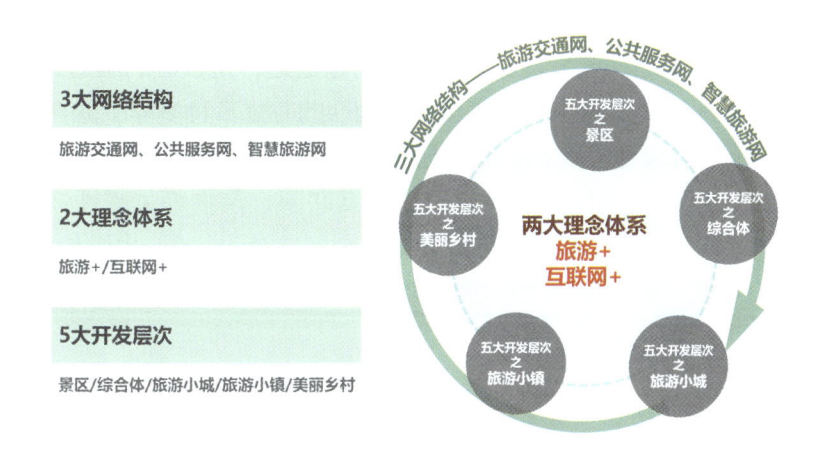

3大网络结构
旅游交通网、公共服务网、智慧旅游网

2大理念体系
旅游+/互联网+

5大开发层次
景区/综合体/旅游小城/旅游小镇/美丽乡村

图 4-1　全域旅游"325"架构图

一、三大网络架构

三大网络架构即旅游交通网、旅游公共服务网、智慧旅游网。三网都属于公共基础服务设施，是旅游全域化发展的基础，也是全域旅游发展的带动结构，需要政府投资，需要开发性金融的支持。但同时，我们又需要基于新的旅游发展理念，将其变为一种可经营、可盈利的旅游发展结构。在贵州省遵义市某项目中，基于某条河修建了一条100多千米的大道，该公路为政府贷款建设，建完无法盈利，绿维文旅就此提出了交通与旅游结合发展的思路，用交通促旅游，以旅游提升交通，让旅游交通成为城市下一步发展的关键点。大量的基础设施，包括厕所、驿站、自驾设施等都应该运用这一思路，纳入旅游发展结构中来。

二、两大核心理念

两大核心理念即"旅游+""互联网+"两大核心理念。

（一）"旅游+"

旅游是一个无边界的产业，依托其巨大的带动效应和灵活的市场机制，具有为各相关产业"搭建平台、促进共享、提升价值"的功能。因此，"旅游+"是实现全域旅游的最根本措施，也是推动区域经济转型升级的新引擎。其核心在于通过旅游把人有效聚集到目的地，通过与农业、工业、文化、教育、养生、养老等的高度融合与创新转化为消费项目，进而有效带动和整合多个产业发展。其中，旅游是通道，是核心的渠道结构。

"旅游+"是多方位、多层次的，融合的方式多种多样，融合的内容也越来越多，可以是工业、农业等大产业，可以是创客、教育、文化、养生、养老、休闲运动等具体产业，也可以是互联网、购物等关联性产业。任何一个所"+"的产业，都可以单独支撑起全域旅游的特色，也可相互叠加，起到更好的支撑作用。各地需要因地制宜、因时制宜地选择优先领域重点突破。详见图4-2。

图4-2 "旅游+"的泛旅游产业整合

(二)"互联网+"

旅游是一种移动生活方式,互联网助推旅游成为智慧化的全新移动生活,成为一切产业融合的主渠道与通路结构。互联网、物联网的盛行,线上、线下联动发展,移动 APP 的出现与发展,旅游大数据的日益完善,基于位置的服务的发展,都将促进旅游产业融合、旅游体验智慧化、旅游方式转变、旅游消费升级。详见图 4-3。

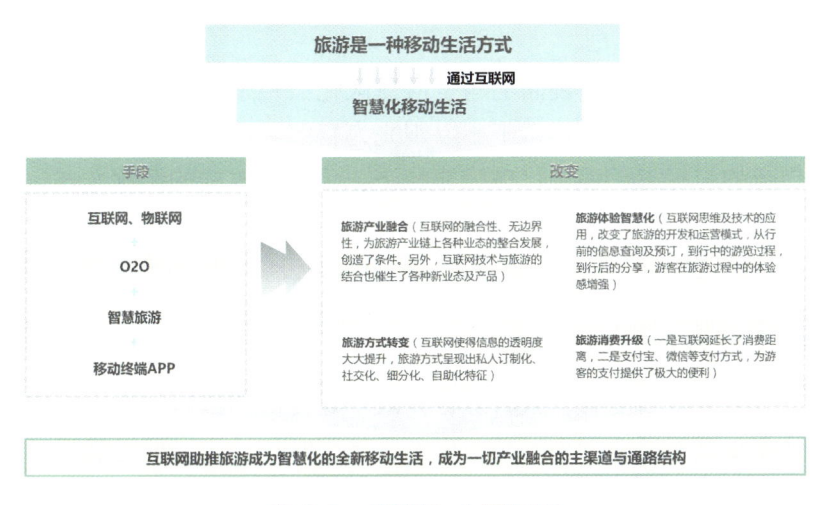

图 4-3 "互联网+"思路结构

三、五大开发架构

全域旅游不仅仅是景区景点全域化,旅游综合体、旅游小城、旅游小镇、美丽乡村这几个层面都应纳入旅游发展结构,相互融合,共同作用,互相支撑,只有这样才能形成全域旅游的良性发展。

(一)全域景区化架构

全域景区的建设不等于全域内景区的简单加总,而是将景区自身的美学、文化、观赏、休闲价值扩展到整个区域。这种发展架构适合于自然环境优良的区域。

与现有的景点景区相比,全域景区化具有整体美化区域、推进基础设施建设和促进服务水平提升、丰富旅游产品、延伸产业链条、提升区域竞争力和知名度等诸多好处，是发展全域旅游最根本的一点，当然也是最为艰辛、跨越时间最长的步骤，需要遵循发展规律，循序渐进地推进。

全域景区化的实现有两种模式：一是"精品景区＋精品线路"模式，二是全域无景区模式。

"精品景区＋精品线路"模式：适合于观光型的区域旅游，在区域内选择若干个精品景区进行重点打造，并将连接精品景区的线路进行精细化打造。精品景区包含自然生态型景区、文化型景区、商街城镇型景区以及人造景区等类型。

全域无景区模式：表面上与全域景区化自相矛盾，实则是实现全域景区化的另一条途径，适合于不以观光为目的的区域旅游。在旅游对象较为广泛的前提下，强调打破门票经济，采用开放式的经营方式，使旅游更加自由。全域无景区崇尚到处都是滞留点，随时都能成行，因此，对区域的景观打造、基础设施建设、旅游服务设施建设有着更高的要求。

（二）旅游综合体发展架构

从全域旅游角度看，旅游综合体既不是传统的景区、又不是纯粹的度假地产；既不是建制型城镇，也不是新型农村社区，而是基于一定的旅游资源和土地基础，以旅游为导向进行的综合开发，实现泛旅游产业和旅游人口聚集，形成的旅游休闲聚集区域。旅游综合体已经成为旅游产业投资中一种重要的开发模式。

绿维文旅深入研究基础上将其核心功能结构归纳为"旅游吸引核＋休闲聚集区＋旅游地产社区"，将相关的社区配套网和产业延伸作为发展的配套和保障结构。

（三）旅游小城／镇发展架构

旅游小城／镇已经成为全域旅游发展下的重要载体和支点。其发展核心在于是否有特色鲜明的核心吸引，其次是服务体系的完善。

旅游小城和旅游小镇的核心吸引力不一定是景区景点，而是要挖掘和体现历史底蕴、文化气质、生产生活，打造出个性、特色。主要从建筑特色、文化特色、生活场景特色、地标特色、物产特色、生产劳动特色等方面去挖掘。比如：以文化和建筑为特色的丽江古城、以纳西族文化和建筑为特色的束河古镇、作为普洱茶集散地的易武小镇、以青瓷为主题的中国青瓷小镇等。

旅游小城/镇的发展还要在特色挖掘之上有意识地进行整体形象的包装提升和宣传，并强化配套服务的标准化建设，除了住宿环境实施星级标准外，交通、娱乐、购物以及公共设施都应该贯彻实施旅游的技术与标准，打造全面的旅游环境。

（四）美丽乡村发展架构

党的十八大以来，扶贫开发工作已提升至治国理政新高度。十九大报告指出，我国社会主要矛盾已经转化为人民日益增长的美好生活需要和不平衡不充分的发展之间的矛盾，并首次提出乡村振兴战略。在全域旅游视角下建设"美丽乡村"，重点是积极、有序地推进农旅互动，最终以旅促农，带动乡村脱贫致富。通过改善村容、整洁环境，加深农业和旅游业深度融合发展，大力发展乡村旅游、休闲农业、乡村度假，发展观光园、采摘园、家庭农场、现代农庄等新兴业态，来促进农业发展，繁荣农村经济，让农民过上更加幸福的生活。

按照"精点、连片、扩面"的原则，有计划地推进。先保证"点"上出精品，通过环境整治和产业带动打造出代表村；再谋划推进连片或连线，最后形成全面结合自然环境和人文底蕴的"面"上联动，发挥"小资本"撬动"大资本"的社会吸引，实现乡村精准扶贫。

第三篇 自主旅游时代的全域旅游创新

第五章

自主旅游时代概述

第六章

自主旅游时代的全域旅游创新思路

第五章　自主旅游时代概述

第一节　自主旅游时代的旅游需求特征

一、什么是自主旅游时代

随着经济发展水平的提升，旅游成为人们的一种生活方式，人们对于在旅游过程中个性化、深度化的体验需求不断升级。互联网的兴起减少了人们外出旅游信息的不对称，旅游服务商也随着互联网的发展，为旅游者提供更加多元化、个性化的旅游方式。供给侧结构性改革不断地推进，旅游全要素生产率不断地提高，旅游多元化业态应运而生。日益增长的旅游群体中，选择自行安排旅行的人群越来越多。在旅游市场中，追求"想玩就玩""旅游由我做主"的群体表现出新时代下的共同特征。

（一）自主旅游的概念特征

自主旅游，是在移动互联和智能科技支持下产生的游客完全自主选择旅游时间、旅游线路、旅游内容、出游方式、旅游服务方式与服务商等，以主题化、定制化、圈子化、小众化、深度化、随意化为特征的新型旅游方式。详见图5-1。

首先，自主旅游强调实现"想玩就玩""玩就不同"，让旅游者能够完全做到随心而行。

其次，自主旅游的目的是以满足休闲、度假、娱乐、求知、探险等不同层次的旅游需求为主。

最后，自主旅游过程强调完全的自主选择，包括旅游目的地和旅游行程的确定，交通、食宿、游览等碎片化内容的选择，以及是否选择向导、旅游服务商提供更加深度的旅游产品等。

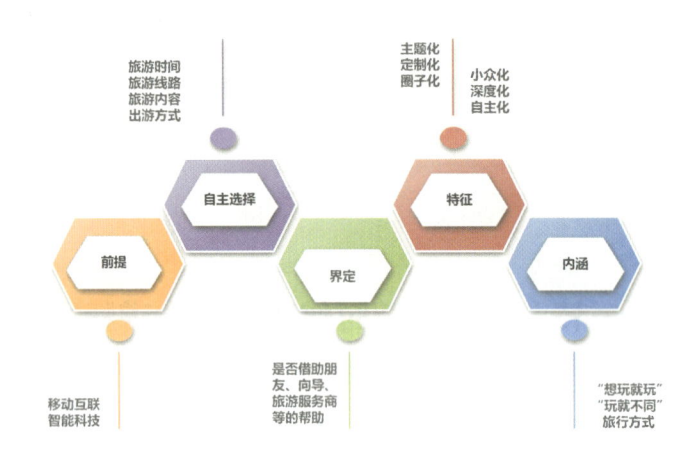

图 5-1 自主旅游概念诠释

（二）自主旅游时代的内涵特征

自主旅游时代以中国经济新常态为分界点，新常态之下旅游正处在一个承上启下的重要阶段，旅游市场总体规模达到了一定的水平，结束了普通意义的跟团游时代。这一时代下自主旅游成为旅游者消费的主流旅行方式，旅游者将拥有更多的可选择时间，拥有更多的可选择旅游产品和可选择商业服务方式，旅游创业和创新成为时代趋势，科技引领成为时代的印记。

1. 旅游业供给侧结构性改革不断深化

按照"发展增量、稳定存量、扩大总量"的要求，旅游产业坚持以改革创新为动力、市场需求为导向，大力优化产品、设施、环境供给，重点开发和规划有地方特色、人文历史、品牌效应的旅游目的地，继续深化旅游产业链条，提高旅游产业发展质量和效益水平，增强旅游产品的号召力和吸引力，增加旅游品牌的知名度和竞争力，提升优质旅游产品的供给量，助力推进供给侧结构性改革。

2. 旅游"双创"注入新的活力

李克强总理在 2015 年全国两会的政府工作报告中指出，要持续推进大众创业、万众创新。在当前世界经济复苏乏力的大环境下，"大众创业、

第三篇：自主旅游时代的全域旅游创新

万众创新"对于促进经济发展、增加就业起到了重要的引擎和推动作用。对于旅游业来说，"双创"推动行业转型升级，成为旅游业新引擎。"双创"引导下的旅游创业模式将拉动就业，助推旅游业提质增效、转型升级、重造旅游产业链结构，改善旅游业生态圈。详见图5-2。

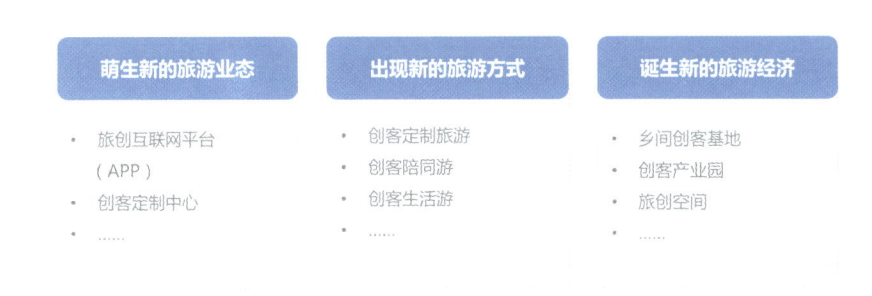

萌生新的旅游业态	出现新的旅游方式	诞生新的旅游经济
• 旅创互联网平台（APP） • 创客定制中心 • ……	• 创客定制旅游 • 创客陪同游 • 创客生活游	• 乡间创客基地 • 创客产业园 • 旅创空间

图 5-2　双创背景下的旅游变革

3. 旅游目的地产品不断升级换代

自主旅游时代的旅游目的地，将不再仅仅是配套设施的升级换代，更多的应该是旅游业态的丰富化和特色化，是体验活动的创新化。一方面，自主旅游将通过市场化的带动，创新形成更多的精品、名品，不断推动旅游产品从观光产品向休闲度假产品升级。另一方面，也要求政府部门对旅游产品的创新开发进行全方位支持，制定一些相关的优惠政策，并加大相关专业人才的培养，加速旅游产品升级换代的速度。随着旅游者个性化需求的深化，旅游产品将不断以创新为引领，向着主题化、品牌化方向发展，从而带动旅游目的地的升级换代。

4. 商业模式加速从标准化到定制化转变

现有的旅游商业模式趋向提供词条化、标准化、模块化的旅游产品，已经不能完全迎合自主旅游时代的特点，满足游客碎片化、个性化需求的定制化商业模式更符合自主旅游的特征。可以预见，自主旅游时代，旅游供给商种类将越来越丰富。比如，对旅行社行业来说，为游客提供签证、机票、酒店、景区门票等单项旅游产品订购和旅游线路订购的OTA，为游客提供目的地综合服务评价的旅游社区，为旅客提供异国他乡当地导游、租车服务的在线旅游企业等将出现更多的细分。

二、自主旅游时代的需求分析

（一）自主旅游时代的需求特征

游客需求首先是一种综合性需求，游客一旦离开惯常居住地，进入旅游行程，就会产生对于吃、住、行、游、购、娱等多种服务的综合要求。自主旅游时代的消费需求除了综合性外，还呈现出了一些独有的特征：

1. 需求个性化

在大众旅游的发展过程中，随着利益诉求、价值观念、生活选择的不同，逐渐分化出不同的圈层，形成了小范围或小圈子内的个性化旅游需求，这种需求更深入、更独特，且不同圈层之间差异较大。这就要求产品提供者必须根据市场需求特点，进行市场细分和不断的创新实践，不断升级产品体系，提供适合旅游者需要的旅游产品。

2. 需求自主化

旅游需求不是人类基本的生存需求，而是满足人类高层次精神享受的需求。随着人们越来越注重个性和自我，在旅游方式、旅游内容等选择上不再愿意接受针对性较差的既有标准产品，而是更看重自我价值的体现，对旅游产品的自主掌控趋势明显。一餐美食、一场球赛、一次美容等都可能引发一场旅行。

3. 需求深度化

自主旅游时代的旅游者已经不再仅仅满足于观光、购物，而是开始关注旅游背后的文化、历史、体验。越来越多旅游者渴望在旅游的过程中学习到新的东西，期望旅游服务能够提供深度体验的机会，希望旅游过程中有独一无二、印象深刻的体验内容。深度化是自主旅游时代最重要的特征之一。

（二）旅游消费者行为特征

1. 预订和即时消费向线上移动端转移

旅游消费具有提前预订的特点，随着互联网的兴起、移动支付的流行和各种新兴技术的发展，旅游消费呈现出向线上转移、向移动端转移的趋势，这一趋势在出行前表现最为明显，旅游预订在线服务商地位稳定，垂直渠道正在崛起。此外，旅游过程中的即时消费也因为技术的发展，有向移动端转移的趋势。

2. 消费从"购买商品"到"购买体验"

随着我国旅游消费升级与消费观念转型，旅游者消费的目的性越来越强，注重个性化、体验化，喜欢尝试新兴目的地。"旅游购物"尽管火爆，但其热度逐渐降温。我国消费者更加趋于理性，旅游消费逐渐从"购买商品"转向"购买体验"。据数据显示，中国旅游者在旅游目的地停留时间有所提升。随着旅行经验的日渐丰富，越来越多的消费者愿意花费大量精力挖掘更深层次的旅游内涵和文化内涵，深入当地的生产制作场景，体验生产制造过程，了解当地的历史文化和风土民情。

3. 旅游消费形态从注重物质到物质精神并存

随着物质水平的提升及旅游的不断成熟，旅游者越来越注重旅游品质及精神享受。在工作和生活双重压力下，外出住宿环境是否舒适，是否包含健康养生体验，是否能够完全放松身心，是否能够体验当地最地道的文化，是否能够得到心灵的净化等成为旅游消费考虑的重点。而对于价格的敏感度正在逐渐弱化。

4. 旅游消费冲动性与计划性并存

目前，大多数旅游者希望"想玩就玩""说走就走"的旅行，但是为了更好地享受旅游消费过程，如果缺乏计划方案，则会导致诸多的不便，所以很多"想玩就玩""说走就走"的冲动背后都与计划性相连。"因为冲动实现旅行，因为计划享受旅行"也就成了自主旅游时代主要的消费特点。

第二节　自主旅游时代的创新趋势

在移动互联网的发展与新媒体的出现、共享经济的盛行、AR新技术等创新因素的催动下，自主旅游时代的旅游将向全域智慧、规划创新、产品创新、商业模式颠覆等方向发展。

一、三大创新驱动因素

（一）移动互联的发展与新媒体的出现

随着信息技术的不断发展，在"互联网+"的背景下，旅游业线上、线下正在经历一场深度变革。一方面，互联网提高了旅游行业信息交流的效率，游客可以轻松地通过网络了解旅游目的地的相关信息，预订门票、酒店、餐饮等一系列服务，旅游企业也能与游客进行实时的沟通交流。另一方面，互联网降低了信息交流的成本，通过信息的高速传播，减少了旅游产业链条上的重复环节，避免无效投入，实现旅游资源的合理有效利用。

移动互联网更是加速了旅游产业的发展。数据显示移动互联网的用户规模连续三年保持 11% 左右的增长率。移动互联网新产品、新应用、新模式不断涌现，带来蓬勃发展的生机与活力，引领新型经济模式，催生信息消费新业态。移动金融、移动 O2O、移动出行、移动直播等行业都在 2016 年经历了深层次的调整，进行了"供给侧改革"。

此外，微信、微博、直播平台等新媒体营销方式的出现开启了旅游行业的新格局，实现了旅游目的地和游客的双向沟通。旅游目的地和旅游企业能够通过新媒体向大众传播品牌理念，展示产品优势，提高整体竞争力。详见图 5-3。

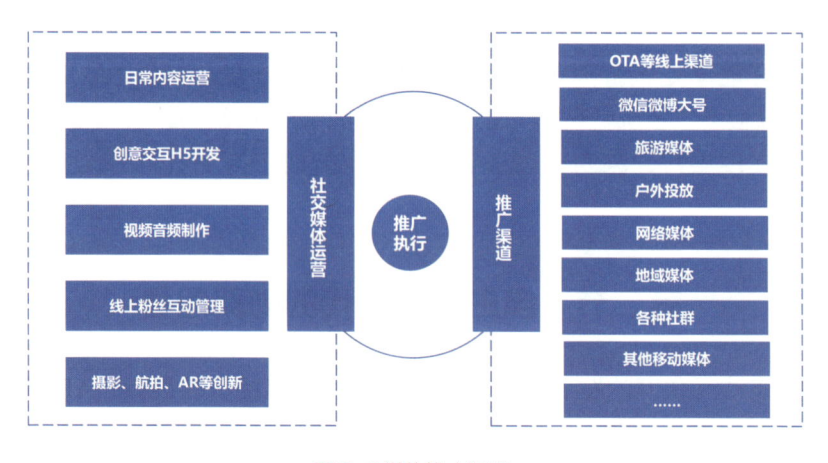

图 5-3 媒体推广运用

第三篇：自主旅游时代的全域旅游创新

（二）共享经济为旅游带来多种可能

互联网的发展不仅带来了营销方式的改变，还为服务和商品提供了良好的交换平台，共享经济正是通过网络实现社会资源的高效利用。对于旅游行业来说，住宿和交通是共享经济最直接的表现形式。在共享经济的背景下，通过网络平台，将自有房屋、用车、导游等信息推送给游客，一方面调动当地社会的闲置资源，另一方面可以满足游客的多方面需求，共享经济正在改变人们的出行方式、游览方式和度假体验。例如，传统旅游方式下，人们只能住在标准化管理的酒店，而共享经济催生了非标准住宿快速发展，人们可以根据自身需求与目的地相应的人群进行房屋互换，不仅丰富了旅游体验，还充分利用了闲置资源，带动当地经济的发展。

（三）AR、VR、AI等新技术的出现

新兴科技正在不断推动社会各方各面的发展。过去的2016年，人工智能、物联网、VR/AR、云计算、空中无人机、湖面视觉艇、360度全景摄像头的出现，不断颠覆旅游行业的发展。详见图5-4。

旅游供给端通过新技术的植入，第一，可以为游客提供颠覆性的全新旅游体验方式，提供更具文化性或娱乐性的场景体验活动；第二，助力游客游览，提供位置信息，拓展参观者对周围环境的感知；第三，通过智能设备、系统、处理器以及人的互联互通，搭建旅游目的地的智慧化体系，实现实时监测、动态管理、高效运营；第四，技术支持下的大数据挖掘，可以帮助市场更好地实现导览、导游、导流，同时，为游客提供更加私人化、针对性的服务，从而增强游客的旅游体验；第五，提供更多营销与宣传手段，大大增强了身临其境的营销体验；第六，可以方便旅游者的购买流程，使一键支付成为可能。

从近代旅游业的发展历程来看，工业革命的机器技术、第二次世界大战后的交通技术成果都大大推动了旅游产业的发展。未来，互联网技术、移动技术、VR技术等在旅游业中的广泛应用，将再一次推动旅游新时代的到来，旅游者将更加容易准确地获取旅游信息，联系旅游达人，获得个性化、定制化的旅游服务，这将加速自主旅游的纵深发展。

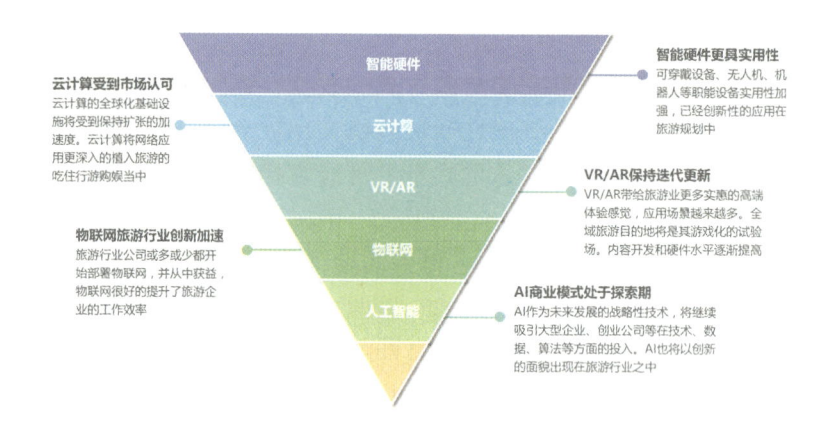

图 5-4　自主旅游时代的新兴技术

二、未来创新趋势

（一）旅游规划将不断创新

自主旅游的特征要求旅游目的地能够提供四季全时、满足不同消费层次、涵盖各类特色的旅游产品，让旅游者能够完全自主地选择旅游体验项目。旅游目的地产品体系的丰富直接关系到自主旅游的体验，旅游规划的过程中应该吸收国内外相关景区、城市已有的智慧建设管理经验，更加注重目的地相关配套的完善，充分挖掘当地特色资源，创新旅游体验方式，为旅游者提供更多产品选择的可能性，从而实现丰富目的地旅游产品供给的目标。旅游规划将以技术为依托，不断进行前沿性的探索，引领自主旅游时代全域旅游的发展。

（二）旅游产品的创新将成为常态

自主旅游时代，基于每一位旅游者的个性化特征，将产生海量的需求，过去同质化、粗放式和单一式的产品模式，早已无法满足。而以市场需求为依托，以技术创新为引领，以全面整合为手段，通过资源的深度挖掘、市场的全面摸底、商业模式的创新构建，打造具有主题性、体验性、创新性、盈利性的旅游产品，将成为自主旅游时代的旅游升级常态。目前市场上已经出现的部分创新产品。详见表 5-1。

第三篇：自主旅游时代的全域旅游创新

表 5-1 自主旅游背景下的旅游产品创新

旅游产品	旅游创新领域	旅游创新项目
体验型产品	当地玩乐	City Walk、穷游 Q-HOME、特色餐饮、特色娱乐项目等
	主题体验活动	戈壁徒步、海洋探索、名校课堂体验、自然探秘之旅等
服务型产品	车导服务	定制导游、旅游"微领队"、自驾租车等
	住宿服务	非标准住宿、主题住宿等
	其他服务	美食搜索预订、旅行翻译、随身 Wi-Fi、随身导览等
技术型产品	VR、AR、AI 技术、智能机器人	VR 主题公园、AR 导览、智能机器人服务、AR 文创等

（三）商业模式最有可能出现创新颠覆

旅游需求的多样化和个性化逐渐改变着旅游行业的商业模式，在游客越来越追求自主性旅游的背景下，行业内涌现出诸多解决旅游痛点、专注于打造差异化产品和提供特色服务的商业模式。

在互联网的推动下，旅游行业的商业模式正在经历着深刻的变革。出现了一些完全颠覆传统的商业模式。详见表 5-2。以旅行社为例，自主旅游时代，其商业模式将突破现有的线下旅行社和 OTA 模式的禁锢，呈现如下特点：

第一，线上与线下深度融合促转型。在线旅游的出现为用户搜索旅游资源、预订旅游服务、支付旅游费用提供了极大的便利，而传统的线下旅游企业更加贴近用户，能够"面对面"地为用户提供详细的咨询服务，并提供良好的售后保障。随着 OTA 加快线下的扩张步伐，传统旅游企业积极拥抱互联网，未来旅游商业模式将是线上、线下的深度融合，这种融合并非两者的简单叠加，而是双方业态的共同转型，需要重新梳理业务管理体系和采购分销系统，通过创新商业模式来实现整个行业的转型升级。

第二，定制化与分众化需求重塑商业结构。随着定制化的自主旅游成为未来旅游发展的主要趋势，旅游商业模式将逐步由碎片化产品简单打包，转变为有主题、区分市场、更加贴近用户需求的深度体验模式，进而影响企业的规模结构、产品体系、营销策略、人员配置等各个方面，重塑企业的商业结构。

表 5-2　自主旅游背景下旅行社商业模式创新

商业模式	运营方式	企业／平台／渠道（示例）
旅游企业定制模式	传统旅行社线下定制	自营：中青旅、中国国旅、途牛、世界邦、无二之旅、飞猪定制频道、携程定制频道
	OTA 线上定制	
旅游达人定制模式	达人平台定制	指南猫、丸子地球、最会游
	当地个人定制	熟人介绍、口碑传播、民宿客栈、青年旅舍
社交圈组团模式	企业组团	俱乐部、社团组织、教育机构等，如新东方
	个人组团	向导式：游侠客、友派等
		同游式：户外网站、蚂蜂窝、穷游网
行程规划工具模式	个人版	妙计旅行、路书、穷游行程助手
	企业版	

（四）智慧化目的地将成为主流

以技术为引领的智慧化旅游目的地将以先进的管理理念和信息技术为依托，以智慧管理为核心，以自然资源保护智慧化、产业整合网络化为目标，构建服务、管理、营销、生态等智慧化体系。智慧化旅游目的地契合时代技术化发展的特征，将是未来目的地发展的必然趋势。

联合国世界旅游组织第 22 届全体大会上，中国国家旅游局局长李金早表示，科技的进步为旅游业带来了无限可能，大数据、云计算、智能化正在成为现实。智慧旅游不是旅游业发展的选择，而是旅游业发展的必然。国家旅游局高度重视旅游统计和数据分析工作，组建"旅游消费大数据联合实验室"。各地在全域旅游建设的过程中也积极建设以大数据中心为首的智慧旅游体系。以河北为例，河北省建成运营"河北旅游大数据中心"和全省旅游云平台，加快建设市、县两级旅游大数据中心，搭建智慧旅游管理、智慧旅游营销、智慧旅游服务等平台。推动以旅游目的地信息系统、数字化旅游城镇、智能化景区和旅游企业为重点的全域智慧旅游信息服务体系建设。

第六章 自主旅游时代的全域旅游创新思路

全域旅游创新应加大旅游改革创新力度，建立现代旅游综合治理机制，通过"旅游+"推进现代旅游产业发展，做长、做宽产业链，促进旅游就业，优化旅游环境和旅游全过程。而自主旅游时代的全域旅游除以上创新外，还要基于以上所论述的消费特征、创新驱动及创新趋势，在创客创新、共享创新、互动体验创新、营销创新、业态创新上有实质性的突破，这既顺应自主旅游时代发展趋势，也是旅游业转型升级的新战略、新路径。绿维文旅结合全域旅游的实践经验和新时代的需求特点，结合智慧管理、规划方法、业态丰富、商业模式的新方向和新要求，总结了自主旅游时代全域旅游的创新思路。

一、创客创新——新商业体系

2014年9月李克强总理在夏季达沃斯论坛发出"大众创业、万众创新"的号召，同月，绿维文旅建立了文旅创联（北京）企业孵化器有限公司，专门致力于文化旅游创新创业的研究与孵化。经过政府三年的有效推进，具有创新理念的"创客"逐渐成长为一种时代符号，成为消费增长的重

"四创"发展理念

创意（文创） ＋ 创新（科技） → 产品创新 ＋ 大众创业

将文化创意与技术创新相结合，打造创客生活方式，实现创新与创业相结合、线上与线下相结合、孵化与投资相结合，为创业者提供良好的工作空间、网络空间、社交空间和资源共享空间。

图 6-1 众创时代发展理念

第三篇：自主旅游时代的全域旅游创新

要引擎。在旅游大发展背景下，一批个性化创客产品和平台如春笋破土，生机盎然，为旅游行业注入新的力量，促进旅游行业的创新发展。详见图6-1。

（一）自主时代下的全域旅游发展需要创客

在目的地实现全域旅游发展的过程中，创客群体在促进创新、创意和创造就业方面将显现出更多的优势和重要性。这主要取决于以下三个方面：第一，自主旅游时代，个性化的需求要求旅游目的地提供更多的极致体验和定制化服务内容，而机制灵活、市场敏感性强的创客群体在这方面有着天然的优势；第二，旅游的全域化发展，需要规划、建设、经营、管理等各领域人才的大量投入，创客群体的发展将成为旅游人才的有效补充；第三，全域旅游发展需要不断延伸产业链条，进行产业融合，提升当地产业价值。贯穿在旅游全产业链及相关产业链上的创客将成为促进当地经济发展、增加就业的重要推动结构。

（二）"创客"新商业体系

针对自主旅游时代的特点，绿维文旅提出"创客"新商业体系，包括人才体系、服务企业体系及政府支持体系。详见图6-2。

其中人才体系由来自与旅游相关的各个领域的专家、精英、学者、实操者等组成，是全域旅游发展的重要智慧支撑。

服务企业体系包括大B、小B和目的地共创者，其中大B是指各种大型旅游服务提供商，小B是指单一角度或多个角度的旅游创业者，目的地共创者是指能为目的地提供一体化服务的个人或企业。

全域旅游视角下，政府需要从区域整体发展的角度，将创客体系和人才引进计划列入顶层设计，注重对当地创客进行良好规划与引导，对创客创业进行辅导与培育。在发展阶段，注重对创客的政策与资金支持，建立基于"双创"的创业投资基金，给予一定的政策扶持；在经营阶段，注重创客自主性的发挥，建立智慧旅游平台，对创客进行

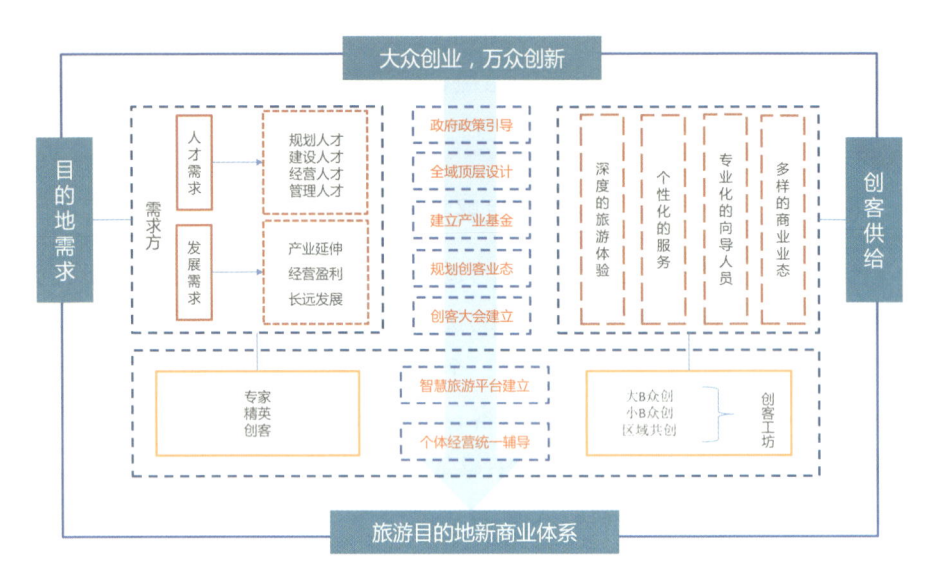

图6-2 基于"双创"的全域旅游目的地新商业体系

智慧化管理。

二、共享创新——新共享体系

共享经济指人们通过一个第三方的互联网或移动互联网的技术平台，将闲置的或者盈余的商品、服务、经验等以有偿或者无偿的方式提供给需求者。李克强总理在2016年政府工作报告中强调，要大力推动包括共享经济等在内的"新经济"领域的快速发展。共享经济对企业来说是一种思路的转变，更是对原有经济模式的创新变革，并且有力推动产业创新与转型升级。作为一种新的基于互联网技术的商业模式，共享经济为企业提供了更多可能，在资源共享、技术创新、运营模式改革方面都提供了新的发展方向。共享经济以有效匹配社会闲散资源为切入点，在中国刚刚起步时期，在资本市场的青睐推动下异军突起，引发了消费端的理念改变，消费者开始拥有更大的主动权和透明度，共享经济形成了一种新的供给模式和交易关系，为全域旅游的开发带来全新的思路。

共享经济强调提高资源的使用效率，突出"使用权"而非"拥有权"，

第三篇：自主旅游时代的全域旅游创新

强调开放、去中心化的组织形式。对于旅游共享体系来说，需要三大结构的支撑，即共享要素、规划接入及共享运营平台。详见图6-3。

图6-3 全域旅游共享目的地创新模式

共享要素是基础，随着共享理念的深入，越来越多的资源被纳入这一体系中。在全域旅游目的地中，房、车、人、资本等均可以实现共享。比如，途家将大量闲置房产转型为酒店式公寓进行经营；红树林将客房的产权与时权进行分割，通过间夜权的销售与交换，实现客房资源的最大化利用；脆饼、锐目等新型旅游服务商，通过将当地人发展成为平台上的"发现者""侠客"，实现"人"的共享。

规划是目的地实现共享的通道。共享经济如何进行管理，如何良性发展，需要前期规划阶段充分考量并给予"接口"。基于共享理念，前期规划需要做好以下三点：第一，资源整合，将产业资源、文化资源、生态资源、特色建筑等个体资源进行有效整合，针对主要客群需求确定产品打造的方向，对其进行综合开发；第二，共享主体需求导入，共享是多个群体意志的体现，在规划阶段，需要充分结合各共享主体的能动性，形成针对性产品，从而最大限度地减少无效供给；扩大有效供给；第三，基础设施建设，共享需要便捷完善的基础设施与服务设施的支撑，规划中要充分考虑共享产品的需求，比如在交通规划中，布局共享自行车、电动车的交通网点。

运营平台是规划的保障。即利用"互联网+"与AR等新技术，以企业和政府为支撑，实现全域旅游目的地闲置资源的转化，对接消费者，实现资源需求最大化的配对，最终转变为消费者共享的消费产品的有效运营平台。政府在这一平台中发挥着重要的作用，主要包括：以共享为基础的旅游信用体系的建设、跨部门跨行政区域旅游一体化的制度体系建设、日常监督。

三、互动体验创新——新智慧体系

"智慧旅游"是一种以物联网、云计算、下一代通信网络、高性能信息处理、智能数据挖掘等技术在旅游体验、产业发展、行政管理等方面的应用，使旅游物理资源和信息资源得到高度系统化整合和深度开发激活，并服务于公众、企业、政府的面向未来的全新旅游形态。

移动化、互联化是未来全域旅游目的地发展的必然需求，借助大数据、新科技的创新发展是全域旅游发展过程中的必然发展阶段。绿维文旅提出融合游客需求、目的地需求、企业供给、政府支持的景区一站式旅游体验平台，打造全域旅游目的地新智慧体系。

（一）一站式旅游体验平台架构

基于游客在行前、行中、行后不同的需求，AI、AR和LBS的技术给予了不同的解决方案。首先，针对"行前"游客制作攻略、订房、订车、订餐等需求，基于新技术，通过手机APP就可以解决线路推荐和在线购买。同时通过AR与VR基础，还能提前通过虚拟场景游览景区。第二，基于"行中"游客对"食、住、行、游、购、娱、商、养、学、体、宗、农、情、奇、创、村"十六大要素的需求，新技术助力游客随时随地的在线购票、分享推送、虚拟拍照、实景增强、虚拟导航、游戏体验等。第三，针对"行后"游客反馈和复购的需求，可以提供在线评论、线路推荐、在线购票等服务。详见图6-4。

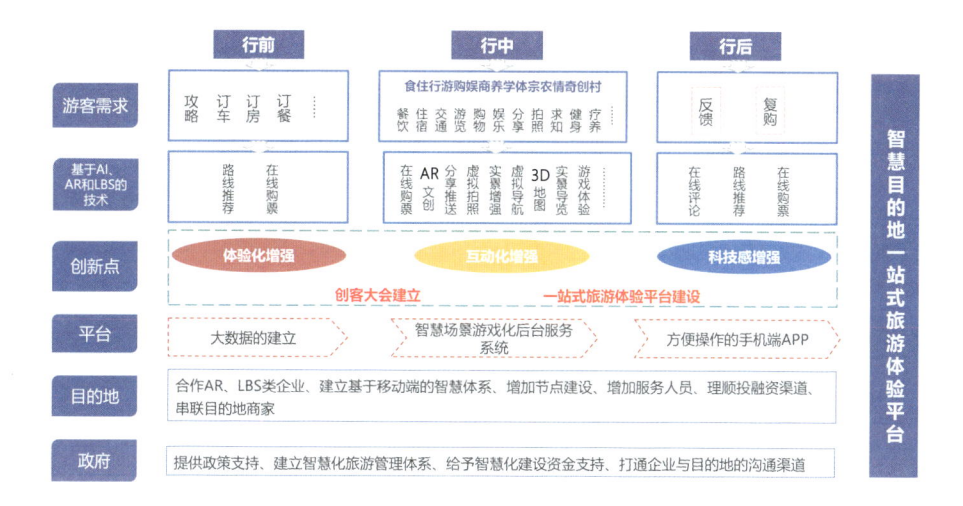

第三篇：自主旅游时代的全域旅游创新

图 6-4 智慧目的地一站式旅游体验平台

旅游目的地需要与 AR、LBS 类企业合作，建立基于 PC 端和移动端的全域旅游智慧体系。增加节点建设，增加服务人员投入，理顺投融资渠道，串联目的地商家，在全域范围内形成智慧化体系。

技术提供方应充分理解旅游的互动性和体验性，结合目的地的文化特征，研发出更多适合目的地使用的技术工具。目前，基于 AI、AR 和 LBS 技术的应用，应该完成旅游目的地大数据的建立、智慧场景游戏化后台服务系统的建设和手机端 APP 的创建，使旅游目的地拥有方便游客操作和增强游客现场体验的产品。

在智慧旅游体系建设中，政府部门是倡导者和支持者，提供智慧化建设过程中的政策支持及资金支持，打通企业与目的地的沟通渠道，打造全域旅游目的地的智慧化良性发展路径。

旅游规划单位作为全域旅游发展的未来创建者，需要在规划的过程中，充分考虑基于 AI、AR 和 LBS 的游戏化布局，充分挖掘当地的文化背景，形成故事脉络，强化节点建设，把智慧旅游建设纳入规划之中，与技术部门、目的地、政府通力合作，以智慧化引领全域旅游目的地的建设和发展。

（二）智慧旅游体系架构

结合面向游客和目的地端的需求，形成了全域旅游智慧旅游体系架构。这一体系旨在建立面向游客和企业的智慧目的地一站式旅游体验平台以及面向管理机构的目的地监管系统。详见图6-5。

智慧目的地一站式旅游体验平台：基于移动互联技术和AR技术建立在线票务系统、电子地图系统、内容发布系统、旅游社交平台、导游导览系统、AR游戏系统、创客管理系统、共享交易平台、GPS定位系统、AR导航系统等。

目的地监管系统：基于GIS、LBS等技术实现对各应用系统如监控、门禁、网络、LED、车辆识别、车辆调度、操作控制、信息发布、信息统计分析、呼叫接警中心等，建立营销推广系统、客流监控系统、大数据挖掘系统、停车管理系统、环境监测系统、安全监控系统、统计分析系统、呼叫调度系统、物联网平台、权限管理系统等。

为了实现智慧旅游体系的构建，全域旅游目的地要实现目的地Wi-Fi的全覆盖，在客流集中区、环境敏感区、旅游危险设施和地带的视频监控、人流监控、位置监控、环境监测等设施的合理设置以及强大的数据库中心和基于互联网门户、WAP门户和手机客户端的智慧系统，最终形成全域旅游新智慧体系。

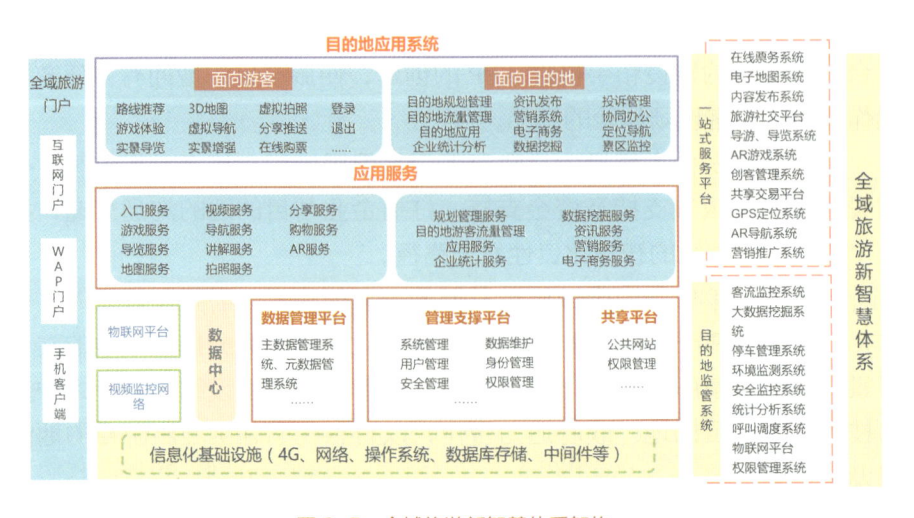

图6-5 全域旅游新智慧体系架构

第三篇：自主旅游时代的全域旅游创新

四、营销创新——新营销体系

自主旅游时代旅游目的地的营销要注重内容、形式、渠道的精准和创新，通过总结提炼，绿维文旅认为应当注重八大创新：

（一）文创 IP 营销

文创 IP 是以旅游目的地文化为灵魂，以旅游商品为载体进行的创意性设计，它作为旅游目的地的形象代表，通过展览展示、产品化及销售等一体化推进，可以增加旅游收入，同时更是目的地形象获得有力推广的重要渠道。2015 年，国务院办公厅出台的《关于加快发展生活性服务业促进消费结构升级的指导意见》中提出要"积极发展具有民族特色和地方特色的传统文化艺术""加强旅游纪念品在体现民俗、历史、区位等文化内涵方面的创意设计，推动中国旅游商品品牌建设"，这份文件体现了我国对旅游文化创意产业和旅游商品品牌建设的重视。目前也有很多景区在做文化 IP 推广的尝试，也取得了一些成绩。比如绍兴的兰亭景区，依托《兰亭集序》这一文化 IP，推出了 100 多种文化创意产品，从笔记本等文化用品到摆件、玩偶等小艺术品，再到 T 恤等服装。通过旅游文创产品的开发与销售，不仅丰富了兰亭景区业态，促进景区收入倍增，也大大提升了景区的知名度。

（二）"客创"营销

"客创"营销，即通过游客对旅游目的地的旅游创新来激发市场对目的地旅游的关注，从而达到宣传推广的目的。在自主旅游时代，游客的自主选择性更强，这种以游客为中心的创新方式能够更好地激发作为旅游主体的积极性，一方面是这种方式本身的舆论影响力，另一方面是对潜在游客旅游兴趣的激发。主要途径有旅游公约、旅游口号征集活动、最喜欢的旅游目的地投票活动、旅游调查问卷填写等。

例如，2016 年 5 月，河北省推出"河北旅游口号，你来定！"——河北省旅游主题口号及标识全球有奖征集活动。在征集过程中，通过举办旅游达人体验活动、全媒介推广、专家对话等策略进行持续宣传，共收到公众投稿作品 40000 多条／件，最终评选、确定"京畿福地，乐享河北"

115

为河北省旅游形象口号。这次征集活动，把征集的全过程，通过创意策划打造成一场与世界游客共谋共享、同策同力的创意营销，对河北旅游资源和形象的传播产生了积极的带动作用。

（三）基于技术创新的市场精准营销

自主旅游时代，游客的旅游需求更加个性化，因而如何能够更准确地定位旅游客源地，如何能够挖掘游客的旅游消费偏好，如何升级旅游产品，如何为游客提供更加满意的旅游服务，实现旅游目的地的良性发展，这是旅游市场精准营销的重要功课。如今，随着互联网科技的发展，"大数据"已经成为实现市场精准营销的有效手段。首先，旅游目的地可以通过游客手机信号及 MAC 地址来精准定位其来源地，从而对旅游客源市场有更加精准的统计；其次，在搜索引擎、社交网络中涵盖着用户的个人信息、产品使用体验、商品浏览记录、个人移动轨迹等海量信息。

在旅游目的地营销中，这些数据的作用主要表现在两个方面：一是通过获取数据并加以统计分析来充分了解市场信息，掌握竞争者的商情和动态，知晓产品在竞争群中所处的市场地位，达到"知彼知己，百战不殆"的目的；二是通过积累和挖掘旅游行业消费者档案数据，有助于分析顾客的消费行为和价值趣向，便于更好地为消费者服务和赢得忠诚顾客。

（四）VR、AR、LSB 等体验营销

旅游产品具有空间上的约束性，这也正是传统旅游营销所面临的局限。AR/VR 由于其呈现形式的独特，打破了空间方面的限制，为用户带来了极强的全景沉浸感，这恰好与体验式营销理念不谋而合，也弥补了游客无法先体验后消费的缺憾。AR/VR 技术让人们不仅能够在线上了解与景点相关的文字、图片或者视频，而且能够在虚拟的三维立体环境中前往旅游景点实地游览。

例如，上海城市旅游形象宣传 MV《我们的上海》采用 VR 格式和 4K 高清格式的双版本，首创中国 VR 旅游形象宣传片，以"360 度全景画面＋3D 立体"的形式呈现，由胡歌担当上海旅游形象大使，带领观众从建筑、人文、艺术等视角充分领略上海的魅力，成为 2016 年屈指可数

的旅游新媒体营销经典案例，代表了新媒体技术的创新。

（五）自媒体营销

自主旅游的共享性较为凸显，通过圈子、论坛等的分享信息结伴出游已成为自主旅游的重要方式。因而旅游目的地可通过微信、微博等自媒体开展旅游信息、旅游活动的发布、旅游危机公关等。

例如，橘子洲景区利用自媒体进行危机公关。2016年8月3日，湖南长沙橘子洲景区因在景区安全、环境卫生、旅游服务、景区管理等方面存在问题，被国家旅游局撤销5A级景区资质。8月4日，微信公众号"号外长沙"发布《我是橘子洲，今已1700岁，想跟大家说几句心里话》，以图文的形式梳理橘子洲的人文历史、介绍橘子洲的体验项目、反思橘子洲景区的管理服务问题，其主要目的是传递这样一个信息：一个优秀的旅游景区，需要景区管理者和游客共建。

该文发布后，获得包括微博、微信公众号、今日头条号、一点资讯等自媒体的频频转发。橘子洲被摘牌之后，巧妙地借助摘牌的高频关注度，推广了橘子洲的人文历史和体验产品，完成了一次危机营销。虽然主流媒体并没有对此文进行转载，但仅自媒体的传播就扭转了原本负面的舆论导向，引发社会对旅游景区服务管理的反思。

（六）"网红+直播"式营销

在移动互联网浪潮下，各种"直播+X"的探索正在如火如荼地展开，目前成为能够撼动移动互联网产业格局的"杀手锏"业务。在旅游领域，"直播+旅游"不仅为"旅游"带来了流量变现的新商业模式，同时也带动了行业消费的升级。网红直播的旅游营销方式主要是通过邀请网红到景区直播旅游现场活动或邀请网红来体验旅游目的地的一些旅游景点，进行直播。

2017年4月，世界经典《龙船调》在湖北省恩施大峡谷景区公演，在公演现场，一群旅游网红大咖也亲临现场，由分别来自斗鱼直播、花椒直播、映客直播、一直播、腾讯NOW直播等平台的10名旅游类主播，用手机全程直播了整台演出，并在线给粉丝们充当解说。而《龙船调》这一描述土家少男少女挣脱封建束缚、追求自由爱情的感人故事，让在线的网友感动不已，直播间最高峰涌进的观看人气近70万，全程观看及播放总量突破 300 万。

（七）综艺营销

综艺营销是通过与娱乐媒体的跨界合作，借助娱乐的元素或形式，利用其较高的收视率，将目的地与客户建立感情联系，从而打造培育品牌效果的营销方式，以真人秀节目的形式为主，这种营销方式的重点在于特色产品的包装和后期的品牌延续。2013 年末播出的真人秀亲子互动节目《爸爸去哪儿》的热播就带动了一系列的景区景点线路走俏，如北京灵水村、宁夏的沙坡头、山东鸡鸣岛等，都是现下赤手可热的旅游路线。方特主题乐园也是利用"旅游+娱乐"的跨界式户外综艺来进行娱乐营销。2016 年，方特发力娱乐营销，强势合作《奔跑吧兄弟》《极限挑战》，成为两大现象级户外真人秀节目唯一指定主题乐园；并冠名爱奇艺自制网剧《最好的我们》，携手金鹰卡通《人偶总动员》两档综艺节目汇聚了数十位风格迥异的明星，深受各年龄层受众群体的追捧。方特旅游度假区的核心宗旨"方特成就欢乐梦想"与两档节目的形式以及节目传递的理念都十分吻合。从环节定制到冠名联动，实现全面的"旅游+娱乐"强强联合。

（八）圈层营销

自主旅游的口碑传播效应非常明显，而圈层的构建正是口碑传播的天然渠道。旅游者形成圈层，除了财富、身份和社会地位的区隔之外，很多圈层都是通过兴趣爱好相连，例如红酒、高尔夫、艺术展、美容、养生等兴趣团体。旅游圈层营销最基础的做法就是举办主题各异的圈层活动，以此带动一个个圈子里的活跃人士来购买旅游产品。

五、业态创新——新业态体系

旅游业态是旅游全过程嵌入的要素，跟旅游服务的每个环节息息相关、每个产品紧密相扣。随着旅游业的发展，业态既是旅游的必备服务因素，又逐渐成为吸引要素。未来旅游要素领域的新业态发展将成为旅游目的地提升竞争力的一大途径。

业态是全域旅游发展的内在要求。随着新消费需求的不断涌现，以及旅游供给侧改革的推进，业态创新成为旅游转型升级的有力武器，成为培育旅游经济新增长点的重要途径。绿维文旅认为，业态的创新可遵循一定的理念及路径。

（一）基于全域产业发展的创新

1. 基于"旅游+"产业融合带来的创新

旅游产业关联性强、融合度高，以旅游产业为核心，通过资源、产品、市场的整合，使旅游产业及其他相关产业通过某种方式彼此衔接，打破各自为战的状态，形成业态创新的基础。比如通过"旅游+农业""旅游+体育""旅游+健康""旅游+文化""旅游+文创""旅游+教育""旅游+制造业""旅游+互联网"形成田园综合体、户外目的地、康养基地等新业态。国家旅游局也一直在大力推动"旅游+"引领业态创新，实现旅游产业融合新突破。

2. 产业升级带来的创新

产业升级即在审视现有产业发展的基础上，通过产品转型、产业规模升级及主题产业聚集，实现旅游产业本身的升级发展。通过观光升级、休闲延展、度假深化，实现产品转型升级，从根本上改变单一门票经济的收益模式；加大投资和营销力度，为旅游业营造良好的发展环境，促进旅游产业规模升级；通过对场地资源的把握，确定各区块主题，实现各地块之间既相对聚集化，又相对差异化的发展。

在产业升级的过程中，旅游业六大基础要素"食、住、行、游、购、娱"向足量化、标准化、特色化和品牌化方向的升级，实现以市场为导向的要素供给，从而带来了全新的业态。如住宿业在升级发展的过程中，逐渐形成了精品民宿、主题民宿等。

（二）基于新技术整合的创新

技术创新是产业和企业发展的重要力量，也是全域旅游新业态出现的刺激因素。无论是旅游自身技术的发明创造，还是其他行业技术的引用，都会对旅游产生较大的推动，促进自身业态的发展。特别是重大技术在应用过程中往往会催生一系列新的业态。例如旅游业引入信息技术和网络技术，引发了旅游战略、运营方式和产业格局的变革，催生了新一代互联网产业的兴起以及大量与之相关联的新兴业态。为此，国家旅游局的发展目标还提到：到 2018 年，我国旅游业各个领域与互联网深度融合发展，互联网成为我国旅游产品创新和业态创新的重要动力；支持在线旅游推动智慧旅游、乡村建设、创业创新；大力发展在线旅游新业态。另外，VR/AR 技术的应用，使得旅游打破了空间和时间的限制，通过内容展现形式、游客体验方式和目的地营销方式等方面优化了传统旅游，产生了 VR 酒店预订、AR 旅游目的地、VR 主题公园、VR 旅游演艺等新形态。

（三）基于时间整合的创新

时间整合即根据某一时间段内消费者的需求，进行主题整合，进而形成新的业态和产品。绿维文旅在时间整合上，提出了"四季全时"的理念，即通过春季的踏青观花、夏季的避暑嬉水、秋季的观叶采摘、冬季的温室冰雪及温泉、工作日的商务享老及研学、夜间的夜游演艺及夜市，在一定程度上突破并改善旅游季节性的限制，使得淡季不淡、旺季更旺。比如2016年福建泰宁推出的"清新福建·悠然三明四季行"系列体验活动，以"春季建宁花海跑"突出三明春季浪漫的花海景观，以"夏季泰宁淘气节"带动亲水、健身、休闲产品，以"将乐嘻游季"推介适宜家庭互动的绿野乡居亲子产品，以"沙县吃货汇"展示三明美食及客家风情。这一活动获得了福建省旅游局认定的"首批优秀创意旅游产品"。

（四）基于空间整合的创新

空间整合突破了旅游在行政和管理方面的限制，以市场为主导，通过道路串联方式或是旅游综合开发手段，实现景点、资源、市场之间的串联与共享，尤其是在全域旅游和要素时代的背景下，景点的概念越来越弱化，人们希望得到的是一种全体验与全感官，因此，空间整合就显得更为重要。全域旅游本身就是一种区域整合式的创新业态。另外通过自驾车、自行车、慢行、慢跑、古道探秘、游船等交通方式，将周边的景点/景区、景观节点、服务设施等进行整合，就是一种线路串联式的创新业态手法。

（五）基于制度及管理的创新

制度及管理创新虽然不能直接产生业态创新，但却是推动业态创新的重要因素。业态创新，必须依赖于宽松、完善、规范、包容的有利于自由潜力发挥、展现自身活力的环境与制度。包括产权制度创新、管理体制创新和运行体制创新三方面。另外政府还应该出台系列扶持政策，除了给予资金扶持外，还应该在不同部门、不同行业之间的协作方面，以及市场消费数据的获取上，给予支持。

旅游业态的发展是一个动态的、不断创新的过程。食、住、行、游、购、娱六大要素，过去人们耳熟能详。随着旅游产业向纵深发展，产业内各要素本身处在不断裂变升级之中，形成衍生分化的新业态。2015年全国旅游工作会议上，国家旅游局局长李金早在现有旅游六要素基础上进一步概括出新的旅游六要素，即"商、养、学、闲、情、奇"。

如今，激发人们旅游的动机要素越来越多，绿维文旅以12大业态为基础，结合自身的实践经验，拓展出"体、宗、创、村"四要素，形成了"食、住、行、游、购、娱、商、养、学、闲、情、奇、体、宗、创、村"16大业态。随着政策的驱动以及旅游业不断转型升级，还会拓展出更新、更多的旅游发展要素，这是旅游业蓬勃发展的大趋势。

第四篇 绿维全域旅游规划探索

第七章

全域旅游规划体系探索

第八章

全域旅游的系统整合

第九章

旅游基础设施与公共服务设施的建设提升路径

第十章

全域旅游的投融资模式

第十一章

全域旅游的体制创新

第七章　全域旅游规划体系探索

全域旅游规划不同于传统规划，不是产业规划，也不是旅游目的地规划，是旅游引导的区域经济发展规划，包含区域社会经济规划、旅游目的地规划、旅游产业规划层面的创新整合，成为政府以旅游为优势产业带动区域经济发展的重要抓手和战略实践。在全域旅游规划实践过程中，绿维文旅形成了自身独特的全域旅游新视角，通过对全域旅游时空、产业、数据、投融资、管理体制等的创新，全面挖掘全域旅游的改革路径，为全域旅游规划提出全新范本。

一、全域旅游规划重在思维方式的突破

全域旅游与传统旅游相比，带来的更多的是思维方式上的一种革命。传统旅游以景区景点为核心发展结构，由此形成核心吸引，形成游线结构和门票收益，各景区之间是一种封闭式的自循环模式。而在全域概念下，旅游已经突破了景区、景点的限制，在全空间全时间范围内，依托城市、小镇、乡村等多种载体展开，形成各种主题化、细分化的游线结构和综合收益，各结构之间也呈现出融合发展的特征。

因此，全域旅游规划无论在前期分析还是规划体系上，跟传统旅游规划都有着很大的不同。

二、全域旅游规划的分析体系

全域旅游规划的分析体系跟传统旅游规划体系一样，主要包括资源分析、市场分析、发展现状分析、竞合分析。但由于全域旅游的系统性与综合性，其分析维度呈现出多层次、多角度的特征。

第一，在对资源的认识上，全域旅游与传统旅游存在着很大的不同，

这也是决定两者规划区别的基础。传统旅游的资源评价是建立在原有"旅游资源分类、调查与评价"体系上的，而全域旅游的资源观增加了产业维度、时间维度、空间维度、地理维度、生活维度、环境维度，挖掘出了风景道、观光农业、特色乡村、城市社区、山水环境等新资源的价值，颠覆了原来对资源的认知。

第二，资源导向的不同以及吸引物的多元化，也带来了市场分析的改变。除了传统市场分析对市场总量、市场区域的关注外，全域旅游市场分析更多关注的是游客的旅游行为、消费偏好、游客满意度分析，以及基于大交通改善、互联网大数据、自主旅游时代潜在的市场挖掘。

第三，全域旅游的发展现状分析，主要包括核心吸引物开发体系、要素体系、基础设施和公共服务设施、旅游新业态四大体系。其中，核心吸引物不是简单的景区景点概念，节庆活动、线路产品等都可以纳入这一体系。

第四，全域旅游面临的是综合竞争，因此其竞合分析的对象要根据项目的具体情况，从多个维度进行选择。比如，从所在的经济区位、文化区位、旅游区位的角度，从同类旅游目的地的角度，从区域内同类旅游城市的角度等进行选择。这里要强调一点，从城市角度去寻找竞合对象对于全域旅游来说尤为重要。因为，全域旅游视角下，要求城市本身也是旅游区，而城市性质和旅游性质是一个事情的两个方面，从城市角度进行对比非常必要。

三、全域旅游的规划体系

基于全新的分析体系，结合定位体系，构建出了全域旅游的规划体系：

（一）产品体系——构建吸引力

全域旅游时代下，人们不再局限于观光景点，无景点、全程体验化、全域旅游化的特征明显。因此，在产品体系构建上，需要全面整合新旧资源，结合城镇村发展，满足自主旅游、自驾游等新型市场需求，打造涵盖观光、休闲、体验、度假、研学等多种方式的产品架构。绿维文旅将其归纳为：景区旅游产品、度假旅游产品、城镇旅游产品、乡村旅游产品、自驾车旅游产品、线路旅游产品和四季旅游产品。

（二）产业体系——构建区域经济发展的支撑

推动旅游与文化、生态、体育、教育、农林、商贸、康体养生深度融合发展，深入挖掘地域性强、特色鲜明的文化元素，围绕旅游要素，整合资源，打造现代旅游新型业态。绿维文旅提出重点构建"旅游＋大文创"，发展文化创意旅游；构建"旅游＋大工业"，发展工业旅游；构建"旅游＋大生态"，构建生态旅游；构建"旅游＋大农业"，发展休闲农业与乡村旅游；构建"旅游＋大健康"，发展养生养老旅游；构建"旅游＋大商业"，发展休闲商业与购物旅游；构建"旅游＋大教育"，发展研学旅游；构建"旅游＋大地产"，发展休闲度假居住；构建"旅游＋大体育"，发展休闲运动与体育旅游；构建"旅游＋大会展"，发展商务旅游。

（三）空间体系——构建三网覆盖、多点融合的架构体系

基于旅游资源空间格局，在全域化交通覆盖基础上，确定发展重点，构建"多核联动、线性整合、三网覆盖、多点融合"的全域旅游发展格局。多核联动即根据资源现状及市场需求，在全域空间内打造多个吸引核，形成联动发展结构；线性整合，即通过一条条风景道、自驾道、水上游线等线路串联结构，带动全域旅游下的项目建设、公共服务配套、产业融合；三网覆盖即实现交通集散网、公共服务网、智慧旅游网的全覆盖；多点融合，即在全域范围内形成多个特色旅游点、特色旅游村，形成强大的项目支撑结构。

（四）品牌营销体系——构建新媒体下的整合营销体系

第一，转变以往以核心景区品牌营销为主的模式，提炼旅游目的地的核心特色，形成旅游目的地品牌形象，进行统一营销体系的构建；第二，突破传统媒体的局限，依托 AI、互联网等技术，在大数据分析的基础上，构建多元化的新媒体营销渠道；第三，发挥政府的整合作用，创建 DMS（目的地营销系统），为行业主管部门、旅游企业、旅游从业人员、媒体、旅游者等提供互动交流的平台；同时在以互联网为依托的网红时代，发挥意见领袖的作用，让他们成为目的地的品牌形象代言人。

（五）公共服务体系——构建全域覆盖、主客共享的服务体系

公共基础设施与公共服务设施的建设是全域旅游最有效的支撑，整个区域内需要多点式、分散化呈网状结构的布局，在实现与城市公共基础设施和服务设施高度融合发展的基础上，形成特色化、商业化、产品化、体验化发展模式，为游客全域化观光休闲提供保障。同时应注重智慧化的提升，实现线上、线下互动，为游客提供高效、便捷的服务。

第八章　全域旅游的系统整合

一、全域空间整合

空间整合是全域旅游规划的一个重要内容，核心在于突破地域上的旅游发展局限及不平衡现象，通过旅游资源要素的整合，以及景区、度假区、乡村等的联动，形成一体化发展结构。空间整合，关键在路！一条最美公路，可以形成全线贯通及全域升级！

全域旅游的交通整合，是依托完善的交通设施，通过"主题景观+主题活动"的提升，对全域空间上的重要旅游节点进行的串联。主题景观带是运用景观营造模式，利用现有生态与文化资源，打造沿线的主题景观，形成风景道上的吸引。主题活动是结合骑行、马拉松、自驾游等出行方式进行的空间整合和带动。因此全域旅游的空间整合最重要的就是依托交通设施的"功能"向"产品"延伸，同时配置休闲、度假、游乐、基本服务等功能，形成处处有景、随时可停留的旅游目的地。

2016年7月交通运输部公路局正式印发了《关于实施绿色公路建设的指导意见》，局长张德华在解读时指出，要推进绿色服务区建设并着力拓展公路旅游功能。旅游公路建设要因地制宜，使公路本身成为一道风景线。同时，鼓励在路侧空间富裕路段设置类型丰富的公路旅游服务设施，造福沿线群众。绿维文旅打造的泾源县泾华路20千米旅游服务长廊创造了一个带动全域旅游的创新模式。

绿维文旅案例：泾源县泾华路 20千米旅游服务长廊项目

2016年年初，绿维文旅竞标成功，开始《宁夏固原泾源县生态旅游服务长廊服务设施规划与景观规划设计》编制工作，结合全域旅游，以服务功能为前提，构建了集生态、旅游、农林、避暑为一体的产业体系；在泾源县20千米范围内建立起一个能够合理利用自身资源、保持生态稳定、服务于周边各大核心旅游资源的生态旅游服务区；运用全域旅游景观营造模式打造生态旅游服务长廊，针对区域主要交通轴线两侧的重要节点景观、背景景观设计，形成移步换景，处处有景的全域化旅游景观氛围；通过立体化开发、商业化运营，以旅游引导区域产业发展带动服务区周边村镇经济的发展，走"旅游＋生态＋农业＋畜牧业＋避暑"等复合型的发展之路。

此项目的规划设计思路，与《关于实施绿色公路建设的指导意见》所提出的工作任务与专项行动高度吻合，是绿维文旅项目规划思路具有前瞻性、时代性、创新性的具体体现。作为泾源全域旅游创建先期工程，包括绿化美化工程、道路及景观系统工程、旅游基础设施建设、农家乐改造、旅游服务站等，是全域空间整合的典范，是全域旅游背景下生态旅游服务体系建设的典范。该工程由绿维文旅规划设计施工打造，现已通过验收。

规划中，项目组在全域旅游景观营造模式下主要采取了三方面的措施：

第一，整体景观营造优化。将区域旅游景观以整体生态系统营造，改善景观结构与功能，优化要素布局，实现人与环境、动植物与环境、社会经济发展与资源环境的协调发展。

第二，打造多样性景观格局。合理利用现有生态资源与文化资源打造多样的环境格局，通过廊道、斑块、基质的构建，实现了生物种类的多样性，自然与人文的有机结合形成了多样性的生态旅游景观环境。

第三，加强环境敏感化的保护。针对项目地的水系、农田、植物群体、动物栖息地等，通过科学的规划手段实现生态环境的有效控制，

第四篇：绿维全域旅游规划探索

同时对文化资源与生态资源进行了有效整合与保护，对地质敏感化及有可能污染环境的区域进行有效的整治与预防，使区域的生态旅游环境能够可持续地发展与利用。

图 8-1　绿维文旅原创：S101 路起点道路万汇公园景观提升设计图

规划中，在泾华路 20 千米范围内建立能合理利用自身资源的旅游服务带，从产业功能分区、道路交通、旅游服务设施、导览系统、环卫设施等方面为泾源县发展全域旅游提供了一条可靠支撑带。

图 8-2　绿维文旅原创：20 千米服务带设计

131

针对道路绿线 15 米范围的景观设计区域，通过"起、承、转、合"四个标段来营造不同氛围景观环境。

"起"——繁花迎宾。将丰富的四季景观融合到此处，一进于此，便感受到泾源的热情。

"承"——原野牧歌。将此区域打造成一片生机勃勃的花园景观，将景观与村庄融合出春意盎然的自然和谐之景。

"转"——花田美景。将此区域打造成四季有花、四季有景，将区域中丰富的山水园林资源勾画出一幅自然山水画。

"合"——放牧天涯。结合此区域丰富的地域资源，将大草原的辽阔与自然景观融为一体，打造出生态与自然和自然与草原的新景观。

泾华路 20 千米旅游服务带的建设，不仅为游客提供便利的交通和食宿，更带来一场视觉盛宴和独特的回族乡居体验。行驶在公路上，视野所达范围内，便是一处处亮丽的风景。

二、全域时间整合

季节性与周期性问题是我国旅游产业发展中一直面对的一个核心问题。北方最大的特点，就是一年之中只有半年不到的时间是黄金旺季，其余长达半年之久都是淡季。这带来的问题就是所有的资源配置只有半年的使用期，投资回报率非常低，造成了资源的极大浪费。另外，旅游区周末的火爆与周一到周五的萧条也形成了鲜明的对比。

绿维文旅认为，这些自然因素所形成的发展不均衡，虽然无法完全避免，但通过引爆型项目的打造，通过四季全时项目的有效布局与打造，是可以缓解的。绿维文旅从多年的实践经验中，总结出了如下的方案，期望能够抛砖引玉，为旅游的发展提供一些可借鉴的思路。

（一）工作日解决方案

工作日和节假日引发的市场差异，构成了旅游市场的特性之一。在带薪休假制度尚未完全落实的情况下，旅游市场的冷热程度在工作日和节假日之间显得格外悬殊。激发"有闲"群体的旅游需求，通过产品和模式的创新，挖掘工作日蕴藏的巨大商机，是寻求工作日旅游最佳解决方案的突破点。据此，绿维文旅将目光聚焦在研学旅行、享老旅居、会奖旅游三个黄金潜力市场。

研学旅行，未来中国旅游业创新的增长点。《国务院关于促进旅游业改革发展的若干意见》将研学旅行作为拓展旅游发展空间的重要举措，并支持各地依托资源建设研学旅行基地。景区往往具备丰富的气候、生物、地貌、历史文化等资源，具备开展研学旅行的先天条件。可以预想，在政府政策支持、父母对子女教育重视程度不断加强以及经济水平不断提高的现实条件下，未来这一市场将面临巨大的发展空间，将成为未来中国旅游业创新的增长点。在产品层面，绿维文旅认为"六大产品和两大基地"，将成为未来的发展重点，即工业科技旅游产品、自然生态旅游产品、历史文化旅游产品、红色经典旅游产品、乡村扶贫旅游产品、现代景观（城市）旅游产品、研学户外基地、研学旅行基地。

享老旅居，拓展旅游发展空间的新动力。享老旅居即针对年龄55~75岁的退休老人和健康老人的度假养老模式，让老人在安全、轻松、私密、整洁、舒适、和谐的环境下，体验休闲度假、旅居交友等活动的乐趣，通过享受"旅游+居家+度假+享老"的生活式度假，促进旅游目的地享老产业链的形成。绿维文旅认为，将度假与养老融合的享老旅居是工作日旅游解决方案的破冰之举，也是大众度假时代的迫切所需。

会奖旅游，开辟旅游产业升级的新路径。会议市场不受季节、节假日、周期长短等时间因素的影响，是解决工作日旅游平淡的潜力市场之一。中国目前已经进入了一个"新常态"阶段，所有事情正在逐渐回归其本质。会议市场也逐渐摆脱以往以满足"政府需求"为出发点的开发理念，适应新常态，向着市场化方向发展。以会议形成产业聚集，以会奖旅游、会议接待为特色及主导，以其他旅游产业为支持，拥有大规模休闲度假项目和住宿接待设施的会都模式，将引领会议市场未来的发展方向。

（二）夜间解决方案

夜间旅游是旅游目的地延长游客停留时间、深化旅游资源开发、带动旅游产业发展的重要途径。打造夜间旅游吸引力要用好以下四种武器：

1. 夜间造景

夜间景观的打造是构成夜间旅游体验产品的基础，一般以建筑物、构筑物、景观雕塑等的亮化为基础，烘托夜间基础氛围，以结合灯光及高科技技术的灯光秀、水幕电影等为主要体验内容，同时结合灯光展演、激光音乐节等主题活动，形成夜间旅游的引擎带动。亮化工程需要以人的需求为出发点，突出景观艺术性，重视安全实用性，体现绿色节能。

绿维文旅案例：黄果树度假小镇苗头宴舞激光亮化工程

图 8-3　绿维文旅原创：黄果树度假小镇激光亮化工程

第四篇：绿维全域旅游规划探索

利用激光灯、透灯等强化银冠屋顶、凤凰雕塑的建筑标识性，增强建筑在夜间远视点的视觉焦点的同时，渲染一种极致的艺术张力。

2．民俗活动

民俗活动是吸引游客参与的一个重要因素，一般基于人文资源，强调游客的参与性和互动性。比较常见的民俗活动包括根据民族节庆设计的晚会、根据婚恋习俗设计的情歌对唱、根据祈福习俗设计的旅游项目（如放河灯等）。

3．商街夜市

商街夜市是辐射人群最广泛的一个载体，也是夜晚经济消费的重要载体，要形成一定的吸引力必须以文化元素为支撑，以休闲广场为人气聚集核，形成多街区多业态的消费聚集结构。

图 8-4 绿维文旅原创：黄果树度假小镇商业街效果图

黄果树度假小镇商业街采用各式LED灯及不同灯光的处理手法，塑造出商业街的空间感和层次感，柔和的光影体现出商业街的时尚气息，营造了一种熙熙攘攘、琳琅满目的购物气氛。步行街的沿街射灯凸显出宽广、休闲的感觉，使游客畅游其中，流连忘返。

4. 旅游演艺

旅游演艺是夜间旅游项目中发展较为突出的形式，其演出形式包括山水实景剧、露天广场乐舞、室内剧场的演出等，室外结合演绎活动创造的灯光秀和多媒体秀成为景区的绝对亮点。可运用主题公园、实景、剧场、综合化等多种模式进行开发。

绿维文旅IP：醉舞流光——夜啤酒狂欢夜

图8-5 绿维文旅原创：醉舞流光——夜啤酒狂欢夜

与地方特色风情结合，以创意灯展、时尚酒廊、互动游艺、激光表演、篝火晚会、万人舞场、焰火燃放、烧烤广场八大产品，打造夜空的光影印象，让人享受一场视觉与听觉的青春盛宴。

第四篇：绿维全域旅游规划探索

（三）四季解决方案

1. 春、秋季解决方案

春季最重要的自然资源是花草，最重要的文化资源是民俗；而秋季是一个收获的季节，各种各样的果实以及独特的景观是秋季旅游可依托的资源。由于气候温度的相似性，春季和秋季是观光游的最佳季节，其旅游解决方案也存在相似性。经过研究，绿维文旅认为，春、秋季旅游的解决方案都可以朝着"大地景观＋节庆活动"的方向发展，形成一套具有自身特色的产品体系。

大地景观依托农业、花卉基地，打造唯美浪漫的景观环境，同时注入文化要素，丰富体验性，形成艺术化、体验化的农田艺术、稻草艺术、乡土乐园等旅游休闲娱乐产品。节庆活动是指以节事、庙会、集市、展览等形式开展的主题式体验、购物、餐饮等吸引活动，往往可以打造成品牌，扩大知名度。

2. 夏季解决方案

夏季属于旅游的旺季，游客多以避暑休闲或度假为出游目的，因此全域旅游目的地要在夏季打造适宜消暑的核心引爆产品，才能激活夏季旅游市场。可重点围绕山地、草原、森林和湖泊、河流等山水资源打造。

第一，酷暑夏日，没有什么比一场水上乐园里盛大的狂欢更让人畅快淋漓，水乐园成为夏季最受欢迎的休闲项目之一，且成本回收期较短，但项目不能盲目追求新、奇、大，挖掘文化内涵、注入文化灵魂、打造独特的主题才是水乐园吸引力塑造的关键，乐园内所有的建筑、景观、游乐设施、活动、表演、气氛、附属设施、商品等，都要体现"主题定位"，凸显"独特性卖点"，最终形成主题品牌。另外，特色产品开发和服务体系也是水乐园保持生命力的关键，最嗨的造浪池、最浪漫的沙滩、最亲子的水寨、最激情的水战场、最时尚的旋转舞台、最刺激的水滑梯、最情趣的漂流河道、最休闲的水疗等都是绿维文旅在实践中打造的特色产品。

第二，草原、森林、山地等避暑度假产品也是夏季重要的产品类型。这类产品除了要形成观光核心吸引物，打造最基础的观光休闲功能之外，要重点完善"度假＋疗养"的产品体系和服务体系。

3. 冬季解决方案

传统意义上，冬季寒冷不便出行，按常规属于旅游淡季。但其鲜明的季节特色催生出许多独特的景致与游憩方式，如果好好打造，可形成景区的引爆点。绿维文旅认为，冬季旅游主要有四大类型产品：

第一是温泉。温泉，是地热，是生态能源，是清洁能源，是符合发展趋势的。一个区域只要有温泉，冬季旅游就可以盘活。

第二是冰雪嘉年华。包括观光类、休闲游乐类、度假类、民俗节庆类等各种冰雪旅游产品，形成了冬季度假聚集结构。

第三是庙会。庙会聚集了地方民俗展示、创意集市、土特产品展销集市、餐饮、祭祀、民俗游戏与冰雪游乐等多种消费结构，是冬季汇集人气的一个重要模式。

第四是温室。温室已经逐渐由单一的农业种植功能，发展成为以温室设施为载体，以恒温环境为卖点，以全时休闲度假为理念，集合生态观光、休闲娱乐、旅游度假、科普教育、农业种植等为一体的综合性智能温室，成为引爆冬季旅游的一个新引擎。

三、"旅游+"：泛旅游产业整合

通过"旅游+"，可以形成多产业的资源整合，形成融合发展结构。如"+农业"的乡村旅游、"+城镇"的特色旅游小镇、"+工业"的工业文创体验园、"+科技"的AR与VR虚拟体验园、"+教育"的研学旅游、"+体育"的体育旅游小镇与运动度假综合体等。

（一）"旅游+农业"

农业农村农民问题是关系国计民生的根本性问题，十九大报告提出要实施乡村振兴战略。绿维文旅认为，"旅游+"是乡村振兴战略的重要抓手，在解决三农问题、拓展农业产业价值链、助力脱贫攻坚、城乡统筹建设等方面发挥着巨大的作用。

"旅游+农业"即以优质生态环境为依托、以大农业资源为基础、以品质乡村旅游为引导、以城乡一体化协调发展为目标，打造集"生态产业、现代农业、农产品DIY加工、乡村旅游、养生度假、休闲地产、创意文化"为一体的综合开发项目，包括美丽乡村、田园综合体、乡村旅游休闲度假区、国家农业公园等。这一结构兼顾了生态、生产、生活"三生合一",不仅可以促进一、二、三产业融合发展,还将形成"村镇化"发展结构,并与"城镇化"形成双轮驱动,使三大产业在城乡之间进行广泛渗透融合,城乡经济相互促进,为城乡协调发展提供坚强的物质基础,最终实现共同繁荣。

(二)"旅游+工业"

"旅游+工业"在激活传统经济、优化产业结构、延伸产业链条方面具有重要作用,是实现工业第二次腾飞的路径。它以工业文化、工业遗址、工业生产过程、特殊工艺、工人劳动生活场景为主要吸引物,形成集工艺流程观赏、工艺体验、主题文化体验(文化体验馆/博物馆、主题演艺、文化长廊)、主题景观观光等为一体的综合性发展结构。"旅游+工业"受工业企业的影响较大,需要在更高层次上寻求多种要素的融合,同时强化创意,注重与游客的互动体验。绿维文旅在广西丹泉酒文化旅游景区项目中,依托丹泉酒业两千年的深厚文化底蕴、传承已久的酿酒工艺,以及独特的丹泉洞藏环境,植入当地的酒文化、诗词、歌赋、民俗、风情,打造了以"探酒源、溯水源、叙酒缘、观藏洞"为主题脉络的中国白酒洞藏第一洞,以及中国白酒文化博物馆、五星级主题酒店、白酒文化主题广场等核心旅游体验项目。一期藏酒洞面世后,异常火爆,仅国庆假日期间就接待游客10.8万人次。

(三)"旅游+文化"

旅游产业和文化产业有着较强的关联性、高渗透性,文化为旅游产业提供丰富的内容依托,旅游则为文化消费创造巨大的市场空间,为文化保护传承提供有力支撑。推进文化和旅游融合发展,一是要以创意为引领,以文化为依托,以旅游为通道,衍生出艺术街区、文创产业园、旅游演艺等创新业态,同时形成附加价值较高的文创产品,提升当地文化品牌形象,增加旅游收入;二是要借助现代技术手段,加速文化与旅游的融合,形成可观赏、可体验的面向市场的旅游产品,从而放大文化资源的旅游价值,提升旅游产品的文化内涵。

（四）"旅游+教育"

随着传统教育弊病的不断凸显以及人们教育理念的不断改观，亲近大自然、寓教于乐、户外探索等新型的泛教育活动成为很多人的追求。依托休闲农业、特色文化、户外运动、自然景观、宗教等资源，以旅游为手段，以获取成长及知识为目的，举办"亲子农场、青少年文化研学基地、智慧营地、智慧农场、户外探索基地、禅修基地"等创新业态以及众多主题营、动漫艺术节、非遗体验周、"阅读+旅行"等活动，成为了旅游发展的热点。

（五）"旅游+科技"

科技与旅游是相辅相成的关系，科技可以助推旅游的体验化发展及升级，旅游可以促进科技的产品转化及产业链延伸。首先，在人们对旅游的趣味性、体验性要求越来越高的现实需求下，科技的融入可以很好地解决这一问题，尤其是对于一些文化类旅游产品来说，科技的融入将大大提升旅游的价值。比如故宫，通过虚拟三维和 VR 等时下大热的技术的植入，使得游客可以更加形象、更加直观地了解历史。其次，科技通过旅游化的手段转化为旅游产品，将实现产业链的有效延伸以及科技的更广层面的快速推广。

四、全域旅游数据整合

全域旅游中的数据整合主要来源于政府数据、互联网数据/移动端数据、各景区/酒店/旅行社拥有的数据等。

（一）政府数据

政府往往掌握着丰富的数据资源，与在线旅游企业、各景区、酒店、旅行社掌握的面向消费者的数据不同，其数据比较偏向于整个行业及目的地。另外，交通部、环保部、商务部、公安部等政府部门的数据与旅游局数据的整合，也是非常有必要的。

（二）互联网数据/移动端数据

互联网数据是大数据的主要组成部分，主要来源于各大搜索引擎、

OTA、UGC 型网站、社交网站及媒体以及手机 LBS。互联网数据总量大、获取相对容易，但相应的数据比较纷杂，需要进一步分析。详见图 8-6。

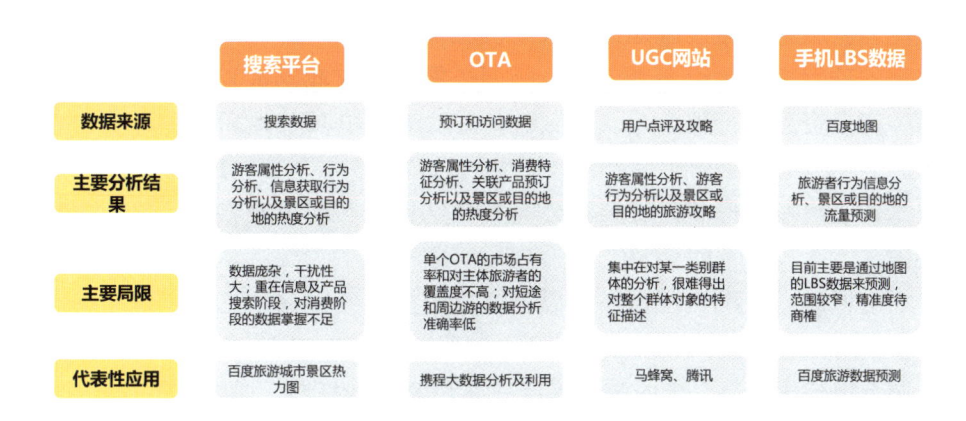

	搜索平台	OTA	UGC网站	手机LBS数据
数据来源	搜索数据	预订和访问数据	用户点评及攻略	百度地图
主要分析结果	游客属性分析、行为分析、信息获取行为分析以及景区或目的地的热度分析	游客属性分析、消费特征分析、关联产品预订分析以及景区或目的地的热度分析	游客属性分析、游客行为分析以及景区或目的地的旅游攻略	旅游者行为信息分析、景区或目的地的流量预测
主要局限	数据庞杂，干扰性大；重在信息及产品搜索阶段，对消费阶段的数据掌握不足	单个OTA的市场占有率和对主体旅游者的覆盖度不高；对短途和周边游的数据分析准确率低	集中在对某一类别群体的分析，很难得出对整个群体对象的特征描述	目前主要是通过地图的LBS数据来预测，范围较窄，精准度待商榷
代表性应用	百度旅游城市景区热力图	携程大数据分析及利用	马蜂窝、腾讯	百度旅游数据预测

图 8-6　互联网旅游数据结构

（三）各景区／酒店／旅行社数据

景区、酒店、旅行社等运营方都有自己的管理系统，游客在景区或酒店的消费能力、消费次数、消费偏好、消费轨迹等，以及性别、年龄、籍贯、职业等基本信息都会有所记录，这些信息的记录都将成为未来旅游大数据的重要组成部分。

基于互联网形成的大数据，结合旅游运营方、政府的数据，将形成一个庞大的旅游云信息库。挖掘、分析、利用这些数据，可进行游客属性分析、游客行为分析、旅游景区或目的地的偏好度分析，以及景区或目的地的流量预测等应用。互联网技术的融入，催生了旅游大数据获取与分析、定制旅游或私人顾问、旅游 O2O、虚拟旅游等新领域及形态的产生，并形成"互联网+"时代下多形态的旅游服务，使全域旅游目的地由传统服务向信息智能化服务转变，有利于提升游客旅游体验，实现旅游企业与管理部门的管理智能化，实现部门之间信息共享、协作流动，实现旅游的针对性开发、精准性营销、智慧化服务、智慧化管理，助推旅游产业链的升级与变革。

五、全域旅游投融资整合

全域旅游开发需要大量的资金投入，风景道、厕所、环境整治、城镇治理、旅游服务设施建设等大量设施需要更新与覆盖，仅仅依靠招商引资的项目投入远远不能支撑，因而，需要把农业、水利、交通、城投各种资金资源进行整合，以区域综合开发的 PPP 项目为抓手，形成全域旅游下的政府投融资平台整合，同时导入政府引导基金、PE 基金等社会资本，最终发展形成区域旅游公司 IPO 结构，实现全域旅游开发的资本突破。

全域旅游投融资整合需要以全域旅游投融资平台为基础，以上市公司打造为核心，以 PPP 项目为抓手，实现三个打造，即投融资平台打造、旅游上市公司打造、全域旅游综合开发 PPP 结构打造。详见图 8-7。

图 8-7　全域旅游投融资创新模式

第九章　旅游基础设施与公共服务设施的建设提升路径

多年来，旅游产业的开发一直聚焦在旅游产品上，旅游资源、旅游业态、旅游市场是研究的核心，很少有人关注旅游基础设施与服务设施的建设，这造成了多地旅游设施建设的缺失和滞后。而随着旅游市场需求日益多样化、服务化、个性化，尤其是全域旅游的发展，要求旅游交通网、智慧旅游网、公共服务体系网三网合一，构建全域覆盖、全面发展、具有目的地结构体系的全面性服务架构。这对旅游基础设施与公共服务设施建设提出了全新的要求，更加开放、完善、便捷将成为今后提升的重点。

不断出台的国家政策，也在加快推进旅游设施的建设。从 2017 年的政府工作报告与全国旅游工作会议，到《"十三五"旅游业发展规划》与《"十三五"全国旅游公共服务规划》，以及各类专项规划，旅游设施建设的指向性更加明确，更具可操作性。本章对旅游基础设施与公共服务设施的架构体系进行了梳理，并基于全域旅游发展的新需求，提出了相应的提升路径。

一、旅游基础设施及公共服务设施的概念及体系

旅游基础设施是指为旅游者提供公共服务的物质工程设施，是用于保证旅游活动正常进行的公共服务系统，具有功能复合性、设施景观化、服务多群体、承载弹性化四大特征，包括能源供应系统、供水排水系统、交通运输系统、邮电通信系统、环保环卫系统、防卫防灾安全系统六大系统。详见图 9-1。

旅游公共服务是指由政府和其他社会组织、经济组织为满足游客的

共同需求，而提供的不以盈利为目的，具有明显公共性、基础性的旅游产品与服务的统称，是提供社会性结构的设施。其体系架构包括硬件服务设施（公共服务中心、交通服务设施、医疗保障设施等）与软件服务（公共信息服务、安全服务、行政管理）两大类。详见图9-1。

旅游基础设施	旅游公共服务
1 能源供应系统	1 公共服务中心
2 供水排水系统	2 交通服务设施
3 交通运输系统	3 医疗保障设施
4 邮电通讯系统	4 公共信息服务
5 环保环卫系统	5 安全服务
6 防卫防灾安全系统	6 行政管理服务

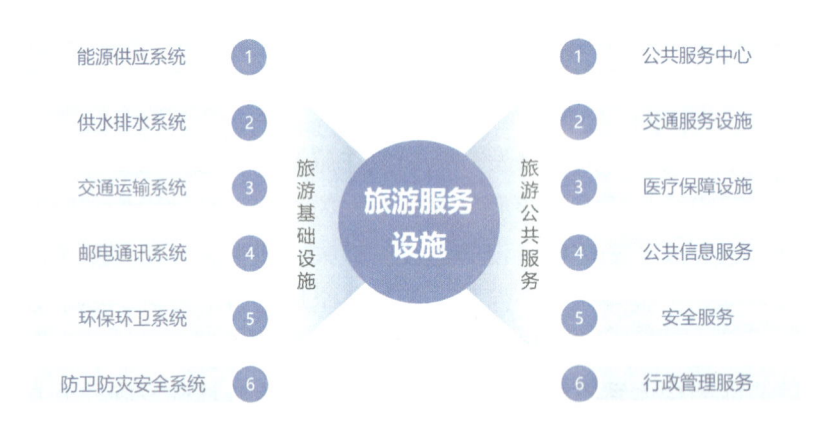

图 9-1　全域旅游服务设施体系

旅游的本质是消费的搬运，而旅游消费业态的支撑需要大规模的旅游基础设施与公共服务设施体系。因此，基础设施与公共服务设施建设需要增加投入、深化结构，形成与商业服务的良性互动。

二、旅游基础设施及公共服务设施的建设要点

（一）新形势下提出的高要求

在"景点旅游"向"全域旅游"转变、大众旅游时代到来、自助游和自驾游旅游方式兴起、观光旅游向休闲和度假旅游的转变、旅游业态创新层出不穷五大发展趋势下，市场对服务设施的需求也相应地出现了更高的要求：第一，全域旅游的开放发展下，需要打破各景区以及地域之间的设施服务，并搭建全域公共服务平台体系；第二，大众旅游时代下游客出游频率大增，对基础设施的使用频率提升，要求

第四篇：绿维全域旅游规划探索

其提供更完善的服务支撑；第三，自助游和自驾游旅游方式的兴起导致游客对目的地的交通、标识等自助识别服务有更大依赖；第四，在休闲度假下公共服务产品的供给成为重要吸引因素；第五，旅游业态不断创新的背景下，公共服务体系也要随之迭代发展。详见图 9-2。

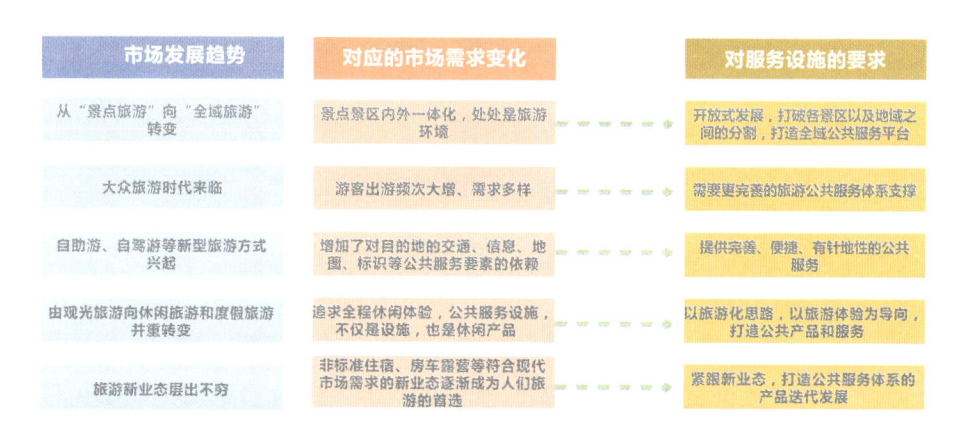

市场发展趋势	对应的市场需求变化	对服务设施的要求
从"景点旅游"向"全域旅游"转变	景点景区内外一体化，处处是旅游环境	开放式发展，打破各景区以及地域之间的分割，打造全域公共服务平台
大众旅游时代来临	游客出游频次大增、需求多样	需要更完善的旅游公共服务体系支撑
自助游、自驾游等新型旅游方式兴起	增加了对目的地的交通、信息、地图、标识等公共服务要素的依赖	提供完善、便捷、有针对性的公共服务
由观光旅游向休闲旅游和度假旅游并重转变	追求全程休闲体验，公共服务设施，不仅是设施，也是休闲产品	以旅游化思路，以旅游体验为导向，打造公共产品和服务
旅游新业态层出不穷	非标准住宿、房车露营等符合现代市场需求的新业态逐渐成为人们旅游的首选	紧跟新业态，打造公共服务体系的产品迭代发展

图 9-2 旅游基础设施与公共服务设施的新要求

（二）建设的五大思维导向

基于新发展形势下的要求，游客与旅游目的地居民生活空间有了很大程度的融合，绿维文旅认为旅游基础设施与公共服务设施的建设要以五大思维为导向。第一，供给侧改革思维。以满足市场需求为基准，优化服务供给。第二，全域化思维。突破区域障碍，实现设施建设的全域覆盖。第三，主客共享思维。兼顾游客与当地居民的需求，实现城市设施与旅游设施的统筹发展。第四，产品化思维。用产品化思路，提升设施的休闲和体验功能。第五，市场化思维。导入社会的参与，实现政企合作。详见图 9-3。

三、旅游设施建设的提升路径

（一）旅游交通设施——构成"道路 + 节点"的服务结构

旅游交通体系有"大交通"与"小交通"之分。"大交通"指"铁路、

供给侧改革思维
- 以满足市场需求为基准,适应市场复杂、多变、多元的特征;
- 优化服务供给,为游客提供完善的服务

市场化思维
- 旅游公共服务的提供应以政府为主导,带动企业参与,政企合作,实现市场化运营

全域化思维
- 突破区域障碍限制,实现旅游公共服务产品与设施的全域覆盖

产品化思维
- 用"产品化"思路,提升打造旅游公共服务使其不仅是一种基础服务,更是一种休闲化、体验化产品

主客共享思维
- 以城镇基础设施为基础,既满足游客需求,又对城市公共服务相结合,改善居民日常生活

建设导向

图 9-3　旅游基础设施与公共服务设施建设五大思维导向

公路、轮船、飞机"等连接旅游目的地与外部空间的交通。而"小交通"是旅游目的地内部各景区、旅游区之间的交通,以及各景区、旅游区内部的交通。这里重点讨论的是小交通。

在全域旅游下,旅游交通网络是空间整合非常重要的一环,是政府推进全域旅游的重要抓手。旅游道路包括风景道、自驾道、运动道、休闲道、文化道、赛道等,其核心结构为"大尺度的景观节点＋服务节点＋休闲度假点＋软性活动"。

大尺度的景观节点,是指沿路形成的大面积、大尺度的景观结构,是构成全域旅游的重要内容;服务节点,包括从游客集散中心到多样化服务平台构建的道路服务体系;休闲度假点,包括依托于交通的休闲营地、民俗村落等特色服务内容;软性活动是定期举办的休闲赛事、节庆活动等。从业态消费角度而言,旅游道路应在服务理念创新的前提下,遵循"道路是硬件,节点是重点"的原则,针对市场进行节点与服务模式的产品化设计,形成度假村、营地、服务站点、驿站、餐饮、户外活动区等多样化的产品,构成收益回报结构,最终构建旅游道路服务体系。

第四篇：绿维全域旅游规划探索

云南思茅区旅游风景道概念性规划及节点设计

风景道规划采用宏观、中观、微观三个层面的"面—线—点"打造手法，进行系统规划。宏观层面，注重规划区域内的功能结构以及整条道路的安全、便捷和畅通性，同时打造"绿动中的多彩飘带"这一景观主题。

中观层面，将K线、南线和北线三条道路划分为不同主题区段进行设计，K线以自然、生态为主题，南线以云水、灵动为主题，北线以茶马、往事为主题。微观层面，打造多个集道路节点和景观节点的休闲驿站。详见图9-4和图9-5。

图9-4　绿维文旅原创：白鹭湖节点设计效果图

图9-5　绿维文旅原创：咖啡驿站设计效果图

147

（二）旅游环境卫生设施——创新商业模式

旅游目的地卫生设施的充足供给和人性化服务，不仅会优化城市形象，而且对城市文明水准的提升和公共服务的提升也有积极带动作用。由于旅游卫生设施覆盖范围广，经济投入较高，因此基于生态化和科技化的有效利用，形成市场化的连锁经营结构是卫生设施最重要的提升方向。

目前政府主导、多部门协作的投资运营模式存在着后期运营不积极的弊端，很多城市和旅游目的地开始尝试 PPP 或纯社会资本投资模式，并通过后期市场化运营实现盈利。详见图 9-6。

市场化运营主要通过广告价值、附加服务和配套商业三大途径实现。广告价值是抓住卫生设施服务点的高人流量，吸引旅游企业及其他企业与之合作。附加服务基于提升厕所服务档次的目的，在基础服务基础上提供更多如擦鞋、按摩等有偿服务。配套商业的途径也称为"以商养厕"模式，是在生态厕所基础上，形成公共服务空间或驿站空间，提供休闲商业和餐饮服务。光大置业的生态厕所已经践行了"以商养厕"的模式，在建设与管理过程中，还通过技术创新、管理创新和投资模式创新，实现了生态厕所的系统集成生态化、设计研发数字化、建造方式工业化、控制管理智能化、运营维护市场化、示范推广标准化，为"厕所革命"做出了示范。

在未来的 5~10 年，旅游厕所由卫生服务、公共免费服务模式转化为附加服务、商业持续运营的商业化模式，一定会成为主流趋势。

图 9-6 厕所卫生设施的提升策略

（三）信息化设施——智慧化应用和管理

2015年9月国家旅游局发布的《关于实施"旅游+互联网"行动计划的通知》代表着旅游信息化建设走向了新的发展时期，也加速了旅游设施的信息化元素渗透。近年来，随着旅游业从资源和产品依赖型、要素依赖型向信息依赖型过渡，信息化设施也逐渐成为旅游业的核心支撑和重要组成部分。加快旅游信息化的建设，既是适应信息化时代的必然选择，也是满足大众旅游时代游客需求的内在要求，更是全域旅游发展的客观要求。

具体而言，旅游信息化是基于电力、电信、网络等硬件设施，通过物联网、云计算、高性能信息处理、智能数据挖掘等技术在旅游体验、产业发展、行政管理等方面的应用，使旅游物理资源和信息资源得到高度系统化整合和深度开发激活，并服务于游客、企业、政府的智慧化服务形态。

需要注意的是，信息化设施的建设不仅仅是硬件，最重要的是要依托硬件形成智慧化监测、监控，实现数据应用和智慧管理，形成面向游客的智慧化旅游服务和面向运营商的智慧化管理。这才是旅游信息化设施建设的意义。详见图9-7。

为游客提供LBS（基于位置服务）	旅游大数据管理与应用
基于游客位置的获取，在游览过程中为游客提供导航、信息共享、周边信息查询及预订、服务推广、寻找旅伴等服务。	基于游客在互联网上的搜索、预订、分享等行为，再结合线下旅游景区的监控等信息获取系统，形成旅游大数据，并指导旅游营销、政务管理、产品调整等应用。
为游客提供在线旅游服务	为运营者或管理者提供智慧营销方案
通过线上服务平台及系统为游客提供大量信息及方便、快捷、移动的服务，打通供给端与客户端之间的距离。	以大数据带动精准营销，实现以社交化、移动化、定制化、细分化为主导的跨平台多元化营销路径。
提升旅游产品的体验化	为运营者提供智慧管理
通过虚拟、增强现实等技术，将一些无法物化的文化或已消逝的场景复原，打破现实与虚拟、历史与未来之间的界限，为游客提供全新的旅游体验。	利用信息技术，实现部门内智能化自动化办公、改善经营流程，实现部门之间信息共享、协作流动，并通过掌握和积累游客数据为经营者提供建议。

图9-7 信息化的智慧服务与管理

（四）旅游公共服务中心——提升综合功能

传统的企事业单位管理的旅游集散中心正逐渐向市场化运营的旅游公共服务中心转变，既要满足游客的多样需求，又要兼顾旅游集散中心盈利。而不再是简单地具备游客集散、目的地宣传、导游服务、公共管理等功能，还需要具备满足游客体验、商业服务等综合功能。

因此，绿维文旅认为全域旅游下旅游公共服务中心要创新游客体验和商业服务。如：中国房山世界地质公园的公共服务中心，以博物馆为核心，外部整体建筑顺应自然地势，应用地域材料；内部设计了八大园区的微缩景观，并利用各种现代科技手段，提高游客的参与度和服务中心的趣味性；商业化方面增加旅游商品展销、旅行社超市等业态，并启动电子旅游公共服务中心的建设。

各类型服务中心的选址及应具备的主要功能如表 9-1 所示。

表 9-1 各类型服务中心选址及主要功能

服务中心类型	主要选址	主要功能
综合型服务中心	机场、火车站、客运站、客运码头等集散中心	信息咨询、形象展示、旅游集散、医疗卫生、旅游预订、旅游投诉
二级服务中心	交通干线出入口及城市集散广场	信息咨询、形象展示、旅游预订、旅游投诉、医疗卫生
旅游咨询体验馆	● 综合型服务中心其中的一个单元部分 ● 城市集散广场、休闲步行街、景区等游客集中地	形象展示、信息咨询、旅游预订
服务站/服务点	城市集散广场、休闲步行街、景区等游客集中地	信息咨询、导游服务、旅游预订、旅游投诉

四、PPP 推动旅游基础设施与公共服务设施的建设

旅游基础设施与公共服务设施的投融资模式一般是政府投资，以特许经营的方式，形成三种情况：一是完全无收益的旅游公共产品，其费用由政府全额承担，如旅游公共交通；二是有一定收益，但存在巨大资金缺口的公共产品，通过政府弥补缺口的方式，进行特许经营；三是完

全能够自主经营并实现回报的公共产品，通过特许经营，衍生出旅游产业链，从而实现盈利，形成可持续经营结构。前两种情况，存在"周期长、投入大、持续维护、回报收回难"等建设难点与瓶颈，而PPP投融资模式将有助于解决这一困局。基础设施建设由政府主导，由社会资本运营，一方面汇聚社会资本的投资力量，为区域旅游项目及周边基础设施建设融资；另一方面通过提升区域旅游服务质量，全面提升运营管理水平，可发挥政府政策支持和企业市场化运作的双重优势。

PPP模式下，政府下属机构或公司与投资主体、金融机构或其他投资人通过组建SPV（特殊目的实体），投资相关项目，形成"土地整理、基础设施建设、公共设施建设、物业项目开发、特许经营服务、产业发展服务、其他综合服务"的项目结构。以自行车道建设为例，投资者可以垄断道路上所有的自行车出租点、服务点、餐饮点、休息点等公共服务点，即通过特许经营权垄断商业开发权。在此前提下，设施维护资金可以通过经营资金补缺，形成可持续建设。因此，旅游设施建设中导入产业与服务是关键。

综上所述，全域旅游发展要借力于政府支持下的基础设施与公共服务设施建设，要导入旅游商业化服务要素的创新模式。只有这样，才能形成全域旅游的全面发展，形成目的地旅游的突破发展。

第十章 全域旅游的投融资模式

第一节 全域旅游资金扶持政策梳理

全域旅游的发展离不开区域内经济社会资源的支持，尤其是财政资金的支持。基于全域旅游的概念定位，与其关联的产业资源涉及社会发展的方方面面，有助于调动全体社会力量共同参与全域旅游的发展建设。除了全域旅游示范区的直接资金扶持政策外，特色小镇、旅游扶贫工程、生态产业发展、社会公共服务设施等建设资金，都为全域旅游的发展提供了强有力的保障。

一、全域旅游示范区资金扶持政策

2016年2月，国家旅游局公布首批创建"国家全域旅游示范区"名单，并指出，凡列入国家全域旅游示范区名单的，将优先纳入中央和地方预算内投资支持对象。各省市相继出台财政政策，扩大旅游投资，全方位支持全域旅游的发展。

2016年12月，河北省全域旅游投资银企对接会上，河北省旅游投资集团牵头发起设立了500亿元规模的河北旅游产业设施投资基金，全力支持河北省全域旅游战略引导下的旅游基础设施投资和传统景区转型升级。

2017年3月，甘肃省发布《关于加快推进全域旅游发展的指导意见》，指出要根据本地旅游资源、经济发展和财政状况设立旅游发展专项资金，并用好国家专项建设基金、产业基金和政策性银行贷款，支持全域旅游发展。

2017年4月颁布的《宁夏回族自治区"十三五"全域旅游发展规划》

中指出，对列入自治区年度全域旅游示范市创建单位的一次性给予 1 亿元基础设施建设补助，对列入自治区年度全域旅游示范县区的一次性给予 5000 万元基础设施建设补助，用于推动全域旅游建设和示范区创建工作。

2017 年 8 月发布的《陕西省全域旅游示范省创建实施方案》中要求加大财政支持力度，逐年增加旅游发展专项资金；用好用活省级旅游产业发展基金，鼓励统筹各部门资金支持全域旅游建设。

可以看出，对全域旅游示范区的扶持资金，主要来自中央及地方的财政预算、旅游发展专项基金、社会资本等，主要以一次性补助、以奖代补、PPP 模式投融资等方式为主。

二、特色小镇资金扶持政策

特色小镇是新型城镇化的有益实践，在全域旅游的背景下，特色小镇是重要载体和依托，相关扶持资金能够助力全域旅游实现乡镇领域旅游产业的可持续发展。

（一）国家政策资金和专项资金的扶持

2016 年 7 月，三部委联合颁布的《关于开展特色小镇培育工作的通知》（建村〔2016〕147 号）中提出，国家发改委等有关部门支持符合条件的特色小镇建设项目申请专项建设基金，中央财政对工作开展较好的特色小镇给予适当奖励。

2016 年 10 月，国家发改委发布《关于加快美丽特色小（城）镇建设的指导意见》，要求创新特色小（城）镇建设投融资机制，大力推进政府和社会资本合作，鼓励利用财政资金撬动社会资金，共同发起设立美丽特色小（城）镇建设基金。研究设立国家新型城镇化建设基金，倾斜支持美丽特色小（城）镇开发建设。鼓励有条件的小城镇通过发行债券等多种方式拓宽融资渠道。

（二）金融机构的扶持

1. 开发性金融机构的支持

2016 年 10 月，住建部、中国农业发展银行印发《关于推进政策性金融支持小城镇建设的通知》（建村〔2016〕220号），支持范围包括以转移农业人口、提升小城镇公共服务水平和提高承载能力为目的的基础设施和公共服务设施建设，为促进小城镇特色产业发展提供平台支撑的配套设施建设，明确了对小城镇建设的融资支持，并对符合条件的小城镇建设实施主体提供重点项目建设基金，用于补充项目资本金不足部分。

2016年12月，国家发展改革委、国家开发银行、中国光大银行、中国企业联合会、中国企业家协会六部门联合发布《关于实施"千企千镇工程"推进美丽特色小（城）镇建设的通知》（发改规划〔2016〕2604号），明确通过政策、金融支持引导社会资本参与特色小镇建设。建设的内容为聚焦重点领域（产业）、建立信息服务平台、搭建镇企合作平台、镇企结对树品牌、推广典型经验。

2017年1月，住房和城乡建设部与国家开发银行联合发布《关于推进开发性金融支持小城镇建设的通知》，就大力推进开发性金融支持小城镇建设做了安排。

2017年2月，国家发改委、国家开发银行发布《关于开发性金融支持特色小（城）镇建设促进脱贫攻坚的意见》，提出开发性金融对特色小（城）镇试点单位要优先编制融资规划，优先安排贷款规模，优先给予政策、资金等方面的支持。

2. 商业金融机构的支持

2017年4月，住房和城乡建设部、中国建设银行联合发布《关于推进商业金融支持小城镇建设的通知》，就大力推进商业金融支持小城镇建设做了安排。主要支持特色小镇、重点镇和一般镇建设。优先支持住房和城乡建设部和各省（区、市）人民政府认定的特色小镇。

2017年5月，住房和城乡建设部与中国光大集团签署《共同推进特色小镇建设战略合作框架协议》，建立工作会商制度，通过政府与国有金融控股集团合作的投融资模式，共同推进特色小镇建设，全面提升特色小镇建设水平和发展质量。

（三）其他部门对专项特色小镇的扶持

在国家层面推进对特色小镇建设的资金扶持下，体育总局、农业部、国家林业局等多部门出台了相关专项特色小镇的建设和扶持政策，如国家体育总局发布《体育总局办公厅关于推动运动休闲特色小镇建设工作的通知》，提出政策和资金向中西部贫困地区倾斜。农业部发布《关于组织开展农业特色互联网小镇建设试点工作的通知》，并设立了农业特色互联网小镇专项资金。国家林业局发布《关于开展森林特色小镇建设试点工作的通知》，提出在稳定和充分保障国有林场和国有林区森林资源权益的基础上，可以采取使用权与经营权分离的方式，放活经营权。可以采取自建、合资合作和PPP合作建设等模式推进小镇建设，实现场镇企有效对接、互利共赢、融合发展。

在中央部委颁布的资金政策支持下，特色小镇的开发建设将拥有国家发改委政策资金、中央财政奖励资金、政策性和商业金融机构等的支持。各省份根据中央文件，也相应出台了特色小镇财政支持政策。同时，最大限度地优化了投融资环境，开展与社会资本的合作，共同为特色小镇的发展提供支持。

三、"旅游+"多领域资金扶持政策

国家旅游局在第二届全国全域旅游推进会上提出，从景点旅游模式走向全域旅游模式，要实现九大转变，指出要从封闭的旅游自循环向开放的"旅游+"融合发展方式转变，加大旅游与农业、林业、商贸、金融、文化、体育、医药等产业的融合力度，形成综合新产能。每年中央财政预算中，各个领域的专项建设都有相应的资金扶持，政府与社会资本的合作，也为项目建设拓宽了融资渠道。

（一）农业领域

1. 国家现代农业示范区

2016年3月，农业部发布《国家落实发展新理念加快农业现代化，促进农民持续增收政策措施》，指出继续加大对国家现代农业示范区的政策支持力度，着力将示范区打造成为现代农业排头兵、农业改革试验田、区域农业展示板。实施"以奖代补"政策，对投入整合力度大、创新举措实、合作组织发展好、主导产业提升和农民增收明显的示范区安排1000万元"以奖代补"资金，引导示范区深化农业和农村改革。安排中央预算内基本建设投资，支持示范区旱涝保收标准农田建设，每亩建设投资不低

于 1500 元，其中中央定额补助 1200 元。

2. 高标准农田建设

2016 年 6 月，国家农业综合开发办公室发布《关于开展农业综合开发高标准农田建设模式创新试点的通知》（国农办〔2016〕31 号），提出通过 3 年创新试点，形成适度规模形式多样、产业链条完整、业态丰富、与农民利益联结紧密、一二三产业深度融合的高标准农田建设新模式。单个创新试点项目中央财政资金原则上应控制在 3000 万元（含 3000 万元）以内，其中 60% 以上用于高标准农田基础设施建设。根据项目建设需要，财政资金投入可分一年或两年安排。

3. 脱贫攻坚

2016 年 3 月，七部门联合印发《关于金融助推脱贫攻坚的实施意见》，提出各金融机构要立足贫困地区资源禀赋、产业特色，积极支持能吸收贫困人口就业、带动贫困人口增收的绿色生态种养业、经济林产业、林下经济、森林草原旅游、休闲农业、传统手工业、乡村旅游、农村电商等特色产业发展。设立扶贫再贷款，发挥多种货币政策工具引导作用，加强金融与财税政策协调配合，引导金融资源倾斜配置。

4. 乡村旅游扶贫工程

2016 年 11 月，国家旅游局等 12 部委印发《乡村旅游扶贫工程行动方案的通知》（旅发〔2016〕121 号），提出乡村旅游扶贫八大行动，其中包括金融支持旅游扶贫专项行动。要求加快乡村旅游扶贫项目库建设，统筹资源支持国开行、农发行等银行创新金融服务，设计符合旅游扶贫项目特点、与旅游扶贫项目周期相匹配的支持产品。每年金融支持旅游扶贫项目不少于 1000 个，资金不少于 3000 亿元。

5. 国家现代农业产业园

2017 年 3 月，农业部、财政部发布《关于开展国家现代农业产业园创建工作的通知》（农计发〔2017〕40 号），提出国家现代农业产业园是在规模化种养基础上，通过"生产＋加工＋科技"，聚集现代生产要素，创新体制机制，形成明确的地理界限和一定的区域范围，建设水平比较领先的现代农业发展平台。根据产业园的规划面积、园内农业人口数量、地方财政支持情况等因素，中央财政通过以奖代补方式对批准创建的国家现代农业产业园给予适当支持。

6. 全国休闲农业和乡村旅游示范县（市、区）

2015年12月，国务院办公厅发布《关于推进农村一二三产业融合发展的指导意见》（国办发〔2015〕93号），提出要统筹安排财政涉农资金，加大对农村产业融合投入，中央财政在现有资金渠道内安排一部分资金支持农村产业融合发展试点，中央预算内投资、农业综合开发资金等向农村产业融合发展项目倾斜。2017年4月，农业部发布《关于开展全国休闲农业和乡村旅游示范县（市、区）创建工作的通知》（农办加〔2017〕11号），促进农村一二三产业融合发展，推动乡村休闲旅游产业发展，并要求完善扶持政策，加大扶持力度，不断提升休闲农业和乡村旅游发展水平。

7. 田园综合体

2017年5月，财政部发布《关于开展田园综合体建设试点工作的通知》（财办〔2017〕29号），确定在18个省份开展田园综合体建设试点，中央财政从农村综合改革转移支付资金、现代农业生产发展资金、农业综合开发补助资金中统筹安排，每个试点省份安排试点项目1～2个。

根据分工，财政部农业司、国务院农村综合改革办公室牵头负责内蒙古、江苏、浙江、江西、河南、湖南、广东、甘肃8个省份开展试点工作，统筹安排农村综合改革转移支付资金、农业生产发展资金共同支持田园综合体试点项目。国家农业综合开发重点支持河北、山西、福建、山东、广西、海南、重庆、四川、云南、陕西10个省份开展田园综合体建设试点，河北、山东、四川等粮食主产省份安排中央财政资金5000万元，山西、福建、广西、海南、重庆、云南、陕西等非粮食主产省份安排中央财政资金4000万元。

8. 农业特色互联网小镇

2017年6月，农业部发布《关于组织开展农业特色互联网小镇建设试点工作的通知》（农市便函〔2017〕114号），提出力争在2020年试点结束以前，原则上以县（市、区）或垦区为单位，在全国建设、运营100个农业特色优势明显、产业基础好、发展潜力大、带动能力强的农业特色互联网小镇。农业特色互联网小镇建设试点采取政府和社会资本合作（PPP）模式，各地在建设过程中如有资金需求，可向北京中投炎黄文化创意中心申请支持。该中心设立了农业特色互联网小镇专项资金，对于自愿申报、审定合格的建设运营主体，专项资金按照 PPP 模式提供项目投资总额 70% 以内的资金支持，与小镇建设运营主体建立利益共建共享机制。

（二）林业领域

2017 年 2 月，国家发改委、国家林业局、国家开发银行、农业发展银行发布《关于进一步利用开发性和政策性金融推进林业生态建设的通知》（发改农经〔2017〕140 号，以下简称《通知》），提出省级发改委、林业部门要按照《中央预算内投资补助和贴息项目管理办法》的要求，积极向符合国家政策支持的林业政策贷款项目倾斜，可以将对应计划任务的中央预算内投资作为项目资本金，其中林业生态方面中央投资补助额度不超过林业政策贷款项目总投资的 20%。各地要加强林业生态建设、脱贫攻坚等相关资金的整合，统筹地方政府投资加大对林业政策贷款项目的支持力度，并按照《林业改革发展资金管理办法》相关要求，积极落实林业政策贷款项目贴息补助。

《通知》按照有利于维护国家生态安全、加快林业改革发展、推动林业精准扶贫的原则，主要支持范围与全域旅游有关的领域，包括国家公园、森林公园、湿地公园、沙漠公园等的保护与建设，具体包括木本油料、特色经济林、林下经济、竹藤花卉、林木种苗、沙产业、林业生物产业、森林旅游休闲康养等林业产业发展和林业生态扶贫项目建设。

（三）工业领域

1. 工业文化

2016 年 12 月，工业和信息化部、财政部印发《关于推进工业文化发展的指导意见》（工信部联产业〔2016〕446 号），指出要大力发展工业文化产业，推动工业遗产保护和利用，发展工业旅游，支持工业文化新业态发展。在财政上，健全完善政府支持引导、全社会参与的多元化投融资机制。探索采取政府和社会资本合作（PPP）模式建设综合服务平台、工业博物馆，促进工业遗产保护与利用等。鼓励各类资本设立工业文化发展基金。鼓励各地在推进实施《中国制造2025》过程中，统筹加强工业文化建设。鼓励各地设立专项资金支持工业文化发展。

2. 大众创业万众创新示范基地

2017年6月，国务院办公厅印发《关于建设第二批大众创业万众创新示范基地的实施意见》（国办发〔2017〕54号），鼓励创新创业发展的优惠政策面向新兴业态企业开放，符合条件的新兴业态企业均可享受相关财政、信贷等优惠政策。示范基地能够推动老旧商业设施、仓储设施、闲置楼宇、过剩商业地产转为创业孵化基地，根据创业孵化基地入驻实体数量和孵化效果，给予一定奖补。

（四）文化领域

1. 文化产业专项资金

2017年4月，文化部办公厅印发《关于做好2017年度中央财政文化产业发展专项资金重大项目申报工作的通知》，文化部牵头负责"实施文化金融扶持计划""支持特色文化产业发展""促进文化创意和设计服务与相关产业融合发展"三个重大项目的征集、遴选工作，对符合三个重大项目支持重点的政府和社会资本合作（PPP）项目、文化与科技融合发展项目，将优先予以支持。

特色文化产业发展、促进文化创意和设计服务与相关产业融合发展两项内容与全域旅游关系密切，前者具体包括落实国家发展重大战略要求、特色文化产品和服务创作生产及推广、提升特色文化小镇文化内涵等内容；后者具体包括文化文物单位文化创意产品开发、文化创意和设计服务与相关产业融合发展创新生态体系建设等内容。申请项目补助支持的项目，申请金额一般不超过企业上年末经审计净资产额的30%。申请贴息支持的项目，申请金额不高于上年度内项目发生利息（含财务费用）的80%。

2. 重点文物保护资金

2013年6月，财政部、国家文物局印发了《国家重点文物保护专项补助资金管理办法》（财教〔2013〕116号），资金补助和支出可用于遗址文物保护、文物陈列布展、文物技术保护等项目。项目实施单位根据行政隶属关系和规定程序逐级申报，财政部和国家文物局负责组织项目资金预算控制数指标评审工作。2017年3月，国家文物局发布《关于进一步规范国家重点文物保护专项补助资金管理、提高使用绩效的通知》，要求要进一步加强文物保护工程项目的前期筹划和项目管理，提高专项资金使用效率。

（五）体育领域

1. "十三五"公共体育普及工程

2016年12月，国家发改委、体育总局印发《"十三五"公共体育普及工程实施方案》（发改社会〔2016〕2850号），提出要提高县级公共体育场、全民健身中心、基层体育健身设施覆盖率。按照方案要求建设的公共体育服务设施，支持资金包括中央预算内投资、体育彩票公益金、地方财政性资金、社会投入等。按照建设的项目和资金渠道，补助标准最高不超过800万元。

2. 运动休闲特色小镇

2017年5月，体育总局办公厅发布《关于推动运动休闲特色小镇建设工作的通知》（体群字〔2017〕73号），提出到2020年，在全国扶持建设一批体育特征鲜明、文化气息浓厚、产业集聚融合、生态环境良好、惠及人民健康的运动休闲特色小镇。对纳入试点的小镇，一次性给予一定的经费资助，用于建设完善运动休闲设施，组织开展群众身边的体育健身赛事和活动。

根据财政部、体育总局发布的《关于补报2017年中央集中彩票公益金转移支付地方支持开展全民健身工作新增项目有关事宜的紧急通知》，相关资金补助标准为：运动休闲特色小镇设施300万元，体育公园设施100万元，滑板运动设施100万元，攀岩运动设施300万元，登山健身步道100万元。

（六）康养领域

1. 中医药健康旅游示范区（基地、项目）

2016年7月，国家旅游局、国家中医药管理局发布《关于开展国家中医药健康旅游示范区（基地、项目）创建工作的通知》，提出通过国家中医药健康旅游示范区（基地、项目）建设工作，探索中医药健康旅游发展的新理念和新模式。项目支持方面，要求申报创建国家中医药健康旅游示范区（基地、项目）的地方政府，要制定明确的工作计划和实施方案，出台具体的政策措施，省级旅游和中医药管理部门应对获得国家中医药健康旅游示范基地、示范项目的单位在专项资金、规划编制、人才培训、宣传推广等方面给予大力支持。

2. 养老产业

2017年2月，国务院印发《"十三五"国家老龄事业发展和养老体系建设规划》（国发〔2017〕13号），指出要支持养老服务产业与健康、养生、旅游、文化、健身、休闲等产业融合发展，丰富养老服务产业新模式、新业态；推动老年人共建共享绿色社区、传统村落、美丽宜居村庄和生态文明建设成果。投入机制上，民政部本级彩票公益金和地方各级政府用于社会福利事业的彩票公益金，50%以上要用于支持发展养老服务业，并随老年人口的增加逐步提高投入比例。引导各类社会资本投入老龄事业，形成财政资金、社会资本、慈善基金等多元结合的投入机制。

3. 社会养老

2015年4月，民政部、国家开发银行印发《关于开发性金融支持社会养老服务体系建设的实施意见》（民发〔2015〕78号），重点支持社区居家养老服务设施建设项目、居家养老服务网络建设项目、养老机构建设项目、养老服务人才培训基地建设项目等。运用开发性金融的理论和方法，充分依托民政部门的组织协调优势，推动形成"政府引导、金融支持、社会参与、市场运作"的社会养老服务发展体制机制。

4. 健康产业

2017年5月，科技部等6部委联合印发《"十三五"健康产业科技创新专项规划》，指出以主动健康为方向的营养、运动、行为、环境、心理健康技术和产品正推动健康管理、健康养老、全民健身、健康食品、"互联网+"健康、健康旅游等健康产业新业态、新模式蓬勃兴起。通过"科技创新2030—重大项目"和国家科技重大专项、国家重点研发计划、基地与人才专项等国家科技计划（专项、基金）的实施，着力开展健康产业关键共性技术攻关与重大产品研发，加快推进健康产业领域的科技创新。

第二节 全域旅游建设 PPP 模式研究

全域旅游要求全社会参与、全民参与旅游业，通过消除城乡二元结构，实现城乡一体化，全面推动产业建设和经济提升。从全国各地发展全域旅游的形势来看，可谓如火如荼，一派欣欣向荣。但是开发建设往往需要海量资金的支持，动辄百亿千亿。这和囊中羞涩的地方财政对比鲜明，特别是老少边穷地区，更是理想很丰满，现实很骨感。

如何解决建设资金困局是摆在地方政府面前的难题。PPP 模式为解决政府建设资金短缺局面提供了良好的渠道，一方面是企业海量资本寻找投资出口，一方面是地方发展资金短缺。再加上中央政府和政策性银行的有力支持，为 PPP 项目授信放贷，提供了政策保障、化解了资金与利息风险。社会资本介入地方项目，盈利需求是第一位的，地方政府通过 PPP 项目输出特许经营权，通过对 PPP 项目运作模式进行细分，影响回报方式。回报机制方面，公益性项目以政府购买和使用者付费相结合。完全商业性项目以使用者付费为主，既凸显了政府改善民生的职责，又使出资的社会资本方有利可图，实现政府和社会资本的双赢。

一、PPP 运作在全域旅游开发中的优势

全域旅游视角下形成的新型目的地，是一个旅游相关要素配置完备和全面满足游客体验需求的综合性、开放式旅游目的地。旅游产业的美好前景吸引着社会资本，同时又亟需突破传统的融资瓶颈，在这一大背景下，全域旅游公益性与商业性的双重性质，具备借力 PPP 模式的天然基因。PPP 模式的运用，不仅有助于解决长期以来制约旅游行业发展的融资建设问题与经营管理问题，而且将成为全域旅游新常态下推动旅游产业升级的动力性抓手。PPP 模式既是融资概念，更是全域旅游项目运营管理概念。

采用 PPP 模式，可以汇聚社会资本的投资力量，为区域旅游项目建设及周边基础设施建设融资，并且通过提升区域旅游服务质量等软件服务，全面提升运营管理水平，提高目的地旅游服务的水平。通过规划、投资、开发、运营等一系列的整合，PPP 模式将推动区域旅游产业的转型升级。

二、PPP 的模式分类

PPP 运作的常见模式有：BOT 模式、BOOT 模式、BOO 模式、TOT 模式和 ROT 模式，不同的模式反应了私有化的不同程度。

（一）BOT 模式（建设—经营—移交）

政府给予项目公司特许经营权，让其在特许权期限内通过资金募集，投资建设项目，并对其运营维护以收回成本并盈利。在特许权期限时间之后，无偿转让给政府。

特点：投资者自负盈亏；投资者或项目公司拥有经营权，无所有权；一般适用于高速公路、机场、铁路、停车场等基础服务设施项目。

（二）BOOT 模式（建设—拥有—经营—移交）

社会资本参与建设基础产业项目，项目建成后，在规定的期限内拥有所有权并进行经营，期满后将项目移交给政府。BOOT 代表了比 BOT 更高一级的私有化程度，在一定时间内享受了所有权。

（三）BOO 模式（建设—拥有—经营）

由政府或所属机构对基础设施项目的建设和经营提供特许权协议作为项目融资的基础，由社会资本方作为项目的投资者和经营者，安排融资、承担风险、开发建设并经营，但并不将项目移交给相应的政府或所属机构。

（四）TOT 模式（移交—经营—移交）

政府把正在运营过程中的公共基础设施项目的经营权，在一定期限内有偿移交给社会投资者，社会资本获得项目经营权，期限内项目经营收益归属社会投资者，经营期满后，公共基础设施项目移交回政府。

（五）ROT 模式（改建—经营—移交）

获得政府特许授予专营权的基础上，对陈旧项目设施和设备进行改造，经营 20~30 年后转让给政府。

（六）DBFOT 模式（设计—建造—融资—经营—移交）

从项目的设计开始就特许给某一机构进行，直到项目经营期收回投资和取得投资效益，然后移交回政府。

表 10-1　PPP 的模式分类

一级分类	二级分类
项目式外包	服务分包
	管理分包
整体式外包	设计—建设（DB）
	设计—建设—主要维护（DBMM）
	运营和维护（O&M）
	设计—建设—运营（DBO）
特许经营	移交—运营—移交（TOT）
	建设—运营—移交（BOT）
	设计—建造—融资—经营—移交（DBFOT）
完全私有化	建设—拥有—运营（BOO）
	购买—更新—运营（PUO）
部分私有化	股权转让
	其他

三、全域旅游 PPP 的开发模式

SPV（特殊目的公司）是 PPP 项目的具体实施者，由政府和社会资本联合组成，主要负责项目融资（融资金额、目标、结构）、建设、运营及维护、财务管理等全过程运作。

政府部门（或政府指定机构）通常是主要发起人，通过给予某些特许经营权或一些政策扶持措施来吸引社会资本并促进项目顺利进行。在 PPP 模式中的职能主要体现在：招投标、特许经营权授予、部分政府付费、政府补贴、融资支持基金（股权、债权、担保等形式的支持）、质量监管、价格监督等方面。

社会资本也是主要发起人之一，同政府指定机构合作成立 PPP 项目公司，投入的股本形成公司的权益资本。社会资本可以是一家企业，也可以是多家企业组成的联合体，主要包括私营企业、国有控股企业、参股企业、混合所有制企业。

第四篇：绿维全域旅游规划探索

金融机构在 PPP 模式中主要提供资金支持和信用担保，也可作为社会资本参与投资。由于全域旅游项目的投资规模大，在 PPP 项目的资金中，来自社会资本和政府的直接投资所占比例通常较小，大部分资金来自于金融机构。向 PPP 模式提供贷款的金融机构主要是国际金融机构、商业银行、信托投资机构。

（一）成立 SPV 公司作为全域旅游开发主体

PPP 模式下，政府下属机构或公司、投资主体、金融机构或其他投资人通过组建 SPV（特殊目的实体），投资和运营相关项目；政府负责政策规划制定和实施，是项目整体调节和监督者（调节项目进入资本的盈利空间，各方利益关系）；社会资本参与者通过谋取企业合理利润，提高更专业的项目设计和后期运营管理服务，以及获取部分项目运营权，实现综合效益；对金融机构来讲，如果只是提供资金（为项目公司融资）的间接参与，则收益来源主要是贷款利息。如果作为社会资本的直接参与，则可与政府、社会资本签订三方合作协议，最终享受项目运营收益分成或政府偿付费用。详见图 10-1。

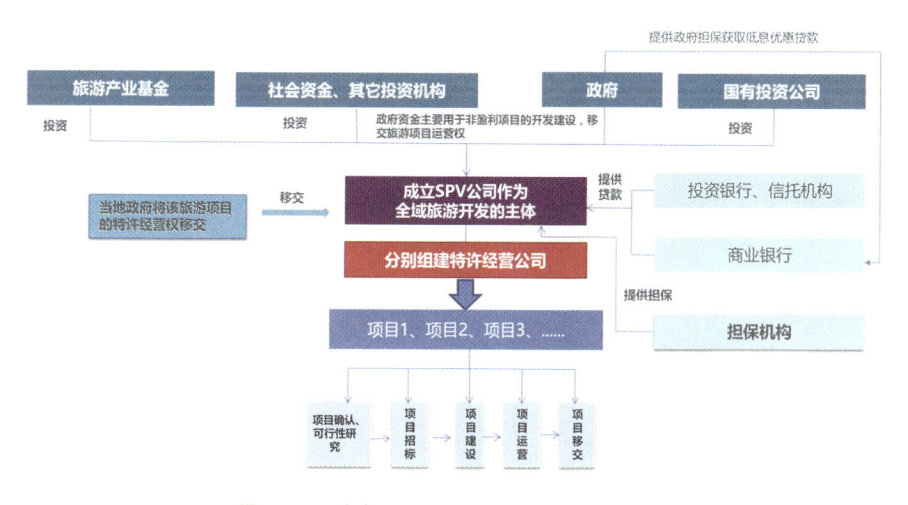

图 10-1 成立 PPP 公司作为全域旅游开发主体

（二）以 PPP 引导基金推动旅游产业升级

未来，全域旅游设施项目通过 PPP 模式包装，政府的基础设施投

165

入和民营的商业化投入相结合是大势所趋。一般来说，这一投入将遵从二八定律，即 20% 由政府和国有企业投资，引导 80% 的民营资本投资，并通过融资杠杆，推动区域旅游产业升级开发。这将成为旅游得以发展的基础。详见图 10-2。

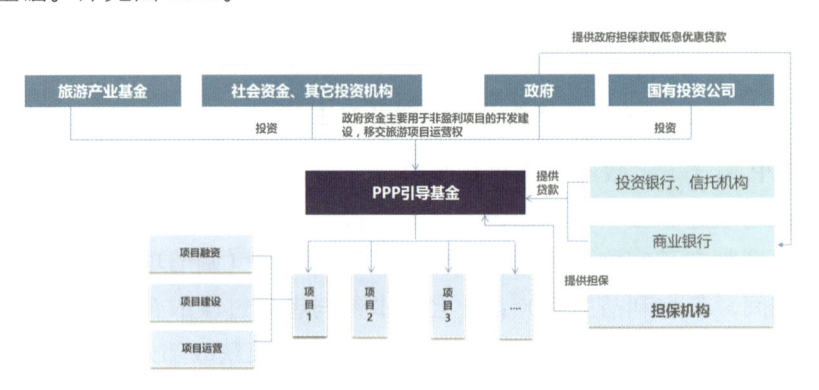

图 10-2　以 PPP 引导基金推动旅游产业升级

（三）回报机制

采用 PPP 模式的旅游项目内容侧重于环境提升、基础设施改造等，通过提供公共产品及服务，使用者付费来回收投资及获取基本收益，还将非经营性和经营性项目整体打包，满足社会资本的收益平衡、减少政府负债，提升当地人民收入水平。同时，通过使用者付费和政府可行性缺口补贴相结合的回报机制，减轻项目整体风险。可设置合理的超额利润分配机制以及运营绩效考核机制。详见图 10-3。

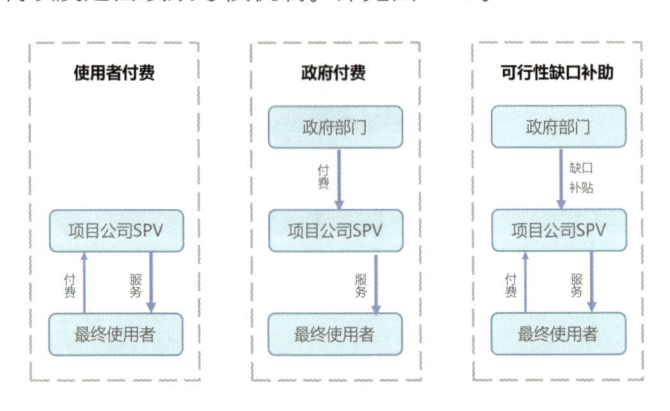

图 10-3　PPP 的回报机制

四、全域旅游 PPP 项目分类详解

全域旅游 PPP 项目分为四种类型：专项基础建设项目、区域综合开发项目、单项重点项目、特色村镇项目。

（一）旅游专项基础建设 PPP 项目

专项基础建设项目开发聚焦旅游基础设施建设，为景区目的地提供良好交通、公共服务设施等，还包括符合当前消费形态的更具吸引力的项目，如低空飞行、自驾营地等。专项开发具有跨区域、较离散、公益性等特点。基础设施建设和公共服务体系建设，是 PPP 应用的首选，特别适合解决基础设施投资缺口大、政府财力不足的困境，为社会资本找到合理出口，充分发挥政府和社会资本的互补优势。

此类项目均采取 PPP 运作模式，投资商负责项目内所有建设内容，回报机制为政府付费、使用者付费以及其他协议性回报。详见图 10-4。

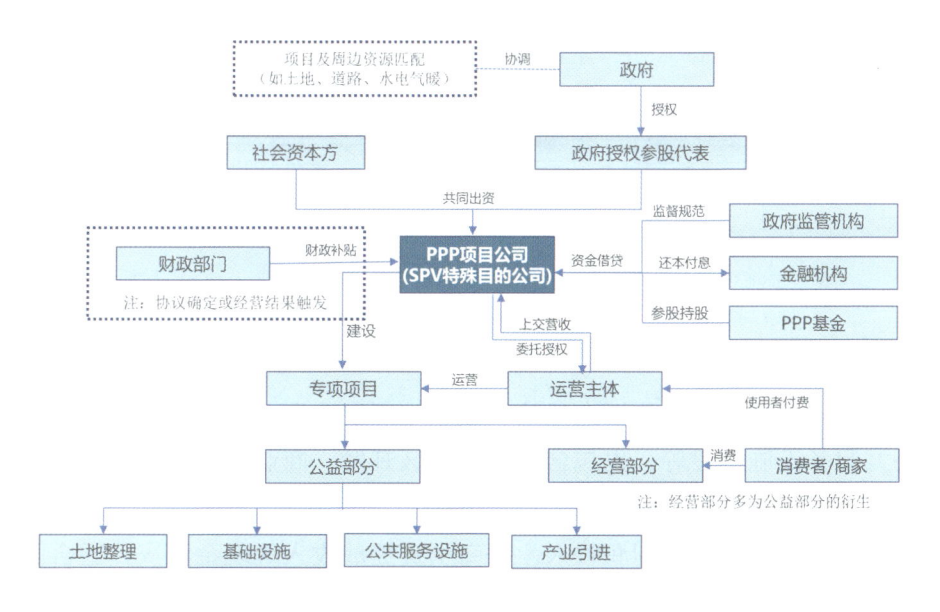

图 10-4 专项基础建设项目

（二）旅游区域综合开发 PPP 项目

区域综合开发项目是全域旅游开发的核心体，汇集数个旅游项目优势，形成特色区域开发板块，整体打造，便于更好的规划目的地，形成系统的旅游文化体系，满足游客多种体验需求。

区域内部多种旅游资源密集分布，极易形成综合优势。区域开发的最终目标是要达到区域经济、社会、、文化结构与功能转变。区域开发因其投资规模大和运作的复杂而特别适用于采用 PPP 方式进行运作。详见图 10-5。

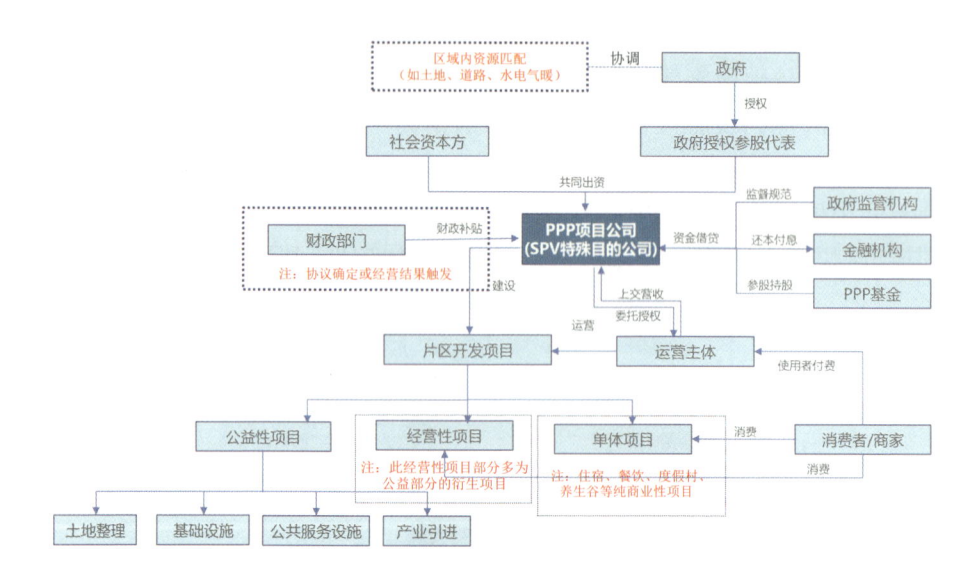

图 10-5 区域综合开发项目商业运作模式

区域旅游示范区包括大量的一级土地开发、商业街区建设、公益性公共服务设施建设等，也包含景区度假区开发、商业街修建以及区域内子项目招商引资和产业服务等。

项目收入有建设利润收入、招商引资提成收入等现金流入，适合以特许经营、政府补贴、政府购买服务等形式包装成 PPP 项目。

（三）旅游单项重点 PPP 项目

单项重点项目包括景区、度假村、文化园和森林公园等建设，侧重个性化与经营性，属于优质资源，操作内容含少量基础设施建设，主流是纯商业项目建设运营，项目中有需要完善项目区域内的景区公共设施建设等公益性工程的亦可采用 PPP 模式，纯商业性质开发的采取商业开发模式。详见图 10-6。

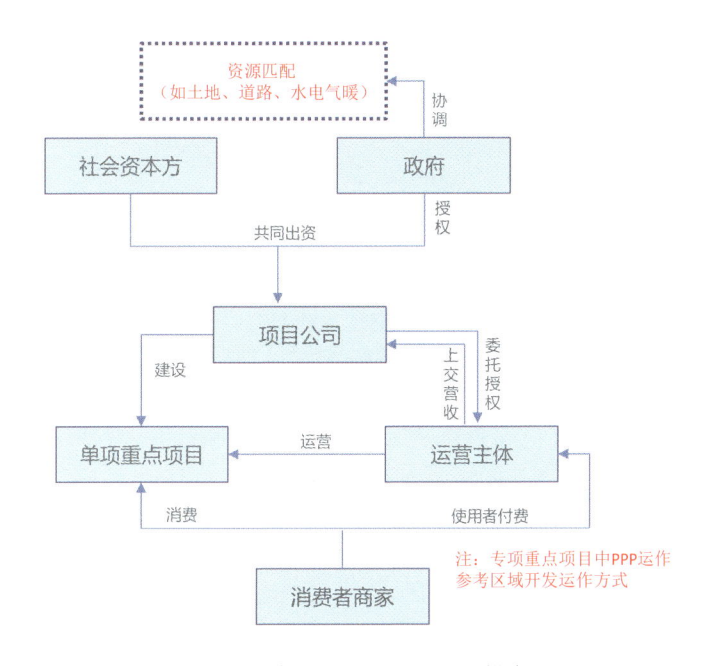

图 10-6　单项重点项目商业运作模式

（四）旅游特色村镇 PPP 项目

特色村镇在城镇化发展中占据着重要的地位，有重点、有特色的发展是指导小城镇建设的重要原则。特色村镇建设推动"产、城、人、文"的融合。特色村镇由于整体开发过程中涉及大量的小镇基础设施和公共设施建设和完善，具有大量的公益性质工程，均采取 PPP 的模式运作。详见图 10-7。

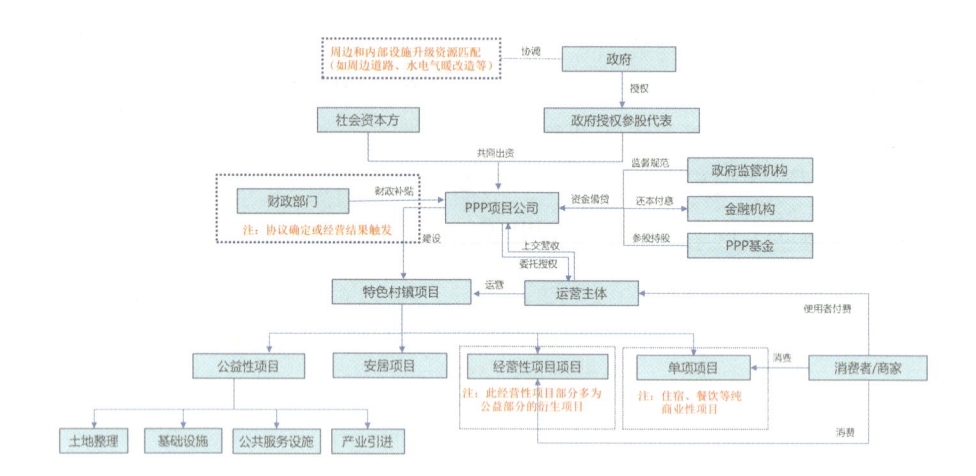

图10-7 特色村镇项目商业运作模式

第十一章　全域旅游的体制创新

全域旅游发展大背景下，旅游行业管理体制的改革是顺应全域旅游改革的关键举措，对形成大产业的协同促进机制、大市场的联合执法机制、多部门的联动管理机制、跨行业的资源综合保护机制和旅游形象的统筹推广机制将起到关键性作用。

一、全域旅游下旅发委管理体制创新

全域旅游发展下，旅游产业的促进和相关产业的整合成为旅游主管部门最核心的工作，从旅游局到旅发委的体制改革，更能发挥政府端的主导和统筹作用，统筹部署、整合资源、强化部门联动，形成全域旅游发展新合力。

自2009年海南旅游局更名，到2017年9月30日，已有24个省份将旅游局更名为旅游发展委员会。绿维文旅认为，旅发委的成立，是全域旅游下体制创新的重要举措，是积极适应新时期的旅游发展和解决现有问题的必然选择，是经济新常态下旅游业快速崛起的大势所趋。

（一）从旅游局到旅发委的职能转变

旅游局的工作，一直偏向于市场管理与行业管理，难以承担产业发展的职能。"局"改"委"之后，旅发委成为了实质性推进旅游产业发展的产业部门，对旅游部门的管理内容更加广泛化，业务要求更加专业化。

站在目的地统筹管理的立场上，旅发委的综合协调职能要加强，应该进行全域化引导，进行多产业融合促进，进行项目开发运营的全程统筹管理。

站在旅游产业推进管理角度，旅发委应该通过政府运营泛旅游产业的模式与流程设计，运用政府的整体力量，落实全域旅游的规划、招商、开发、建设、运营、管控的全面职责。

旅游产业的发展，可以划分为规划设计、招商引资、开发建设、持续经营四个阶段以项目为单元实现落地，是基本的抓手和内容。旅游项目管理，从资源普查开始，到谋划、策划、招商、规划、设计、征地、拆迁、建造、验收、开业、经营等，是一个促进项目落地的发展过程。旅游项目的开发，必须基于市场需求、基于开发商的实际、基于旅游供给侧改革。因此，旅发委如何开展旅游项目的开发管理与持续经营管理，就成为转型后工作的创新课题和重要抓手。

（二）旅发委的六大任务创新

以市场逻辑为核心，以政府逻辑为有效补充，在全域旅游发展背景下，旅发委应该在六大方面实现创新：首先把握顶层系统的规划，明确未来发展蓝图和具体举措，形成统一认识，协调好部门利益，落实好责任关系。其次从创建推动上要实现全域项目的有效包装、招商引资及政府资金的有效申请对接，并突破龙头项目，最终实现点线面的全面展开。详见图 11-1。

① 系统规划
- 顶层设计（总体思路、空间布局、特色产品体系规划、公共服务体系规划、要素体系规划、城镇乡村体系规划、市场营销体系规划、旅游+体系规划等）
- 专项规划（重点旅游区、投融资等）
- 三年行动计划与实施方案

② 项目包装
- 吸引核项目
- 目的地消费项目
- 综合开发项目
- 基础设施项目
- 公共服务设施项目

③ 政府资金申请
基于旅游开发下的：
- 农业相关资金申请
- 生态相关资金申请
- 科技相关资金申请
- 体育相关资金申请
- 医疗养生相关资金申请

④ 招商引资
- 四招：招投资商、招开发商、招运营商、招服务商
- 五引入：引入资金、导入智库、导入品牌、导入人才、导入IP

⑤ 龙头项目突破
- 形成人流
- 有效形成夜间消费聚集
- 旅游淡季有所突破

⑥ 点线面全面展开
围绕核心引擎项目，以点带线，以线带面，形成点线面全面发展的网络架构

图 11-1　旅发委的六大任务创新

二、全域旅游支持保障创新

全域旅游发展下，政府还要在政策、土地改革、重大旅游项目领导联席制度、旅游投融资机制及旅游规划五个方面进行创新。

（一）出台政策支持创新

政策创新包括支持全域旅游发展的综合性政策文件、具体的创建全域旅游示范省市县的实施方案和年度工作计划、财政支持计划、新的旅游工作机制。

（二）探索旅游用地改革

绿维文旅认为旅游用地改革涉及的最重要问题是农业用地改革，包括集体建设用地问题、四荒地使用问题、临时建设的问题、设施设备使用占地的问题、农业产业用地的问题、旅游产业用地的问题，以及国家建设用地指标有效使用和整合的问题等，整个用地系统非常复杂，需要有相关政策的创新突破，从改革到创新，优先明确用地结构。

（三）建立重大旅游项目领导联席制度

绿维文旅认为，每一项达到一定规模的在建旅游大项目都必须有专人跟进。在全域旅游开发中，如何把大项目与区域点线面结合是关键问题。旅游目的地每年应引进一批新的旅游项目，如何引进，如何导入，如何跟踪，需要建立旅游项目领导联席制度来进行推进。

（四）创新旅游投融资机制

当地政府需要明确政府建立投融资平台的意义和职责，要有效导入旅游项目的财政支持结构，有效地引导金融扶持关系。要在项目包装基础上形成机制支持体系，最终实现旅游开发的大规模、有序、高效推进。

（五）提升旅游规划的战略地位

建议将旅游规划作为重要内容纳入经济发展城乡规划、土地利用基础设施建设和生态环境保护等相关规划中，实施多规合一，充分体现旅游主体功能区建设的要求。

绿维文旅认为基于全域旅游主体功能区建设标准里的多规合一接口，城乡基础设施、公共服务设施和城乡发展中的重大建设项目，在立项规划、设计和竣工验收的环节，应就旅游设施及相应旅游配备征求旅游部门的意见。

加强旅游规划实施管理，全域旅游发展总体规划及重点旅游专项规划应由地方政府审批发布，提升规划实施的法律效力，并建立旅游规划评估与实施督导机制。

第五篇 绿维全域旅游的孵化体系

第十二章

绿维"全域旅游孵化器"解读

第十三章

全域旅游下的"旅游项目管理"探索

第十二章 绿维"全域旅游孵化器"解读

第一节 全域旅游孵化器的顶层设计

绿维文旅认为,全域旅游规划在实际操作中,应突破传统规划模式,以市场为导向,创新思路,以产业链整合为途径,有效利用各种资源,突破原有的项目推进和开发时序,将后期运营要素导入前期,在进行策划规划设计的同时,将优秀成功的IP、品牌企业、成熟的运营机构、管理团队,以及投资、建造机构等资源,以专家、投资商、服务商身份,导入进来,形成全产业链的总体合理化方案,使得策划规划过程也成为一个推动项目落地的过程。

一、绿维"全域旅游孵化器"的概念

全域旅游孵化器,是基于全域旅游开发层面的深化培育与孵化的发展模式。是以全域旅游科学合理的顶层规划设计为先导,以落地项目层面(美丽乡村、旅游景区、旅游综合体、旅游小镇、旅游小城)的规划设计、运营管理、招商引资、团队培育为培育主体,以项目孵化、企业孵化、IP孵化等多层次孵化结构为支撑,以品牌推广、创建辅导、系统培训等持续服务为保障,推动全域旅游体系全面发展的孵化模式。我们将这一模式概括为:"全域顶层规划设计+项目资源要素导入+多维度孵化+持续服务"。

二、绿维"全域旅游孵化器"的三大服务内容

绿维文旅将"全域旅游孵化器"的服务内容概括为三大部分,主要

包含顶层规划设计服务、投融资创新服务、创建辅导与持续性服务。

（一）顶层规划设计服务

目前，绿维文旅提供的全域旅游规划包括《全域旅游发展规划》《全域旅游投融资规划》和《全域旅游三年行动计划》。

《全域旅游发展规划》的编制中，绿维文旅在编制过程、成果体系方面都有一定创新，更是从发展角度，将顶层设计与全域旅游示范区的创建及落地运营相结合。

《全域旅游投融资规划》是将全域旅游开发中的投融资环节重点深化，主要是在现状分析、投资项目梳理上，重新评估土地价值、设计开发模式、建立投融资规划模型和提出管理实施层面的建议。

《全域旅游三年行动计划》主要是针对全域旅游的落地发展制定时间路线图，核心内容包括：创建思路、行动目标、主要任务与重点工作、保障措施、推进落实计划、近期工作安排。

（二）投融资创新服务

绿维文旅通过山东投融资大会、池州投融资大会、河北省旅游投融资大会的实践，形成了区域旅游投融资推进工作的整套方案，其中以投融资大会为核心点，在投融资规划的基础上，以项目一体化包装、投融资白皮书、客商邀请对接、线上线下推广服务为支撑，实现对全域旅游投融资服务的一体化解决方案。

1. 旅游投融资一体化包装

通过对项目区域的全面市场调查，培训各市县的旅游局长，对项目进行包装，创新性地编制项目信息表，形成旅游项目数据库，掌握最详尽的项目信息情况。因此，项目包装应该以3~5个月的投融资规划为基础，投融资规划作为一线工作环节，对项目包装及投融资对接有着重大影响，各项工作环节交叉相容，最终输出全域旅游投融资工作的结构与方法，简而言之，形成投融资规划、项目包装及投融资对接一体化解决方案。输出的成果包括：《重点项目招商册》《主体招商宣传片》《投融资白皮书（报告）》，这是绿维文旅着力打造的核心竞争力！

2. 旅游投融资行动指南——《投融资白皮书（报告）》

《投融资白皮书（报告）》是对整个区域投资价值、投资机遇的深入挖掘，并以此为基础，构建区域旅游投资政策支持和保障体系。让更广泛的旅游投资商、开发商、运营商和服务商，关注、了解、理解地方政府在旅游投融资方面的政策以及下一步的行动计划。

3. 旅游招商大会——客商邀请对接

绿维文旅创新了以全要素招商大会或旅游投融资大会为推动，邀请旅游行业的广大客商，将重点包装项目精准推送，实现资本与项目有效对接的模式。绿维文旅稳定而专业的技术团队和较强的产品输出能力，能够长期而密切地维护客商渠道。

4. 旅游投融资线上线下持续服务

绿维文旅还将提供旅游投融资的线上线下持续服务。在各省、市、县旅游局支持下，通过旅游运营网、旅游投融资网、微信等互联网手段，在大会前，对区域旅游投融资和重点招商项目进行推广；在大会中，帮助项目和资本形成高效对接和影响力的宣传；在大会后，持续跟进辅导，从而实现旅游投融资的全程服务。

基于以上四个方面的服务内容，绿维文旅将对省市级全域旅游重点项目形成包含策划、设计、包装、宣传及资本对接等方面工作的系统解决方案。逐步完善绿维文旅业务链，真正形成绿维文旅在顶层设计、开发建设、运营管理、投融资等方面的全链解决（服务）能力。

（三）创建辅导与持续性服务

在全域旅游创建服务中，绿维文旅依托十余年项目实操经验及专业影响力，为地方政府提供创建辅导及培训服务、项目研讨及跨界交流合作等智力支持事务，并通过持续性服务和每一个步骤的有序落地，从而实现创建的有效性。池州是绿维文旅在"全域旅游孵化器"模式下服务的第一个项目，会在顶层规划设计基础上从创建推动到保障措施的制定等方面持续服务三年。

第二节　全域旅游下的重要项目孵化

在全域旅游发展过程中，除了整体实现孵化服务，还有引擎项目、特色小镇、IP 项目的单项孵化服务。

一、引擎项目孵化

以旅游产品的设计为核心，运用旅游思维方式，遵循旅游市场规律，通过对景区类项目、体验类项目、住宿类项目等旅游项目的综合开发孵化，形成人气聚集、消费聚集，从而实现现金流。详见图 12-1。

图 12-1　引擎项目孵化过程

1. 策划设计

第一，文化找魂，通过文化梳理，寻找独特性的主题作为卖点，进行主题整合与游憩方式设计，形成吸引核心。第二，进行体验转化，把文化转化为现实的体验，转化为独特的观赏、刺激的感受、互动的场景和深度的感悟。第三，要进行游憩方式的深度设计，使得全游程跌宕起伏，实现游憩体验的完美整合。第四，要结合收入模式，进行商业模式的设计，形成游客消费的体验化与旅游收入的效益优化。第五，充分依托移动互联技术，实现项目高度智慧化、社交化。详见图 12-2。

第五篇：绿维全域旅游的孵化体系

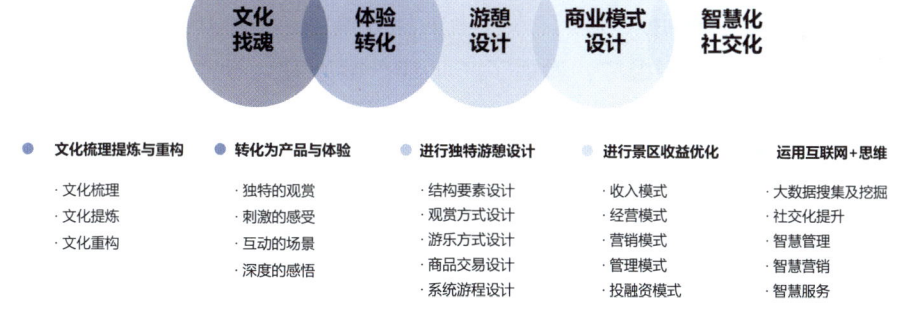

图 12-2　旅游引擎项目的策划设计

2. 投融资规划设计

投融资规划设计是在对宏观经济政策、全局发展情况、可利用资源及资金等基础情况进行现状盘整的基础上，对项目发展进行模式设计，对土地价值、其他可利用资源进行评估，在充分进行前期研究的基础上，设计投融资规划模型，提出开发时序，并对实施提出管理建议。其业务结构可概括为：现状盘整、模式设计、项目研究、资源评估、模型编制、开发时序、管理建议。

3. 全要素招商大会

全域旅游在招商方面，应摒弃"政府投资、招商引资"的传统做法，实现投资、开发、运营、服务全产业链的招商模式，保证全域旅游项目的落地实施。绿维文旅提出了以全要素招商大会为推动，实现多个相关机构整合的模式。全要素招商即"四招、五引入"：招投资商、招开发商、招运营商、招服务商；引入资金资本、引入智库平台、引入品牌企业、引入人才团队、引入 IP 项目。

资源的导入是推动全域旅游开发建设及落地运营的重要抓手，也是支撑其健康持续发展的关键因素。其中资金资本是最直接的推动因素，包括各类政府资金、政策性资金、开发性金融、商业金融、社会资本等；智库平台是重要的支撑力量，包括绿维规划设计院、网上设计院、绿维专家智库等；品牌企业起示范带动作用，包括各领域里有行业影响力的

181

企业；人才团队是最坚实的运营保障，包括旅游经营人才（中高端人才）、职业技术人才、旅游人才库、人才培训和教育体系等；IP 项目是项目活化的关键因子，范围极广，囊括了产业 IP、服务 IP、运营 IP 等各类可复制、可连锁的项目。

4. 建设规划设计

这一阶段需要在绿维文旅提出的新型规划设计模式基础上，充分发挥导入的服务方、运营方、建造方、投资方的优势，并结合其需求，为项目提供具有落地性、操作性的规划设计方案，具体服务内容包括修详规、旅游建筑/景观设计、设施设备包装设计、游憩方式设计、标识系统设计、商业模式与开发流程设计等内容。

5. 旅游 EPC 建造

针对旅游项目个性化、专业化强的特点，在建造上，绿维文旅采取 EPC 合同模式下承包商对设计、采购和施工进行总承包的模式，从而在项目初期和设计时就考虑到采购和施工的影响，避免设计和采购、施工的矛盾，减少由于设计错误、疏忽引起的变更，从而减少项目成本，缩短工期。服务内容主要包括工程项目的设计、采购、施工、试运行服务等。详见图 12-3。

建造板块——顾问EPC+总承包EPC

设计
规划设计/建筑设计
游乐设计/景观设计
环艺设计/展馆设计
温泉设计

采购
业主采购
建造商采购
联合体采购
专业分包采购

施工
建筑施工/滑雪施工
主题乐园施工
景观施工/环艺施工
展馆施工/温泉施工

图 12-3 建造板块——顾问 EPC+ 总承包 EPC

6. 开业引爆经营、辅导经营

建造完并不代表项目的结束，而恰恰是旅游项目最重要的阶段 ——

第五篇：绿维全域旅游的孵化体系

运营的开始。绿维文旅将为全域旅游下的重点引擎项目提供 1~3 年的保姆式创建辅导服务及运营支持服务，实现项目开业引爆、有效运营以及实时产品调整与资源导入。详见图 12-4。

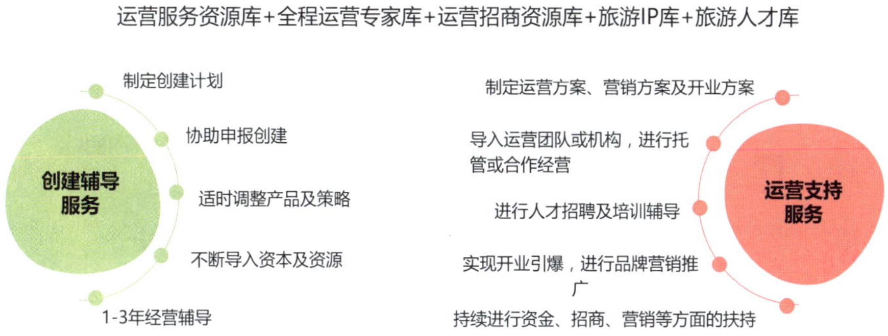

运营服务资源库+全程运营专家库+运营招商资源库+旅游IP库+旅游人才库

创建辅导服务
- 制定创建计划
- 协助申报创建
- 适时调整产品及策略
- 不断导入资本及资源
- 1-3年经营辅导

运营支持服务
- 制定运营方案、营销方案及开业方案
- 导入运营团队或机构，进行托管或合作经营
- 进行人才招聘及培训辅导
- 实现开业引爆，进行品牌营销推广
- 持续进行资金、招商、营销等方面的扶持

图 12-4　开业引爆经营、辅导经营

7. 业绩移交

通过 1~3 年运营辅导，实现整个运营班子的本地化、比较好的人流基础和收益现金流基础后，整体团队撤出，从而完成交钥匙、交团队、交现金流的全程孵化架构。

二、特色小镇孵化

（一）"双产业、三引擎、三架构"

以特色产业和旅游产业"双产业"为主导，以产业引擎、旅游引擎和互联网引擎"三引擎"相协调，聚焦自身优势的特色产业，延伸产业链，形成"产业本身＋产业应用＋产业服务"的泛产业集群结构；在特色产业的基础上，发展旅游产业，以旅游的十六业态为内容，打造泛旅游产业集群结构；依托通信和信息技术支撑，以游客互动体验为根本，以便捷优化管理为保障，发展智慧化旅游，促进产业结构升级。最后形成产业链整合架构、旅游目的地架构和城镇化架构"三架构"统一协调发展的新模式。

183

（二）特色小镇六大孵化内容

特色小镇的孵化器主要集合了特色产业孵化、旅游目的地孵化、"旅游+"孵化、土地综合开发孵化、房地产开发孵化、城镇化孵化六大内容，每一项孵化内容，都有其自身的服务规律。详见图12-5。

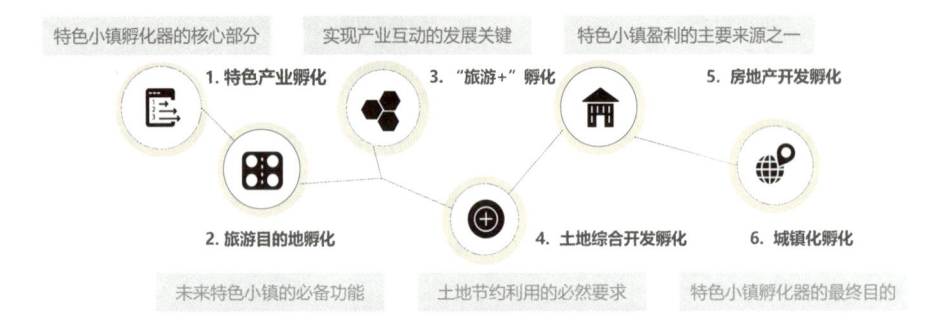

图 12-5　特色小镇的六大孵化内容

1. 特色产业孵化

特色产业孵化是核心部分，要经历科学的定位和选择、前瞻性的导入、精准的扶持和培育等过程，最终实现产业链整合的可持续发展。其孵化需要提供链条式服务，需要导入拥有强大人才、技术、产业资源的产业运营机构、园区运营机构、产业联盟或协会等运营平台。

2. 旅游目的地孵化

旅游目的地的孵化是一项系统工程，需以"塑造品牌形象"为首要，以"科学规划布局""创新产品开发"和"优化游线体系"为核心，辅以"旅游要素整合、营销推广创新、支撑体系强化"，导入旅游规划设计机构、旅游投资机构、运营服务机构、旅游人才培训、营销服务机构、智慧信息服务等平台，共同将特色小镇打造成泛旅游景区。

3. "旅游+"孵化

"旅游+"孵化主要依托其他产业，通过体验化、互动化、情景化的设计，提升附加价值，并做到休闲链条的延伸，需导入旅游服务、文化创业服务、互联网服务等机构和平台。

4. 土地综合开发孵化

土地的集约利用和综合开发对小镇的持续发展至关重要，需要导入土地开发机构、海绵城市建设机构、基础设施建造商等服务单位，通过市政基础设施开发，提升土地价值。

5. 房地产开发孵化

房地产开发孵化，将形成第一居所地产与第二居所地产、度假地产、商业地产、享老地产、客栈地产以及工业园区地产等相互支撑的多元地产创新发展模式。需导入销售机构、运营管理机构、度假地产联盟等运营机构，构建起地产开发、销售、运营的综合孵化结构。

6. 城镇化孵化

特色小镇发展的最终目的是实现城镇化的协调发展，需要导入政府机构、城市配套服务机构、城市运营服务机构，形成"政府＋企业"的合力，实现政府的城市管理运营和企业服务运营相结合的城市运营能力。其中，城镇化孵化除了交通道路、给水排水等公共基础设施，医疗教育、智慧系统等公共服务配套之外，还要注意公共事务、经济社会等城市管理及运营的配置。

三、IP 项目孵化

IP 项目孵化的成功需要市场、资金、服务、场地和运营。而在这一过程中，绿维文旅能相应地提供丰富的 IP 资源。在资金上，有绿维旅游投资管理有限公司 VC 基金 / 旅游专项投资基金提供支撑；在市场上，绿维文旅遍布全国，每年 1000 ＋ 的旅游规划设计项目可进行对接；在扶持力度上，绿维文旅邀请专家、企业家、投资人提供企业发展指导，联合政府职能机构建立便捷的政府服务平台，搭建法律、投资、培训、技术等专业服务平台；在场地上，绿维文旅创联能提供众创空间的咨询、策划、设计、运营一体化解决方案；在运营方面，绿维文旅助推 IP 项目搭乘旅游产业发展的东风，实现不断衍生和服务，实现跳跃式成长。同时，IP 项目的孵化及拓展也为绿维文旅规划项目提供了新的活力，从而实现共同成长。

全域旅游下的 IP 孵化项目细分领域，如表 12-1 所示。

表 12-1　孵化类型表

IP 类型			细分领域
项目IP	旅游产业	旅游产业	山水风光景区、主题公园、古镇古村、游乐项目（温泉、亲子）、旅游休闲餐饮、旅游综合开发项目、营地、夜间旅游、禅修、节庆活动、旅游商品设计/生产等
	产业融合项目	特色产业	产业双创基地等
		文化创意+旅游	文化演艺、文化剧场、文化创意、博物馆/特色展览、文创产业基地等
		康养+旅游	康复疗养医院、护理中心、健康产业人才培养机构、美容养生中心、老年社群团体等
		教育+旅游	学校、培训机构、亲子教育、老年教育、特殊教育、智慧教育等
		体育+旅游	赛事、活动、体育场馆、装备制造等
	地产项目	居住地产	主题酒店、民宿客栈、养老住区等
		商业办公地产	众创空间、联合办公、大师工作室等

第十三章　全域旅游下的"旅游项目管理"探索

随着全域旅游的不断推进和旅游管理体制的不断改革，全域旅游目的地的创建对其管理体系的创新提出了更高要求。绿维文旅认为全域旅游应以旅游项目管理为基础，深化旅游供给侧体制改革，优化政策环境，推进旅游投融资平台建设与全要素招商引资，高效整合旅游产业要素，强力推动多产业融合的"旅游＋"，引入新业态新技术新模式，从而高效推进旅游产业发展，实现旅游引导的区域经济综合发展。

从旅游资源调查到旅游资源包装为旅游产品，从旅游单体项目到综合开发项目，从项目谋划到项目招商引资，从开发建设落地到项目持续经营，需要一套管理流程与模式设计。具体包括旅游项目的识别、筛选、包装、立项入库、招商引资、报规报建、开发建设、验收开业、持续经营、政策扶持、有序管控等工作的管理。

绿维文旅经过多年实践探索，总结了一整套政府管理与市场化运营结合的"旅游项目管理体系"，研究和搭建了项目开发管理数据库，可以实现旅游项目的管理，并通过"旅游投融资网"推进项目对接落地，为区域全域旅游开发管理体系建设提供全面服务。

一、管理项目类型及管理架构

（一）全域旅游下旅游项目的类型

全域旅游发展下的旅游项目管理主要涉及六大类旅游开发项目：旅游基础设施建设项目、旅游公共服务设施项目、传统观光接待类旅游项目、其他产业"＋旅游"的产业融合项目、旅游城镇化项目、旅游新业态与新

IP 导入项目。详见图 13-1。

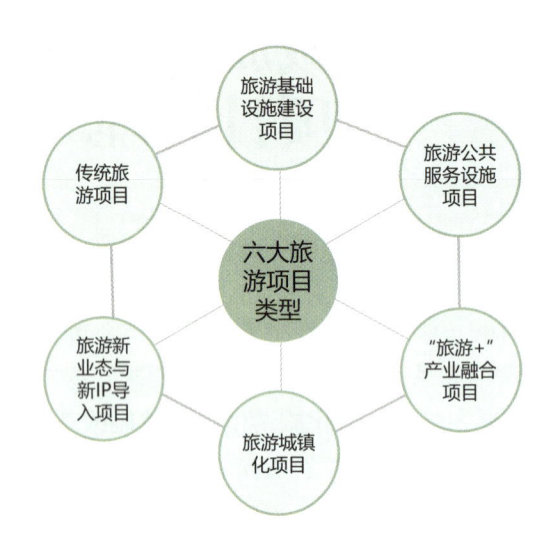

图 13-1　全域旅游下的六大旅游项目类型

（二）"旅游项目管理"的"3223"架构体系

基于全域旅游下的六大项目类型开发，以项目数据库作为基础系统，形成项目入库、规划推进、建设落实、验收开业的旅游产业发展全面管理结构，建立相应的项目管理系统，形成旅游产业促进工作。绿维文旅通过对山东省、河北省、池州市等地的旅游项目包装、招商推介、落地运营等工作的总结，形成了全域旅游下旅游项目管理体系架构。

1. "旅游项目管理"体系的搭建前提

首先，管理体系的建设要以党的十八大和十八届三中、四中、五中全会精神，十九大精神，习近平总书记系列重要讲话精神为指导，坚持五大发展理念，以全域旅游发展为核心，贯彻落实"旅游+"思想，提升地方旅游资源价值，推动和促进地方旅游产业发展和项目落地。

其次，管理体系的建设要坚持以市场需求为导向，深挖资源的市场价值；坚持站在投资商的角度，提升项目的商业价值；坚持把"旅游+"的产业融合理念落实在旅游项目当中，加速产业转型。

第五篇：绿维全域旅游的孵化体系

2. "旅游项目管理"体系的架构搭建

基于全域旅游下的项目开发，以项目系统作为中心系统，形成规划推进、建设推进、项目落地的旅游产业发展全面管理结构，建立相应的项目管理系统，形成旅游产业促进工作。以产业促进的工作为核心，有效实施旅游产业整合，从而实现以旅游消费为主导的带动区域发展的价值和功能。

绿维文旅基于实践，提出旅游项目管理体系由"三大工作体系、两大管理结构、两大数据库平台和三个标准化"构成。详见图 13-2。

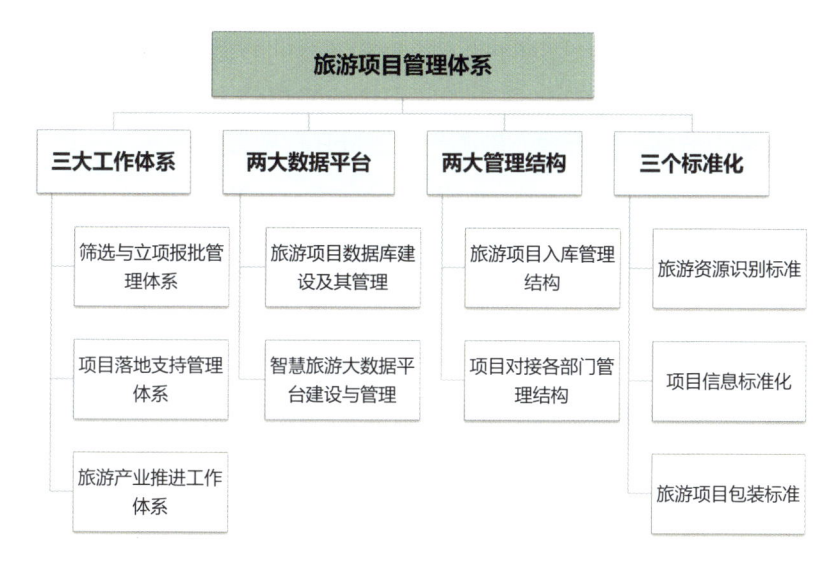

图 13-2 "旅游项目管理"体系架构图

二、"旅游项目管理"体系建设四步曲

基于项目的开发管理是旅游产业发展中最重要的工作，为了解决地方开展旅游产业开发建设管理的问题，绿维文旅从项目识别与包装到项目数据库建设，从项目筛选与立项报批到项目持续推进工作，形成了一体化项目管理体系的建设思路，为地方旅游发展提供重要的管理支撑。详见图 13-3。

图 13-3 "旅游项目管理"体系建设四部曲

该管理体系可用于深度挖掘旅游资源价值，将地方旅游项目形成系统化管理，形成可开发、易融资、多业态融合的旅游项目体系，建立旅游项目库，形成立项管理体系，加速引进战略投资者，实现地方旅游业的深入改革和发展，打造地方旅游产业投资开发项目群。

（一）项目识别与包装

1. 旅游资源识别

属于以下各类资源的，均可作为旅游项目开发的资源基础：

（1）地文景观。

独具特色的地形、地貌、自然变动遗迹。

（2）水域风光。

具有观赏、游乐价值的河流、湖泊、池沼、湿地、瀑布、温泉与冷泉、冰雪地。

（3）生物景观。

具有一定规模的树木、草原、草地、花卉地、野生动物栖息地。

（4）天象与气候景观。

天气现象与气候观察地：如日食、月食、海市蜃楼、云雾、避暑地、避寒地、极端与特殊气候显示地、物候景观。

（5）历史文物古迹。

具有一定历史价值或学术价值的人类活动、历史事件、文物的遗址遗迹。

（6）人造场馆或设施。

第五篇：绿维全域旅游的孵化体系

具有一定核心竞争力或可开发潜力的科技展馆、教学科研实验场所、康体游乐休闲度假地、宗教与祭祀活动场所、园林游憩区域、文化活动场所、建设工程与生产地、社会与商贸活动场所、动物与植物展示地、军事观光地、边境口岸、景物观赏点、聚会接待厅堂（室）、祭拜场馆、展示演示场馆、体育健身馆场、歌舞游乐场馆等。

（7）交通建筑。

具有历史、人文价值或游乐价值的桥、车站、渡口、码头、航空港、栈道。

（8）民俗文化。

具有丰富内涵与特色的地方风俗与民间礼仪、传奇故事、宗教活动、民俗节庆。

（9）城乡风貌。

历史文化名城、特色都市风光、田园风光、古镇村落等。

（10）特色饮食购物。

地方特色饮食、特产名品、购物街、市场、名店等。

2. 项目分类

根据项目投资规模、用地规模及区域重要性将项目分为单体项目、旅游综合开发项目和重大旅游专项项目三个一级类别，并基于资源识别形成二级类别。详见图13-4。

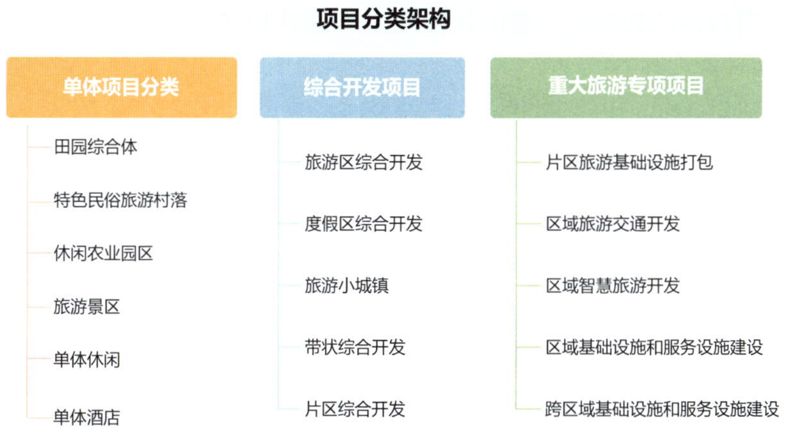

项目分类架构

单体项目分类	综合开发项目	重大旅游专项项目
田园综合体	旅游区综合开发	片区旅游基础设施打包
特色民俗旅游村落	度假区综合开发	区域旅游交通开发
休闲农业园区	旅游小城镇	区域智慧旅游开发
旅游景区	带状综合开发	区域基础设施和服务设施建设
单体休闲	片区综合开发	跨区域基础设施和服务设施建设
单体酒店		

图 13-4 项目分类架构

(1) 单体项目：县级项目投资规模 1 亿以上的，纳入单体项目。

(2) 旅游综合开发项目：旅游综合开发项目由若干相互关联的单体项目构成，拥有两类以上单体项目，同时项目建设用地 300 亩以上。

(3) 重大旅游专项项目：部分对带动区域旅游发展有重大意义的单体项目，多为基础设施项目、环境整治项目、特色风貌提升与旅游服务工程等，列为重大单体项目。例如，区域性的旅游基础设施打包项目、旅游景区公厕打包项目等。

3. 项目包装

绿维文旅通过实践，形成了一套项目包装体系，在汇总各地的项目申报和依据分类架构上，对省、市、县三级项目进行项目包装，包括项目投资价值分析、建立项目分类结构、项目投资估算、地域分布图等，将各市县项目群形成具有结构性的、可持续推进的、高投资价值的、具有战略发展架构的旅游项目体系，以项目招商为目的，实现项目投资价值的提升。

（二）项目数据库建设

基于筛选立项的省、市、县三级旅游项目信息和项目包装结构，搭建线上数据库，将项目入库梳理，形成标准式数据资源，让项目有图、文、数据、视频等多重表现形式，实现可统计、可分析、可动态化管理。并通过线上管理实现旅游项目按类查询、数据分析、投融资分析，最终实现旅游项目的数据化、智能化管理。详见图 13-5。

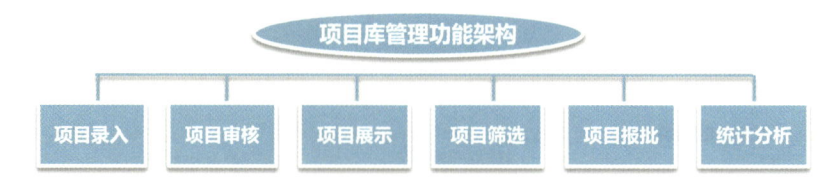

图 13-5 数据库管理功能架构

（三）项目筛选与立项报批

全域旅游项目筛选需要三层结构支撑：第一，项目落地支持政策的

第五篇：绿维全域旅游的孵化体系

梳理，通过梳理了解优惠政策，找准项目申请方向；第二，建立项目筛选标准，使真正优质的项目可以得到政策支持；第三，建立动态管理政策支持体系，定期从项目库选出符合政策支持的项目，达到可持续发展的目标。详见图 13-6。

1 项目落地支持政策梳理

- 梳理国家及"省市县三级"政府支持旅游产业的政策；
- 发改、财政、国土、交通、农业、文化、体育、金融等相关部门支持政策；
- 泛旅游产业及"旅游+"的各类扶持政策；
- 旅游招商引资优惠政策。

2 建立项目筛选标准

根据各支持政策，从中提取项目筛选标准，建立项目筛选标准库。

3 建立动态管理政策支持体系

- 将支持政策分类形成政策汇编，并提取可获得支持的旅游项目筛选标准，建立项目筛选标准库；
- 新政策、新支持、新标准，及时整理入汇编，增加项目筛选标准，以便及时推动符合标准的项目申请立项；
- 定期从项目库中筛选符合政策支持的项目。

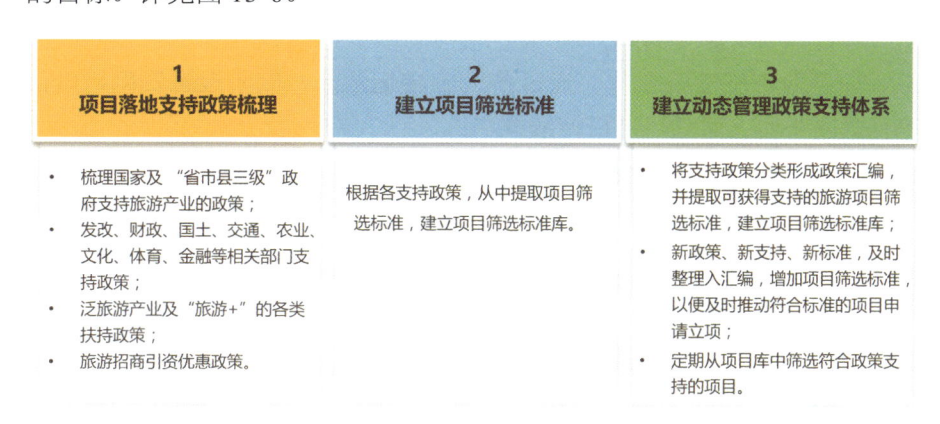

图 13-6　项目落地支持管理体系

项目筛选的过程中应该建立项目入库筛选结构和立项报批体系架构，详见图 13-7。

项目入库筛选结构

- 省级重点项目，可以优先获得和旅发委签订协议的银行等机构的支持；
- 国家旅游产业相关政策和扶持结构下的项目，可获得相关政策扶持；
- "旅游+"结构，提升项目价值的，可获得相应支持；
- 暂无支持的一般项目信息入库。

立项报批体系架构

- 确定项目立项报告要素；
- 对各类项目建立独立的立项与报批管理流程与方法；
- 部分项目后续对接发改委系统的立项管理、政府规划部门的规划管理、财税系统的财税政策和资金的相关管理、政府投融资平台的投融资支持等；
- 推动项目获取各部门的支持，完成项目落地。

图 13-7　项目筛选与立项报批

193

（四）项目持续推进工作

旅游项目推进工作，以落实项目开发为目标，形成长期的战略跟进，推进项目的开发落地工作，主要在以下六个方面进行持续推进。

1. 持续全要素招商推广

与各地市旅发委合作，通过各大旅游运营网、旅游投融资网、微信等互联网手段，对项目进行持续推广。

2. 旅游项目立项支持

对符合立项要求的项目，及时推进项目的后续立项包装，完成项目规划方案、项目建议书、项目可研报告、项目申请报告、资金申请报告、项目实施方案的撰写与上报。

3. 旅游金融支持工作拓展

旅游项目的推进工作中，最重要的是金融资本的对接，因此要完成（省市县三级）投融资平台建设，打造多元化项目融资渠道体系；召开旅游投融资对接会，通过邀请旅游行业的广大客商，实现投融资的有效对接。

（1）建设投融资平台。

由政府授权，通过存量资产划转、授权、专项资金注入和资产运作等方式，新设省市县三级旅游投融资平台公司，充分发挥政府专业化旅游产业投融资主体和国有资本运营主体的引领带动作用，以产权为纽带、以资源整合为手段，全力促进旅游项目落地，带动区域旅游产业发展。

（2）打造多元化项目融资渠道体系（详见图13-8）。

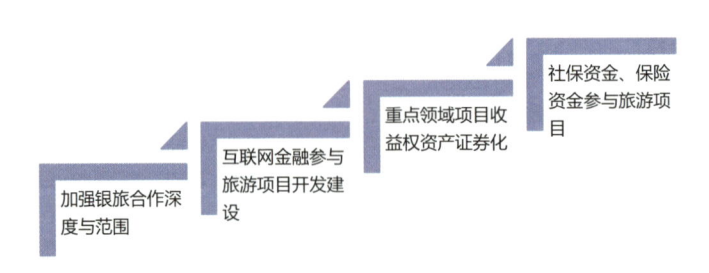

加强银旅合作深度与范围 → 互联网金融参与旅游项目开发建设 → 重点领域项目收益权资产证券化 → 社保资金、保险资金参与旅游项目

图13-8　多元化项目融资渠道体系

第五篇：绿维全域旅游的孵化体系

4. 旅游 PPP 项目推进

PPP 项目从项目识别、项目准备到项目采购可能只需几个月的时间，但是项目执行通常却需要几年，甚至几十年的时间，所以持续运作才是 PPP 项目成功的关键。在这一过程中要关注项目公司的设立、融资管理、绩效监测与支付，给予资本等资源支持，并制定定期评估机制，每 3~5 年进行一次中期评估。

5. 持续宣传推广及跟进辅导

区域旅游项目持续推广、新增重点旅游招商项目推广及辅导、项目与资本对接的持续辅导。

6. 旅游产业专家智库

旅发委组建旅游产业专家智库，构建开放式决策平台，强化"外脑"支撑，为区域旅游产业发展提供持续动能，及时解决旅游产业发展遇到的问题，突破旅游产业发展瓶颈，创新旅游发展模式。

举办旅游创新与发展论坛，邀请行业专家、投资商、金融机构以及媒体参加，讨论区域旅游的创新方式、突破点、投融资趋势及方式等，为区域旅游业发展方法、理念注入新鲜血液，为旅游业投资商与政府实现需求对接，达到共商共赢的目的。

三、"旅游项目管理"的服务支持

旅游项目面向市场的开发是个动态的过程，尤其在全域旅游发展背景下，更是一个持续管理的过程，从项目的包装管理到项目的招商引资对接，从项目的规划设计到项目的建造，从项目的开发完成到项目的持续经营，整个过程实际上是一个不断提升、不断调整、不断深化、不断进化的过程，而基于市场需求和当地实际，借力智库平台，对地方旅游开发项目实施有效的管理和支持，实际上也是地方旅游实现供给侧深化改革发展的重要过程和手段。

绿维文旅研究和搭建项目开发管理数据库，可以协助地方旅发委实现旅游项目和产品的识别、筛选、包装、立项入库、招商引资、持续管理等工作，并通过"旅游投融资网"推进项目对接落地，为地方旅发委项目开发管理体系建设提供全面服务。

在充分了解地方旅游资源价值、旅游发展整体规划及项目管理现状的基础上，可以为地方旅发委建立科学的、系统的项目管理体系方案，同时为地方各县市提供项目管理体系建设的技术支持与辅导培训，提升地方旅游项目策划和招商意识，深度挖掘地方旅游资源价值，策划包装具备投资价值的重点旅游招商项目。可以形成《××省旅游项目管理体系建设方案》、××省旅游项目库、旅游项目管理数据库授权使用版、《××省重点旅游投资招商项目手册》《××省旅游投融资白皮书》《××省重点旅游投资招商项目》视频宣传片等多项成果。

第六篇

绿维全域旅游案例篇

第十四章

绿维全域旅游典型案例

第十五章

池州全域旅游发展规划

第十四章 绿维全域旅游典型案例

绿维文旅围绕全域旅游，从全域旅游的架构、全域旅游的项目包装、全域旅游落地运营、全域旅游投融资等方面进行了深入研究，在全域思维、基础支撑、发展架构、核心理念、运营模式、服务体系等方面形成了一系列研究成果和服务模式，用创新的全域旅游思维和服务模式，为兴化市、红河州、云阳县、池州市、巫山县等各地旅游发展，提供了顶层设计和部分孵化服务，并推进了部分项目的落地实施，为今后全域旅游建设积累了宝贵的经验。

第一节 红河州全域旅游发展规划

红河哈尼族彝族自治州位于中国云南省东南部，北连昆明，东接文山，西邻玉溪，南与越南社会主义共和国接壤，北回归线横贯东西。从地理与经济区位来看，红河州是中国走向东盟的陆路通道和桥头堡、中国与东盟国家开展经济合作的重要平台；从旅游区位来看，它是云南省两大旅游发展带之一、云南世界遗产聚集区、滇中国际旅游圈辐射区。虽然"高原+河流+梯田+口岸+工业+古城"等多维资源高度组合，并初步确立了旅游产业作为第三产业龙头的主导地位，为红河州发展全域旅游提供了良好的基础，但是由于地域范围广，也存在着资源整合难度大的问题。通过全域十大体系的诊断，项目组发现红河州距离全域旅游目的地还有很大差距：

第一，交通瓶颈仍未打破；第二，产品供给与业态创新不足；第三，公共服务配套滞后；第四，市场主体小散弱差；第五，资源优势没有转化成产业经济优势，综合效益偏低；第六，体制创新与综合治理机制尚未形成；第七，产业深度融合不足；第八，总体投入不足，融资机制有待创新等。

针对这些问题，绿维文旅提出以"结构优化、转型升级、提质增效、融合发展"为主线，以重点区域与重大项目建设突破为核心，以要素服务升级与市场主体培育为重点，以产业融合与业态创新为支撑，以基础设施与公共服务体系优化为关键，以品牌创建与整体营销为推力，以管理体制改革与治理机制创新为保障的核心发展思路。

通过"旅游+"，构建了以特色农业产业、旅游休闲产业、文化创意产业、养生养老产业为核心的泛旅游产业体系，最终推动旅游产业发展成为红河州的战略性支柱产业和全州经济发展的新引擎。

在规划层面，项目组确定了"云上梯田，梦想红河"的总体定位，并提出了构建"一心、三带、四区"全域发展空间的思路："一心"即红河州全域旅游综合服务中心；"三带"即红河谷亚热带风情旅游体验带、滇越铁路"米轨时光"精品旅游体验带、石蒙走廊滇南风情旅游带；"四区"即一湖两城古城度假旅游区、洞天福地康体商务旅游区、中越边境异域风情旅游区、哈尼梯田世界遗产旅游区。详见图14-1。

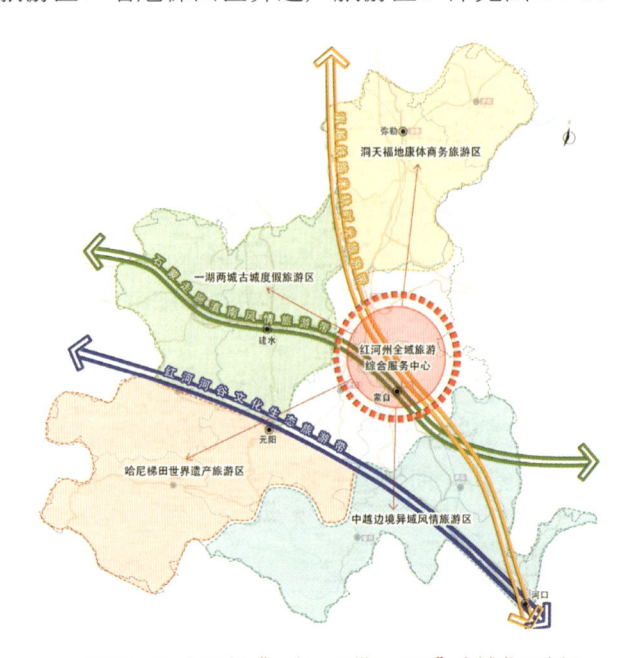

图 14-1　红河州"一心、三带、四区"全域发展空间

第六篇：绿维全域旅游案例篇

在建设层面，绿维文旅提出，通过重点示范区（带）打造工程、品牌引领工程、景区提升及新业态培育工程、自驾车旅游体系建设工程、公共服务配套优化工程、要素服务升级与旅游市场主体培育工程、富民与城乡环境整治工程七大抓手，实现红河州全域旅游的整体构建（详见图14-2）。从而将红河州打造成昆玉旅游文化产业经济带建设上的"新奇兵"、云南旅游新方向和新兴的重要旅游目的地、国家全域旅游发展示范州、国内外著名的区域性国际休闲养生度假目的地。

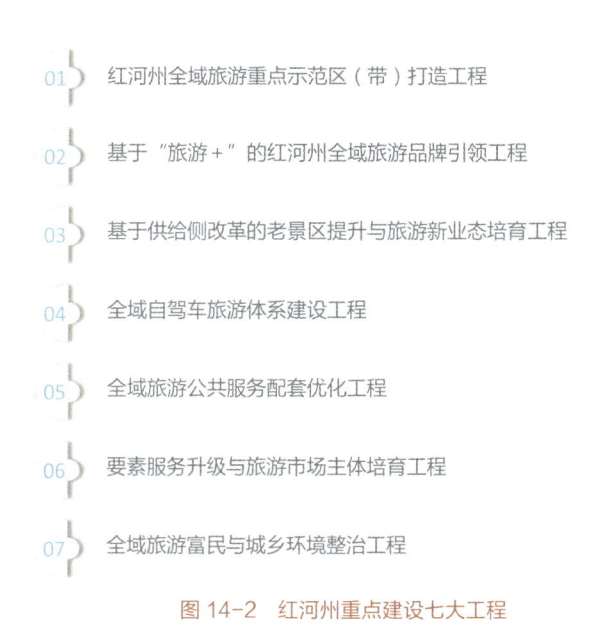

01 红河州全域旅游重点示范区（带）打造工程

02 基于"旅游+"的红河州全域旅游品牌引领工程

03 基于供给侧改革的老景区提升与旅游新业态培育工程

04 全域自驾车旅游体系建设工程

05 全域旅游公共服务配套优化工程

06 要素服务升级与旅游市场主体培育工程

07 全域旅游富民与城乡环境整治工程

图 14-2　红河州重点建设七大工程

第二节　兴化市全域旅游发展规划

兴化市位于长江三角洲北翼，地处江苏省中部，江淮之间，里下河地区腹地，北与盐都隔界河相望，是长江三角洲旅游经济圈的重要组成部分。大自然的厚爱和历史文化的眷顾，赋予了兴化瑰丽多姿的旅游资源。借助国家全域旅游示范区创建的浪潮，兴化市果断提出"全域旅游"的发展思路，并经国家旅游局批准，成为"国家全域旅游示范区"首批

201

创建单位。

2016年2月18日，在兴化市"国家全域旅游示范区"创建工作动员会议上，兴化市出台《关于开展"国家全域旅游示范区"创建工作的实施意见》（简称《意见》），清晰描绘出"全域旅游"的发展宏图。力争通过2~3年的努力，各项指标达到全域旅游示范区创建标准，实现全域景观化、景区内外环境一体化、市场秩序规范化、旅游服务精细化。

2017年6月兴化市委托绿维文旅编制《兴化市全域旅游发展总体规划》，经过前期的充分调研、头脑风暴与后期的反复推敲，项目组提出兴化全域在操作层面的"1+2"规划结构，空间层面的"1+3"空间关系，实现了规划内容、编制方式和编制水平的创新以及规划模式和规划体系创新；体现了城市规划的空间性、专项规划的实施性、区域发展的整体性、旅游规划的创意性，同时也体现了项目规划的支撑性。详见图14-3。

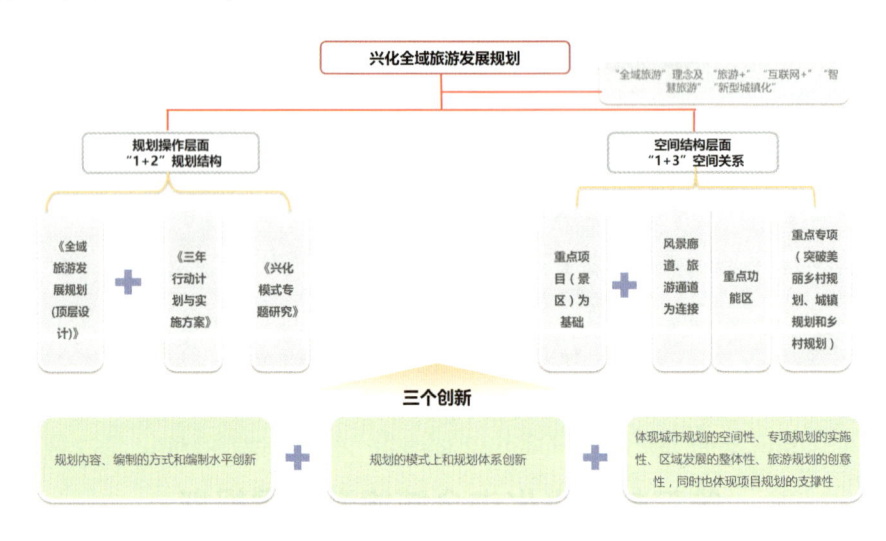

图14-3 兴化市全域旅游发展规划内容

首先，通过问题导向，将兴化市旅游发展现状与《江苏省"国家全域旅游示范区"创建工作评价指数》进行逐项量化对标。据雷达图显示，目前兴化市与"国家全域旅游示范区"的差距，主要是全域旅游规划引领、旅游公共服务体系建设、旅游综合管理、旅游项目建设与旅游产品供给、"旅游+"产业融合、旅游业态发展六个方面差距较大，有待进一步建设

第六篇：绿维全域旅游案例篇

提升。详见图 14-4。

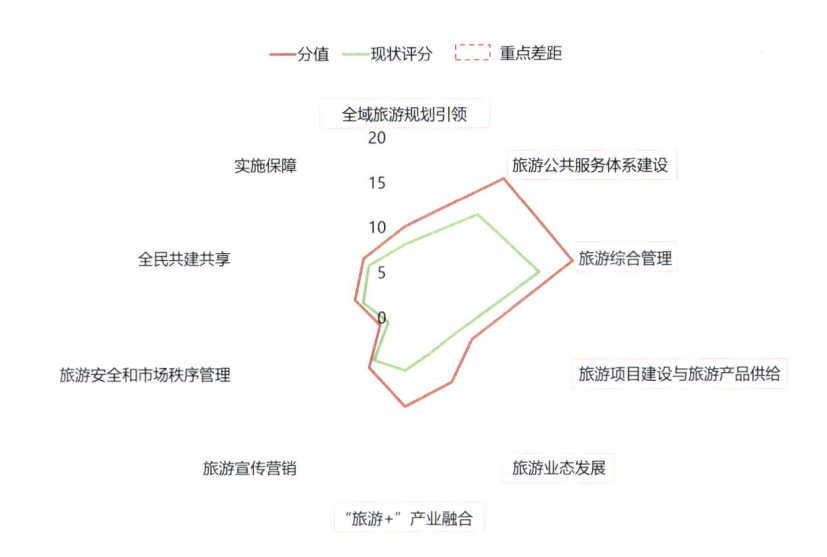

图 14-4　兴化旅游对标评分图

通过以上六个方面的对照总结，绿维文旅提出兴化发展的三大战略重点：加大改革创新、丰富产品业态、狠抓公服设施。详见图 14-5。

图 14-5　兴化全域旅游发展重点

203

其次，通过文化引领，深入挖掘项目地的文化资源与文化意象，并通过文化提取，提出"钥匙三寻"的项目发展思路。详见图14-6。

图 14-6　项目发展思路

在总体发展思路的指导下，本项目确定以创建水林千垛旅游度假区、金银街历史文化街区两大国家 5A 级景区为核心，以水乡田园、生态资源、兴化生活方式为依托，打造集水乡休闲、生态度假、文化研学、健康养生、特色美食、会议商贸等功能为一体的、综合性的国际知名生态小城。

再次，以兴化生态、历史、产业为基础，依托立体交通网络，创新空间发展，打造兴化全域旅游发展布局：一心为基、双核驱动、四廊联通、四区崛起、多点联动。详见图 14-7。

最后，创立兴化模式，以"一个顶层设计＋两个共享＋四个创新＋八个全面"来推进兴化市全域旅游。详见图 14-8。

第六篇：绿维全域旅游案例篇

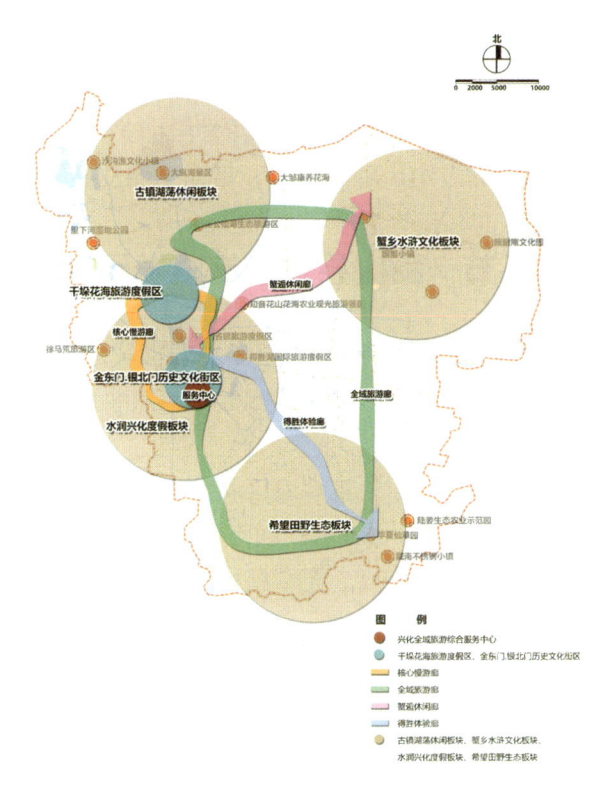

图 14-7　兴化市全域旅游空间发展格局

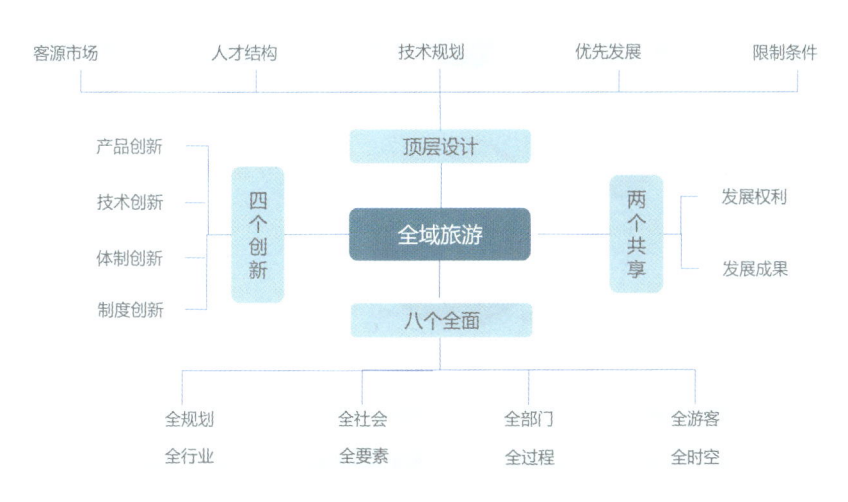

图 14-8　兴化全域旅游发展模式

205

在推进过程中，树立水林千垛、名流兴化两大龙头品牌产品，推进生态观光、文化休闲、休闲度假、乡村旅游四大全域支撑产品的创建，拓展四季节庆产品和不夜兴化产品两大四季全时产品，并组织四条主题性的全域旅游线路。通过重点项目先行，带动全域发展的宏伟蓝图。

第三节 巫山县全域旅游发展规划

"曾经沧海难为水，除却巫山不是云。取次花丛懒回顾，半缘修道半缘君。"元稹的这首《离思五首·其四》可谓家喻户晓，而诗中的巫山就是现在的重庆市巫山县。

巫山县位于重庆市东部，处三峡库区腹心，素有"渝东北门户"之称。地跨长江巫峡两岸，东邻湖北巴东，南连湖北建始，西抵奉节，北依巫溪。巫山县全境2958平方千米，蕴藏着驰名中外的风景名胜区，旅游资源十分丰富。"一江碧水、两岸青山、三峡红叶、四季云雨、千年古镇、万年文明"是对该县旅游资源的高度概括。受重庆市巫山县旅游局委托，绿维文旅承担编制巫山县旅游运营及总体规划，并在项目编制过程中总结了巫山发展的"顶、新、道、爆、综"模式。详见图14-9。

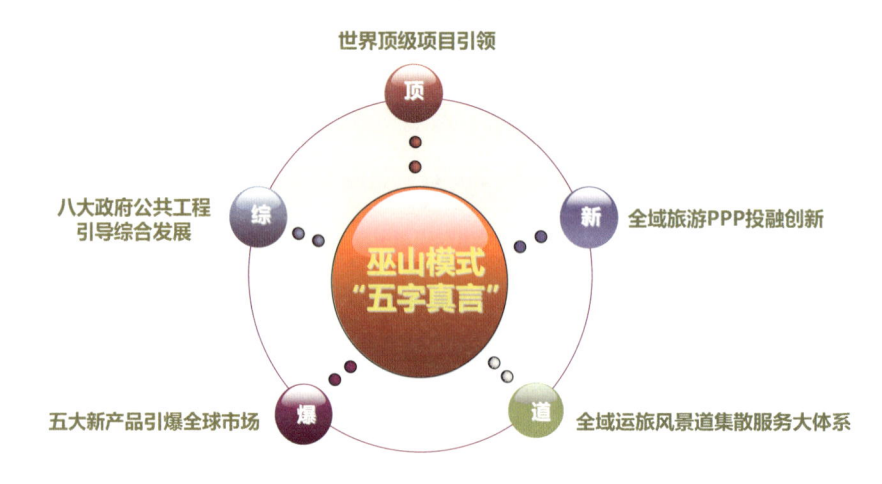

图14-9 全域旅游的巫山模式

顶——世界顶级项目引领：世界遗产申报及世界遗产旅游目的地系统整合。以巫山十二峰（自然）、巫山龙骨坡和大溪文化遗址世界（文化）遗产为核心形成一整套遗产旅游目的地系统，包括自然遗产和文化遗产。

新——全域旅游 PPP 投融资创新：由中国健康产业基金提供政府平台融资（50 亿~200 亿），绿维旅游建设集团（筹）提供建造服务及部分商业项目投资，绿维文旅提供规划设计服务、招商引资服务、托管经营服务；构建全面战略合作，实现 1 年大见成效，3 年成为国际旅游目的地目标的跨越式发展。

道——全域运旅风景道集散服务大体系：四大运动旅游一体化交通服务体系（全域自驾风景道服务系统、全域骑行风景道服务系统、全域跑步道服务系统、全域观揽、登山与穿越步道服务系统）；交通的集散服务体系——一个集散中心（包括自驾、骑行、跑步、徒步穿越、郊野运动等俱乐部中心服务），3~4 个次中心，9~15 个服务节点。

爆——五大新产品引爆全球市场：小三峡景区，壮美峡江引爆白天市场；神女景区，感受神女文化的魅力；光影巫山，引爆夜间市场；当阳大峡谷，打造全国户外运动体验基地，引领运动休闲潮流；龙骨坡遗址文化公园，高科技体验神秘的远古文化，引领科考热潮。

综——八大政府公共工程引导综合发展：体制改革与政策扶持工程、旅游环境整治工程、智慧旅游工程、文旅创客工程、旅游扶贫工程、特色小镇工程、特色乡村工程及"旅游+"工程。

第十五章　池州全域旅游发展规划

第一节　编制过程与孵化创新

近年来，有着"中国第一个生态经济示范区""中国优秀旅游城市""安徽历史文化名城""皖南国际文化旅游示范区核心区""全省首家获批开展全国低碳城市""全国海绵城市建设试点城市""首批列入国家全域旅游示范区创建城市"等金字招牌的池州市进了"二次创业"。池州市成立了由市长任组长的市促进旅游业改革发展领导小组，推动池州旅游创新发展，探索全域旅游"池州模式"。绿维文旅有幸参与到这一过程中，并与北京中科景元城乡规划设计研究院、池州政府一道探索出了"规划＋后期持续孵化"的创新模式。

一、池州全域旅游规划编制

本规划的编制过程即是池州全域旅游推动的创建过程。

2016年2月，池州市被列入国家全域旅游示范区首批创建名录。池州市主管领导与池州旅发委领导走访了包括北京中科景元城乡规划设计研究院与绿维文旅在内的多家旅游规划设计院，为池州全域旅游规划的编制遴选国内一流规划团队。

2016年6月16日，以中国旅游智库秘书长、北京中科景元城乡规划设计研究院院长石培华为组长，北京绿维文旅控股集团董事长林峰为副组长的池州市全域旅游发展规划编制项目组进驻池州，对池州市旅游资源和产品线路进行全面考察调研，并分别召开各县区、市直相关部门座谈会及旅游景区、旅游企业、重点乡镇座谈会，标志着池州市全域旅游发展规划编制工作正式启动。

2016年6月29日，在池州市人民政府的大力支持下，池州市全域旅游发展规划编制工作对接会召开，规划编制单位结合在各县区、景区调研情况，汇报了规划编制思路和工作安排，得到市领导的认可。

2016年8月，规划编制组再一次深入池州，进行市场调研以及《大数据报告》的编制。

2016年9月3—5日，项目编制组进行了第一次项目汇报，同时池州市政府召开池州全域旅游创新发展研讨会，重点研讨池州全域旅游发展思路和举措。详见图15-1。

图15-1 池州市全域旅游发展规划大纲汇报会

2016年9月至2017年3月，池州市政府与项目编制组进行了多次汇报交流，不断修改完善。

2017年3月7日，由绿维文旅和北京中科景元城乡规划设计研究院联合编制的《安徽省池州市全域旅游发展规划（评审稿）》按期完成，成果汇报及评审会在池州召开。项目评审专家组通过了规划评审，并高度评价：这是一个在全域旅游方面的创新性规划。

池州市政府高度重视本次全域旅游规划的编制工作。由雍成瀚市长亲自参与，副市长桂林全力组织规划编制，用时7个多月，完成了《池州市全域旅游发展规划》《池州市全域旅游三年行动计划与实施方案》《池州市全域旅游专项规划》《池州市推进全域旅游的指导意见》《池州市全域旅游发展模式研究》等一系列成果。

二、池州全域旅游孵化创新

2016年5月3日，池州市委中心组围绕"推进全域旅游发展"主题，召开了学习会议。北京中科景元城乡规划设计研究院院长石培华、北京绿维文旅控股集团董事长林峰，做了专题辅导报告。

2016年9月4日，池州市政府创新智库建设工作，在全省率先成立市旅游改革发展咨询委员会，邀请国内文化旅游知名专家、学者和企业家，为池州旅游业发展提供智力支持，并与现代旅游业发展协同创新中心签约设立全国首个全域旅游监测研究基地。2016年9月5日，池州市人民政府与北京绿维文旅控股集团有限公司董事长林峰、北京中科景元城乡规划设计研究院院长石培华、中国健康产业投资基金管理股份有限公司董事长刘青山、全经联（北京）产业孵化器有限公司主席杨乐渝、昆吾九鼎投资控股股份有限公司华中分公司投资副总监张雷、北京中兴通控股有限公司董事长朱元涛在池州签订《关于池州市全域旅游创新投融资模式战略合作协议》。

本次战略合作的签订是全域旅游规划编制中直接导入投融资创新合作的首例和创新突破，是全国首个在全域旅游规划过程中直接导入资本的项目，实现了一边规划、一边推进的重大突破。

2016年12月28日，池州市全域旅游全要素项目招商发布会举办，发布了《池州市全域旅游规划》简本及《池州市重点旅游项目投资招商手册》，并与安徽知徽堂度假村经营管理有限公司、姑苏园林控股集团、北京华彬天星通用航空有限公司、安徽华坤文化旅游发展有限公司等6家企业进行了现场签约。详见图15-2~图15-4。

第六篇：绿维全域旅游案例篇

图 15-2　池州市全域旅游全要素项目招商发布会

本次活动完成了全域旅游全要素项目招商发布，拉开了 2017 池州"旅游项目建设年"的序幕。发布会启动了总规模达 2000 亿元的全域旅游招商活动，推出了 11 大专项基础建设项目、11 大区域开发综合体项目、9 大主题度假区项目、53 个单体项目、70 个 A 级景区项目及 58 个城镇村综合开发项目。

图 15-3　池州市全域旅游全要素项目招商发布会

绿维文旅与池州市政府、池州市旅发委一直保持紧密的合作关系，围绕景区提升、综合开发、特色小镇、PPP 项目等方面进行了深入沟通，拟在池州成立皖南全域旅游孵化中心。

211

图 15-4　池州市全域旅游全要素项目招商发布会

池州，是绿维文旅孵化的第一个全域旅游城市。从 2016 年 3 月开始，绿维文旅参与编制了池州全域旅游的顶层设计、投融资规划，并提供了投资商和开发商导入服务。从"被列入国家全域旅游示范区首批创建名录"，到"全域旅游规划编制"，到"创新投融资模式战略合作"，到"全要素招商引入活动"，到"全域旅游创建孵化"，一年多时间，绿维文旅与池州市政府就池州全域旅游孵化落地推进方面，保持紧密合作，并不断达成新的合作共识。

综上，从顶层设计，到战略合作，从投融资模式创新，到全要素招商，从行动计划、专项规划，到重点项目开发运营孵化……绿维文旅与池州市政府的合作进入深化阶段，一种全新的全域旅游服务模式正式诞生。双方正以"改革、创新、先行"的理念，共创全域旅游改革试验区，打造全域旅游发展"池州模式"，推动池州旅游"二次创业"，力争池州全域旅游成为安徽全省先行区、改革创新示范区、文化旅游融合引领区和旅游公共服务建设模范区。

第六篇：绿维全域旅游案例篇

第二节　发展规划（简本摘录）

本次规划范围覆盖池州市全境，规划面积约 8399 平方千米。规划期限为 2016—2025 年。本规划是统筹推动池州市全域旅游发展的纲领性文件，确立了建成世界佛教观光胜地和国际生态休闲城市的目标，制定了深入实施"旅游兴市"战略的总体蓝图，是明确池州市旅游发展新目标与新任务的方向指引，是探索池州市旅游产业发展新模式的总体部署。

本次规划目标是：

满足全域旅游创建要求，引领池州旅游突破发展。推进国家全域旅游示范市和全国旅游标准化示范市的创建，引领池州市旅游产业的突破升级，力争池州市全域旅游成为安徽全省先行区、改革创新示范区，将旅游业建设成为池州市的战略性支柱产业。

研究与推出全域旅游的"池州模式"。以"顶层设计""旅游+""互联网+""投融资平台""旅游引导的新型城镇化"的新思维重新审视和统筹规划池州全域旅游发展思路，构造立体旅游发展架构，形成引领全市发展的新模式、新动能、新产业，建设国家生态经济示范区、世界级旅游目的地、美丽中国建设先行区。

本规划形成《池州市全域旅游发展规划》《池州市全域旅游三年行动计划与实施方案》《池州市全域旅游专项规划》《池州市推进全域旅游的指导意见》《池州市全域旅游发展模式研究》五大成果。

池州全域旅游发展规划编制分为三大部分：池州基础分析——全域旅游规划"五观"，十大规划体系——池州全域旅游规划结构，保障体系——池州全域旅游实施保障。详见图 15-5。

一、池州全域旅游分析篇

（一）资源观

总结池州旅游资源六大特点：一是吸引力广。拥有三大世界级旅游

池州基础分析 全域旅游规划"五观"	十大规划体系 池州全域旅游规划结构		保障体系 池州全域实施保障
资源观	定位体系	空间体系	投融资保障
市场观	产品体系	要素体系	现代改革治理
要素观	基础设施和公共服务体系	城镇乡村体系	政策支撑
竞合观	市场营销体系	产业体系	人才建设
发展观	文化与环境保护体系	区县导则与创建体系	多规合一

图 15-5　池州全域旅游发展规划编制体系

吸引物和品牌，分别为九华山国际佛教文化胜地、牯牛降和升金湖生态旅游、杏花村—秋浦河的诗意乡村。二是竞争力大。池州旅游资源品位高、影响力大、吸引力强，在空间上和时间上组合度好。三是拓展力强。资源和产品丰富，发展"旅游+"和"+旅游"条件得天独厚，健康养生、体育运动、富硒农业、养老产业等优势突出。四是引领力宽。旅游业是池州市委市政府的三大重点战略产业之一，"旅游兴市"确定为全市总体发展战略，有条件发挥旅游业的龙头引领统筹作用。五是支撑力足。池州全域的交通等基础设施完善，市域综合实力不断提升，临近经济较发达地区，具有很好的市场依托，发展全域旅游有需求支撑力。六是生命力盛。池州具有一流的生态环境和深厚的历史文化底蕴，山水景观和自然生态环境优美，人文社会环境平和优雅，是世界上最宜居的诗意山水田园城市。详见图 15-6。

1. 全域视角下的旅游资源分析

资源分布全域化、形态多样化。从全域旅游资源的空间观上看，池州旅游资源分布广泛，有 36 个 A 级景区，覆盖全域，类型多样，涵盖八大主类旅游资源，生态资源、人文资源优势互补。形成环池州城区旅游资源富集区、环九华山旅游资源富集区、升金湖旅游资源富集区、牯牛降旅游资源富集区、霄坑—风景岗旅游资源富集区五大旅游资源富集区，滨长江区域的旅游资源融合区，石台与青阳等产业资源较多的旅游资源拓展区。

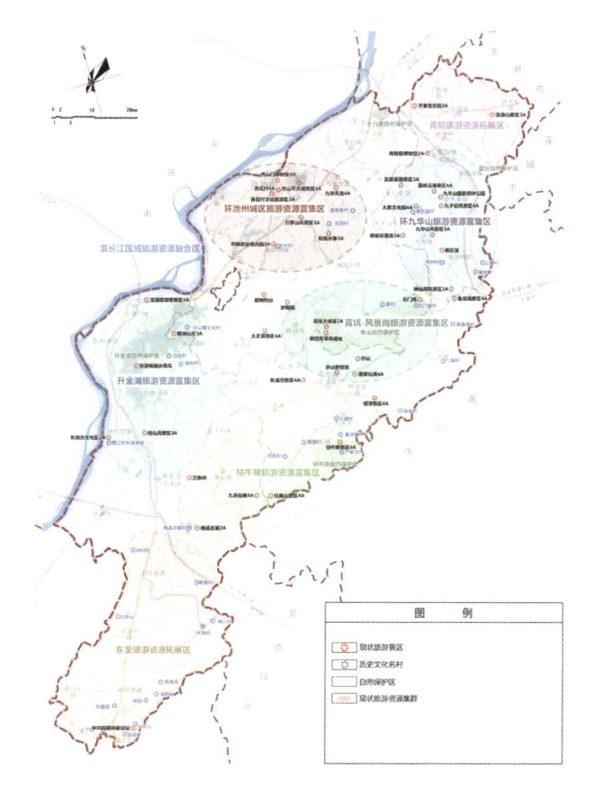

图 15-6 池州市全域旅游规划资源格局分布图

资源游览四季化、全天化。在全域旅游时间观下看，池州具有全年候、全天候的旅游价值。有最美的春天、避暑的夏天、诗意的秋天、民俗的冬天，四季旅游的综合价值高。星空、月亮、日出、日落等气象旅游资源突出，适合构建全天旅游时间价值。以早读、早练、早茶为代表的健康早间时光；以九华素食、臭鳜鱼等为代表的美味午间时光；雅致惬意的下午时光；以平天秋月为代表的浪漫夜间时光，四时旅游资源价值突出。

资源价值层次化、差异化。在全域旅游资源观下，池州旅游资源具有整体性、景观性的观光价值，整体景色优美，山岳、湖泊、田园、城镇、乡村、文化等旅游资源具有多层次、多样性的价值，是发展休闲度假、养生养老、户外运动、养眼观光、养神禅修极佳的养生康体环境。

资源品质国际化、本土化。从主客共享的角度看，世界性吸引力的旅游资源和丰富的地方性景区，形成国际化、本土化的资源价值，面向不同层次客群，实现全面共享。

资源利用发展化、创新化。池州地方特色娱乐活动类型多样，特色村落众多；非物质文化遗产资源40个；国家级文物保护单位达41处、市级文物保护单位26处。资源利用方面需挖掘佛教文化、诗词文化、民俗文化的价值，通过创新活化与展品转化，与文化创意、演艺娱乐、特色购物、文化度假等进行结合，释放具有市场吸引力的旅游产品。详见图15-7。

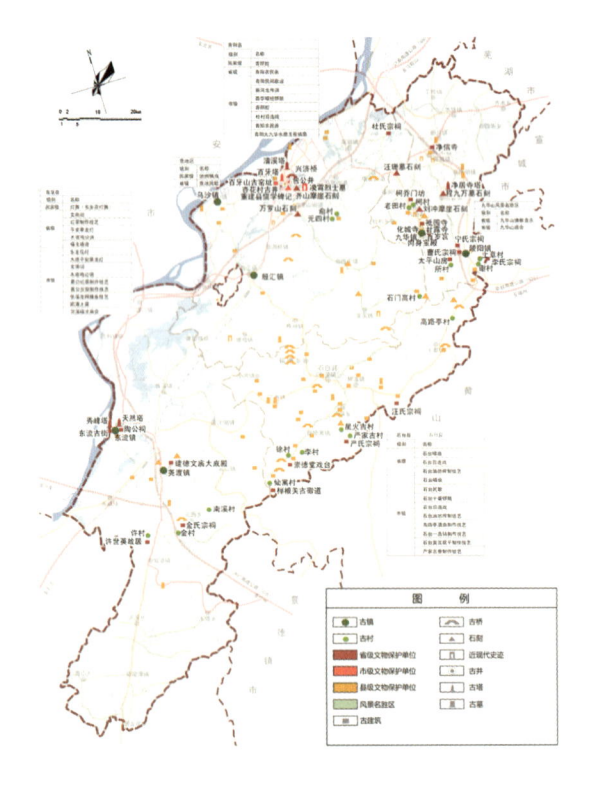

图15-7 池州市全域旅游规划历史文化资源分布图

2. 资源新价值发掘

发掘山地避暑度假。挖掘霄坑与风景岗等山地度假资源，突破池州

第六篇：绿维全域旅游案例篇

避暑度假与山地度假局限，推动池州由观光向休闲度假突破；发展富硒旅游。结合石台牯牛降、仙寓山等核心景区，以富硒、生态为基础，培育池州的"硒有生活区"，大力发展富硒康养度假与健康产业；构建大九华旅游格局。整合九华山周边旅游资源，架构大九华完整格局，依托佛文化核心，激活山前，带动形成环九华环线。构建全域自驾交通。挖掘池州交通道路资源价值，提升或新建礼佛公路、山岳最美道路、徽池古道、古驿道等主题公路，形成环九华环线、环升金湖环线等核心景区交通环线（详见图 15-8）；打造唐宋风韵的生活意境。依托杏花诗村与秋浦诗河，形成"一城山水满城诗"意境下人文、生态、城市三位一体完美结合的唐风宋韵城市（详见图 15-9）；放大绿色运动会价值。依托绿色运动会，通过不同赛事的举办和运动设施场地的建设，形成池州全域运动，让全域旅游从全民运动开始。

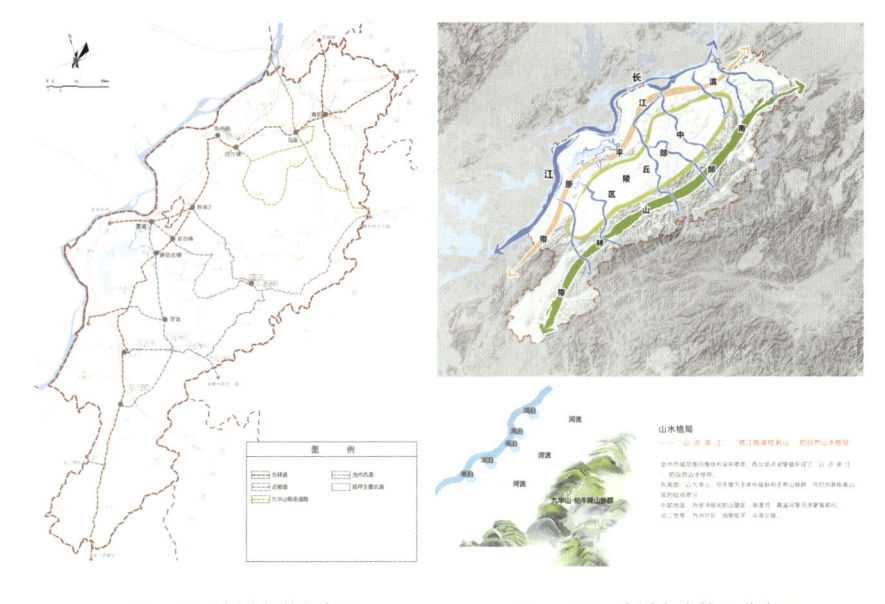

图 15-8 池州古道分布图　　图 15-9 池州山水格局分布图

（二）市场观

1. 旅游总体现状与趋势分析

新形势下，国民旅游需求不断释放，旅游消费持续升温，产业投资和创新更加活跃。大众旅游时代、休闲度假时代、要素旅游时代、全域旅游时代四重叠加之下全国旅游市场井喷式发展，并出现多类趋势与特征，具体表现为："观光式"到"体验式"多元化、个性化；散客化时代全面到来；私人订制渐成主流；非标准住宿成为新触点；旅游购物成为热点旅游模式；旅游行业细分市场再升级；目的地主题游更受青睐；线上旅游消费将继续渗透。未来旅游市场中，文化体验、休闲度假、乡村旅游、自驾车旅游、生态观光、养生养老、亲子等特色主题旅游将是旅游热点市场。

2. 池州市旅游市场现状与结构分析

产业基础进一步夯实。2016年实现旅游收入545.29亿元，旅游人次5173.63万人次，国内旅游人次、入境旅游人次增速放缓；入境旅游市场较小，入境游客以我国港澳台、韩国市场为主；入境旅游主要集中在九华山、贵池、青阳等区域，需要进一步开拓国际市场。

各区县旅游发展不平衡。青阳、九华山、贵池整体发展水平高；贵池区和青阳县旅游接待量和旅游收入明显高于其他县区，占全市游客量和旅游收入的60%和68.45%。九华山是池州旅游的绝对龙头，旅游发展成熟，主要指标增长相对缓慢。详见图15-10。

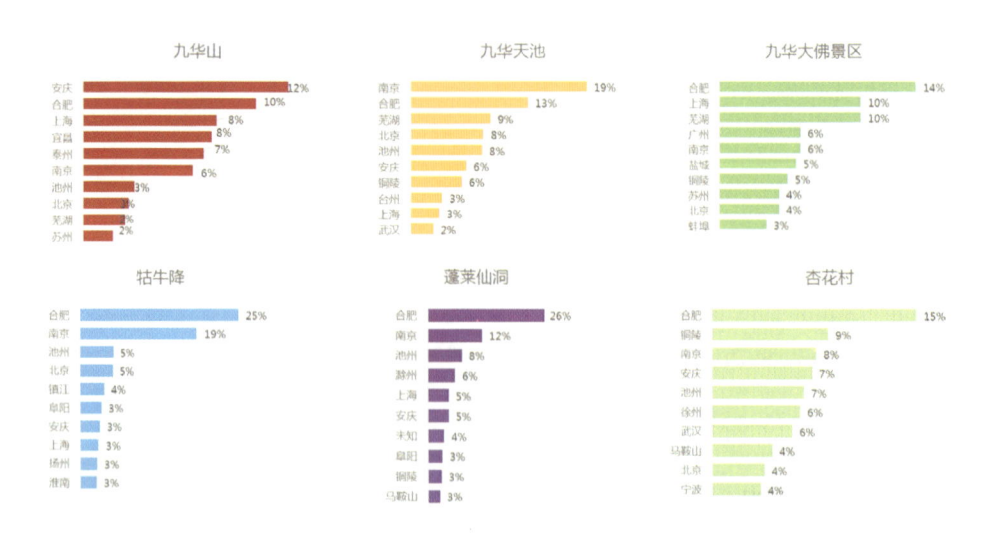

图 15-10　池州各景区十大客源地占比数据

游客年龄结构方面，以20~35岁为主，受教育程度普遍较高；游客消费方面，人均消费多在500~1000元之间，逐渐从中低端向中高端过渡；旅游时间方面，一天到两天的旅行时间是游客的首选，一般会选择方便快捷的高铁和城际大巴；游客出行意愿方面，九华山具有核心吸引力，牯牛降和杏花村作为新兴力量逐渐崛起。游客最感兴趣的是富硒度假谷、霄坑，其次是特色主题乡村、升金湖滨湖度假。

旅游总体客源市场相对集中。主要是安徽及长三角区域，各主要景区游客分布与池州整体一致。省内旅游市场以皖南市场为基础，游客主要来源于合肥市场；其他省外市场则主要来源于长三角市场，京津冀市场、成渝市场、华中市场有零星分布，国内市场需要进一步开拓。详见图15-11。

图15-11 池州客源市场分布

3. 池州市旅游供给评价与游客满意度分析

总体评价：游客对池州景区景色较为满意，差评主要集中在景区管理与景区内部设施与服务。

区县旅游评价：青阳县由于临近九华山，评论最多，东至县由于资源开发不足，游客少，获得的评论较少。青阳县的好评率最高，石台县好评率较低，旅游服务有待提升。

主要景区旅游评价：对九华山、牯牛降、杏花村、蓬莱仙洞、九华天池、怪潭等代表性的旅游景区好评度普遍在七成以上，说明池州旅游景区的品质相对较高，并形成了"佛教名山""景色好""索道""天池""溶洞"等相对聚焦的旅游印象。

4. 池州市旅游关注度与潜在市场分析

池州大旅游交通圈正逐渐形成。池州将形成交通1小时生活旅游圈；2小时休闲旅游圈，3小时旅游度假圈，5小时假日圈，以宗教文化、诗词文化等特色主题文化为核心吸引力的无距离主题旅游圈五大圈层。池州未来以皖南旅游市场为基础，省内市场为核心，壮大长三角市场，大力发掘京津冀、珠三角、华中、成渝等国内主要市场，积极拓展除日韩、港澳台、南亚、东南亚以外的其他境外市场，形成国际化旅游市场体系。

市场关注度有待提升。各区县评论起伏趋势基本一致，高峰主要集中在节假日，工作日市场有待进一步开发。受访者对池州的旅游供给产品最为在意的是生态与人文体验，九华山网络舆情长期远高于其他景区。

潜在旅游市场多样。从池州核心旅游吸引物来看，池州旅游具有宗教吸引、文化吸引、生态吸引三大主题吸引力。随着整体旅游市场转变和新兴市场热度的提高，需要大力拓展文化、养生养老、体育运动、乡村、婚庆会展、亲子研学等新业态旅游市场，周边游、乡村游成为旅游出行主导方式；"养生+旅游"带动健康旅游；亲子、婚庆旅游带动家庭旅游；"互联网+旅游"改善旅游生活方式。

(三) 要素观

1. 核心吸引物开发体系诊断

（1）资源总量众多，但精品供给不足。国家5A级旅游景区总量偏少，旅游景区发展不平衡，区县分布不均，区域发展差距较大，开发主要集中在青阳县和贵池区。（2）资源产品结构单一，存在结构性短缺。以九华山为代表的朝拜礼佛和以杏花村为代表的乡村文化体验旅游产品发展态势良好，主题游乐类、休闲度假类旅游景区数量偏少。（3）资源开发深度不够。旅游以佛教文化旅游产品、山水观光型旅游产品为主，新兴的产品类型，休闲农业、民俗村落、山水生态的开发价值并没有对接市场需求。（4）度假旅游产品较少，综合开发不足。生态康养度假、滨水度假、富硒养生度假、高山避暑度假资源条件优势明显，初步开发形成平天湖旅游度假区、醉山野休闲度假区两处旅游度假区，但开发水平不高，无国家级旅游度假区。（5）线路资源同质，全域特色不足。推出水墨池州观光之旅、佛教朝拜祈福之旅等 6 条精品旅游线路，但是还存在同质化程度高、可游周期短、更新慢、分布不均衡、主题单一、各自为政等问题（详见图 15-12）。（6）节事活动丰富，综合影响不足。民俗庙会、绿运会、杏花村文化旅游节等"旅游+节庆"成为池州旅游新业态的亮点，除礼佛朝拜外全国范围内具有影响力的活动较少，辐射人群较为有限，品牌意识欠缺，整体带动性不强，尚无具有较大影响力的大型演艺活动。

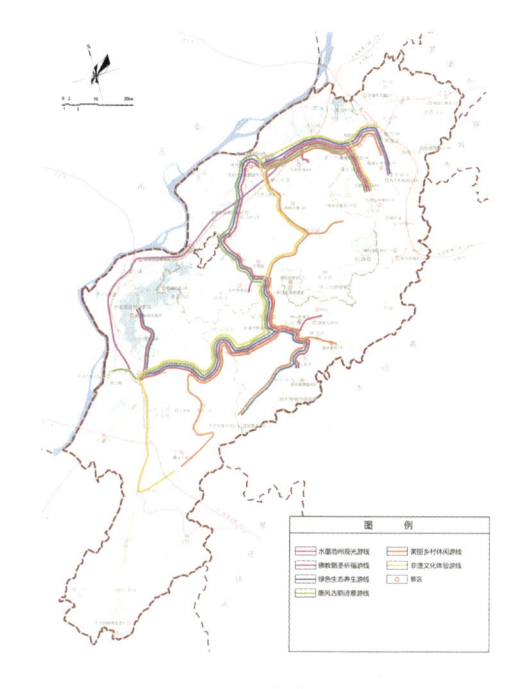

图 15-12 现状游线分析图

2. 旅游要素诊断

旅游餐饮诊断。餐饮类型丰富，但与周边区域相似度较高，缺少招牌美食、本土品牌，地方餐饮品牌企业普遍规模小、竞争力弱，经营手段和方式缺乏创新。管理服务水平有待提高，就餐环境不够卫生、服务意识有待提高。

旅游住宿诊断。住宿类型以经济连锁为主，缺少民宿等特色住宿类型、缺少国际知名品牌酒店，网络营销模式有待完善。

旅游交通诊断。机场、高铁线路、班次较少，西北、西南地区都暂未开通线路，旅游外部交通可进入性有待提高。景区内部小集中、大分散，整体路程远，"景区最后一公里"交通不畅。

游览观光诊断。只知九华山，不知池州，处于九华山遮蔽之下，除九华山外其他景区发展相对滞后，池州整体旅游形象不突出。

旅游购物诊断。旅游商品以佛教用品为主，特产以茶为主，传统工艺品及土特产品等旅游商品有待丰富，其他响亮的旅游商品少。购物示范点类型单一，集中于九华片区，分布不均。

旅游娱乐诊断。非遗资源开发深度不足，池州傩、罗城民歌、青阳腔等多种非物质文化遗产的知名度高，但缺少娱乐、体验转化的开发，城市整体缺少休闲娱乐氛围，晚间娱乐活动不足。

商务旅游诊断。与黄山、安庆、铜陵、宣城等皖南国际文化旅游示范区城市进行深度合作，但商务会展融合度、串联度还不高，商务活动规模、类型不够丰富。

养生养老旅游诊断。政府出台培育池州市大健康产业的规划，把大健康产业作为战略性支柱产业加以重点培育，但目前还处于起步阶段。

研学旅游诊断。依托于佛教文化、生态资源、诗词文化等开展的研学旅游市场逐渐扩大，2017年大愿文化园、九华书院、九华天池风景区、莲峰云海景区入选安徽省研学旅行基地，池州市政府不断加大对研学旅游市场的投入力度。

情感旅游诊断。池州市的宗教礼佛类情感旅游持续火爆，婚庆旅游、纪念日旅游等情感旅游市场逐渐兴起，其中婚庆旅游成为池州市近年来的亮点。

探奇旅游诊断。长生洞、霄坑大峡谷、老山自然保护区等户外探险、古迹探奇、滨水游乐等新奇体验类型的旅游逐渐增多，以古徽道为代表的文物古迹，是游客探险、探奇、户外旅行的去处。但目前还处于初级开发阶段，产品和产业发展都不成熟。

3. 基础设施和公共服务设施诊断

基础设施有待完善。目前池州市形成了"1九华山机场+4高速公路+2铁路交汇+1航运中转"的交通格局，但是"礼佛交通畅达"与其他内部交通不畅通的问题共同存在，亟待突破"全域旅游最后一公里"。

截至 2016 年年底，已开通 16 条航线，需进一步完善航线网络布局。形成以京台高速、沪渝高速、济广高速、东九高速、318 国道等高速国、省干道为主体的公路网体系，宁安高铁和铜九铁路与长三角上海、南京、杭州等中心城市以及武汉都市圈、鄱阳湖经济圈、合肥经济圈等的连通。池州港是省内唯一停靠涉外邮轮的旅游码头。旅游交通集散体系主要依托于车站港口，游客易聚不易散，应该进一步完善交通换乘服务、交通咨询服务。主要交通干道缺少旅游引导标识、城区及景区停车位不足。道路现状分析详见图 15-13。

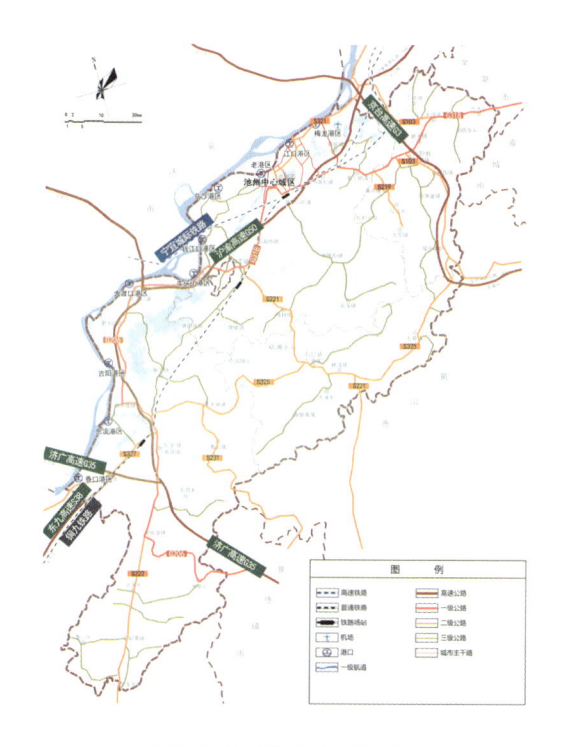

图 15-13　道路现状分析图

公共服务设施有待提升。（1）旅游公共信息服务体系渠道较窄、形式陈旧。区县旅游网站建设不健全，旅游资讯发布不及时；旅游咨询中心较少，旅游标识标牌系统建设不完善，处于规划建设过程中。（2）旅游安全保障服务体系不健全，缺乏专业救援队伍。（3）旅游应急处理措施亟须完善。各景区管理部门均缺乏旅游救援专业设施和依托社会的旅游救援体系，未配备专业的旅游救援队伍。（4）旅游惠民便民服务体系供应不足、建设不够。A级景区门票偏高，易让居民和游客望而却步；缺少对特殊人群的免费和优惠措施；旅游厕所建设不足，主要的国省干道、交通要点、服务驿站等旅游公厕建设不足。

4.城市、乡村、风景道环境诊断

城乡旅游环境明显改善。市委市政府高度重视城乡旅游环境综合整治，加强城乡风貌建设，依托尧渡河、清溪河、秋浦河等河流峡谷，结合交通干道，打造亲水绿道、游步道、风景道。2015年首条慢行绿道系统在杏花村旅游区建成。2016年编制实施海绵城市建设规划，新建、改建城镇园林绿地171万平方米、污水管网70千米，文明城市创建常态化机制基本建立。全面开展"9+1"城乡环境综合整治和铁腕治矿、重拳治砂、从严治岸、科技治超、精准治污"五治"行动，整顿关闭非煤矿山11家，编制长江岸线保护和利用规划，大气环境质量稳居全省前列。

（四）发展观

1.大众旅游消费全面升级带来的历史机遇

我国已经步入大众旅游时代，2016年我国国内、入境和出境旅游三大市场旅游人数47亿人次，旅游消费规模5.5万亿元，旅游成为国民的日常需求，呈现五个方面特征：

（1）旅游市场大众化、常态化、生活化。大众旅游上升为国家战略，2.5天休假模式的提出，催热周末休闲市场、自驾游、家庭游等短途周边景区旅游，旅游成为市民的生活常态，旅游消费与日常生活融合加快。（2）旅游市场多样化、客群化、细分化。2016年，乡村旅游、亲子游、周边游、邮轮市场、文艺、蜜月、消暑等主题目的地旅游更受游客青睐。（3）旅游市场主题化、体验化、特色化。80后、90后日益成长为旅游大军的中坚力量。旅游产品从"观光式"到"体验式"多元化、个性化发展。亲子、婚庆、体育、养生、特色住宿等特色旅游将是引导中国旅游市场的紧俏产品。（4）旅游客群自助化、散客化、社区化。旅游消费空间由封闭走向开放：自驾游、自助游、自由行比例提升；未来旅游市场是自驾游、家庭游占主导，旅游消费群体呈现自助化、散客化、社区化的趋势。（5）旅游竞争国际化、系统化、全面化。随着人们生活水平的提高，游客出游的意愿越来越强烈。出国旅游目的地选择有了更大的空间，国际竞争也日益突出。

全方位、全层次分析旅游特征，更利于池州市对接旅游新趋势，打造中国旅游的新高地，成为全国旅游发展的新热点，并成为新的旅游胜地。

2. 大交通网格局建设带来的发展机遇

大交通格局带来大客源。航空港：九华山机场扩建，将开通济南、昆明等重点旅游城市航线，改善当前通航城市少、航班密集度不足的现状。高铁：池州位于国家八纵八横高铁网中的沿江通道和京台高铁的交汇点，铜九铁路和沿江城际客运铁路横穿东西，随着南沿江高铁、池州—九华山—黄山城际铁路、宿松—石台—泾县城际铁路的开工建设，池州铁路劣势将有效改善。高速："十三五"时期，池州将建设成为三纵二横三联的格局，客源市场将得到有效拓展。邮轮：长江旅游黄金水道整合提升，依托"黄金水道"打造大旅游。池州集"水、陆、空、铁"于一体的区域性、综合性交通枢纽已初步形成，将为池州旅游发展带来巨大客源市场。

新的交通出现会催生新的业态。大交通格局带来更为广阔的高铁游、自驾游，甚至包机、专列的开通，将带给池州旅游巨大的客源市场。内部形成体验化、景观化的交通网络。实现交通景观化、体验化、产品化、网络化。国家3A级景区要通三级以上公路，国家4A级景区要通二级以上公路（风景名胜区与自然保护区限制除外），国家5A级景区要通高速公路(九华山等风景名胜区与自然保护区限制除外)，形成立体化、全方位、多层次的交通格局。

3. 产业政策全面优化带来的发展机遇

旅游产业为国民经济的战略性支柱产业，《全国"十三五"国民经济规划纲要》中11处提及"旅游"发展，强调重点促进旅游产业与文化创意、体育、农业等不同产业的融合创新，推动旅游产业的改革升级。同时，地方政策也在不断的锐动旅游发展。安徽省发布《关于促进旅游业改革发展的实施意见》，成立皖南国际文化旅游示范区，助推皖南旅游发展；池州市将以创建国家级全域旅游示范市为抓手，加快推进市、山、县区联动发展，推动全市旅游业转型升级，形成政府主导、部门配合、社会参与的全域发展浓厚氛围。产业融合趋势也在加快，随着政策环境与产业环境的改善，旅游将发挥巨大的融合能力，加快一、二、三产业之间的融合趋势，休闲农业、康体旅游、会展旅游等新业态得到大力发展。

4. 区域整体旅游升级带来的发展机遇

皖南国际文化旅游示范区项目建设提质提速，"景点旅游"转向"全域旅游"。2015年旅游项目全年完成投资1022亿元，实现旅游总收入2200.97亿元，接待入境游客361.49万人次、国内游客2.27亿人次，占全省总量分别达到53.4%、81.3%和51.1%。基础设施不断改善，2016年新增高速公路通车里程320千米，总里程达1800多千米。航道总里程达2780多千米。示范区加快融入国际旅游大循环。推出皖南世界遗产之旅、佛教文化观光之旅、生态休闲养生之旅、皖江黄金水道之旅、古代诗韵仙踪之旅、合福高铁名胜风景之旅等精品线路，打造融入国际大循环的旅游精品线路。

5. 池州市经济社会整体转型升级带来的发展机遇

池州市抢抓皖南国际文化旅游示范区建设机遇，按照"旅游空间全区域、旅游产业全领域、旅游受众全民化"的理念，大力推进"旅游+"行动计划，推动旅游与人居城市、城镇、美丽乡村一体化建设，与文化、生态、体育、会展、农业融合发展，加快建设世界佛教文化观光胜地和国际生态休闲城市。

（五）竞合观

1. 在皖南国际文化旅游示范区中的竞合分析

（1）池州在皖南国际文化旅游示范区中的优势与劣势。池州在皖南国际文化旅游示范区中承担着核心引领的地位，资源上以佛教文化、农耕民俗文化、生态文化为独特优势，极具差异性，具有打造户外运动休闲等主题旅游目的地和诗意的城市生活的基础。但在游客总量、人均消费、过夜游客量上并不占优势，从关注度与国际游客量看，不及黄山，距离成熟旅游目的地还有较大的差距，相关的服务设施较为薄弱，需要从城市休闲消费、主题休闲度假产品打造上进一步突破。

（2）池州在皖南国际文化旅游示范区中的合作空间。池州旅游应融入皖南旅游一体化，围绕九华山（佛）、杏花村（诗）、牯牛降及升金湖（生态）三大核心品牌构建唐宋风韵生活城市，错位打造，引领带动。

池州与黄山天然错位，应发挥其互补优势，联动发展，从资源上看，池州与黄山相比在山岳资源上佛教名山与生态名山错位发展，诗意乡村与徽派乡村、田园城市与商业城市差异明显，是名副其实的姐妹城市，资源有很大的互补性，可共同开发国际游客市场。从线上旅游产品的销售情况来看，池州市旅游发展在线路串联时需要借势黄山旅游知名度，形成旅游线路，联合发展。

2. 在同类文化旅游目的地的竞合分析

（1）与佛教旅游目的地城市竞合分析。九华山、普陀山、五台山、峨眉山是各旅游目的地城市的核心吸引物，当地政府分别出台以佛教名山带动区域旅游发展的政策。乐山、忻州、舟山都构建多类型的旅游发展驱动核，促进各旅游目的地城市的发展。因此，池州市分享国内外佛教市场的同时，应当着力培育其他的核心吸引物。以佛教名山为纽带，池州、乐山、忻州、舟山四市缔结文化旅游友好城市是合作的极佳方式，以佛教文化论坛，四城互动的方式进行合作，共享旅游市场。

（2）唐宋文化旅游目的地竞合分析。池州以秋浦河、杏花村的诗词文化为代表，有浓郁的唐宋文化痕迹。从文化同类角度分析，西安、杭州是两个最具代表性的唐、宋文化底蕴深厚的城市，分别代表了唐宋都市生活，而池州则有保存完好的山水田园意境与乡村风貌，呈现出唐宋意境下的乡愁意境。从文化旅游开发上，西安和杭州分别进行了大规模的文化遗址公园建设与文化旅游商业开发，围绕饮食文化、文化演艺、文化体验与游乐进行大量的产品活化与创新，使西安与杭州分别称为唐都与宋都的典型代表。而池州目前未进行围绕唐宋为主的文化旅游大规模开发，在勾勒符合城市文化符号的独特生活意境上，西安与杭州对池州有非常强的借鉴意义。

3. 与长三角地区同类旅游城市的竞争分析

与特征属性相近的旅游城市比较。通过对比旅游数据来看，湖州的游客量统计数据远超池州，但核心旅游景区略显不足，其对海外游客量的吸引与池州相当。从整体比较中可以看到，湖州在乡村旅游、度假旅游、新业态旅游开发上远超池州。而桐乡虽然旅游量级较小，但因为乌镇的存在，在核心吸引物对比上与九华山可以有效对应。湖州在休闲度假开发与"旅游+"产业融合开发上，桐乡在旅游新业态开发上值得池州借鉴。

4. 与长江黄金旅游带城市的竞合分析

池州有条件打造为长江黄金旅游带的旅游标杆城市。长江沿线主要城市经济和旅游发展水平可以分为三个层级，以上海、南京、重庆为代表的一级旅游城市，以宜昌、扬州为代表的二级旅游城市，以九江、池州、万州等为代表的三级旅游城市。池州除了九华山是核心吸引物有较强竞争力外，在城市建设、城市环境、城市知名度、城市品牌、城市服务设施、客源地竞争等各方面与其他城市相比并不占优势，但池州以九华山、牯牛降、杏花村、升金湖等山水人文资源为核心要点，以佛文化、唐宋乡村风韵文化为代表，生态资源环境好，具备打造养生度假环境的条件。又是长江黄金水道与长江—九华山—黄山的交汇点，具备停靠大型邮轮的条件，与长江三峡、重庆、武汉、南京、上海具有合作的先天地域条件，可与皖南及安徽省内重点旅游城市形成景点旅游线路。

5. 国际旅游城市案例借鉴

通过与南蒂罗尔、因特拉肯等国际典型旅游城市的对比，总结池州发展全域旅游的要点：一是依托山水环境，以保护为第一条件，打造山水园林城市；二是挖掘文化历史资源，以游客为中心，构建层次丰富、类型多样的旅游产品，全面提升社会旅游环境，全程为游客提供特色化、主题化、人性化的服务；三是坚持共建共享，通过完善公共基础设施，提升服务水平，推动当地居民与游客共同发展，形成旅游要素完备的旅游目的地；四是以标志性景区，带动周边旅游产品的互动发展，同时联合周边城市共同营销，统一发展，形成区域旅游全域化发展格局。

二、池州全域旅游规划篇

（一）池州市全域旅游发展总体思路

1. 指导思想

高举中国特色社会主义伟大旗帜，全面贯彻党的十八大和十八届三中、四中、五中、六中全会精神，牢固树立和全面贯彻落实"创新、协调、绿色、开放、共享"五大发展理念，以建设皖南国际文化旅游示范区为契机，大力实施旅游兴市战略，加快旅游供给侧改革和体制机制创新，以改革创新为动力，以转型升级为主线，着力构建全域资源要素整合、全域空间整体优化、全域产业融合联动、全时全季覆盖拓展、全社会共建共享的旅游业发展新模式。突出项目带动，提升服务品质，推动旅游业从注重产业综合效益向注重民生、注重发挥产业综合功能的方向转变，全面提升旅游产业的市场化、规模化、集约化和国际化水平，全面提高旅游产业的创新能力、发展能力和竞争活力，加快建设国家生态经济示范区、世界级旅游目的地、美丽中国建设先行区，将旅游业发展成为池州市的战略性支柱产业，奋力开创幸福池州建设新局面。

2. 发展定位

（1）总体定位。

以世界级旅游资源九华山为核心引擎，依托丰富的生态田园山水和人文历史景观，发挥佛教文化、历史文化和自然生态品牌效应，围绕礼佛、生态、运动、度假、健康五大主题，大力发展"旅游、文化、体育、健康、养老"五大幸福产业，形成九大旅游胜地，国际佛教文化旅游胜地、国际户外运动旅游胜地、国际生态文化旅游胜地、国际健康养生旅游胜地、国际亲子研学旅游胜地、国际养老度假旅游胜地、国际会展奖励旅游胜地、梦回唐宋乡村旅游胜地、最美四季旅游胜地的强力支撑，把整个区域建设成为集礼佛、运动、休闲、度假、健康、养老、自驾、研学等多种功能于一体，全天候和全年候的复合型国际旅游目的地与国际生态休闲城市。

按照全域旅游创建导则的要求，形成各种指标达标的池州全域旅游创建的全新格局，以定位体系、空间体系、区县发展体系、产品体系、要素体系、城镇体系、产业体系、营销体系、基础设施与公共服务体系、生态与文化保护体系、投融资体系、治理改革体系、规划实施保障体系、政策保障体系、人才建设体系十五个体系全面覆盖，形成国家全域旅游示范市。

整合全域资源，实现旅游业发展战略提升，要突出理念创新、产品创新、业态创新、技术创新和市场主体创新。创新发展理念，转变发展思路，加快池州由景点旅游发展模式向全域旅游发展模式转变，最终将池州打造成为中国旅游转型升级高地。

（2）形象定位。

方案一：九华圣境·健康之都；

方案二：九华圣境·诗意池州。

（3）产业定位。

新常态下，要将旅游产业定位为池州市优先支持的龙头产业、重点发展的主导产业、优化环境的美丽产业和普惠共享的民生产业，发挥旅游业对池州市国民经济和社会发展的综合性战略支柱产业作用。

（二）池州市全域旅游发展空间布局

基于池州市旅游资源的空间格局，在全域化交通基础上，构建"一山一城、两带三区"的池州市全域旅游空间格局。见图15-14和图15-15。

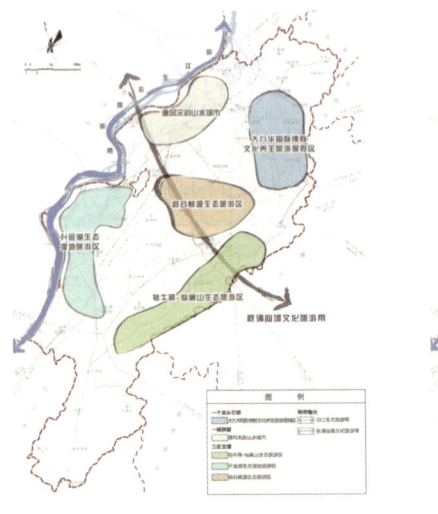

图15-14　池州全域旅游空间发展格局图 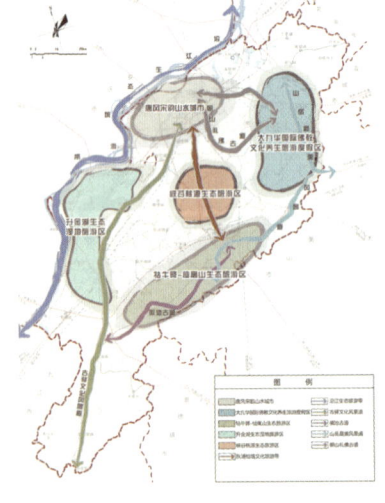　　图15-15　重点旅游区带分布图

1. 做大龙头

（1）发展定位。

以九华山为引擎，挖掘九华山礼佛文化，积极申报世界自然与文化

遗产，发展运动禅修、修行度假、生态度假、禅修度假，延伸大九华产业链，优化环九华大交通网，带动周边青阳城区、杜村、陵阳古镇、神仙洞、鱼龙洞等区域旅游的共同发展。通过"礼佛九华、运动九华、长寿（养生）九华、禅修九华、生态九华、乡野九华、国际九华、文化九华、风情九华"等"九大九华"的概念打造大九华，通过九华论坛、九华庙会等软性活动，形成九华文化旅游的新品牌、新名片，为九华旅游注入新的活力。打造大九华国际文化旅游度假区，做大池州全域旅游发展的龙头。

总体定位：依托九华山历史文化和生态优势，通过产业延伸、文化挖掘、空间整合，把九华山打造成为：大九华国际文化旅游度假区。

功能定位：自然观光、参禅礼佛、文化体验、禅修度假、研学交流。

形象定位：九华圣境·莲花佛国；大愿九华·祈福圣地。

（2）空间结构。

以九华山景区为核心，依托现有资源条件，构建"一核两心三区"的规划格局。一核：九华山文化旅游核；两心：蓉城镇游客服务中心（主）和陵阳镇游客服务中心（次）；三区：禅修主题旅游度假片区、富贵陵阳文化旅游片区、佛国田园休闲度假片区。详见图15-16。

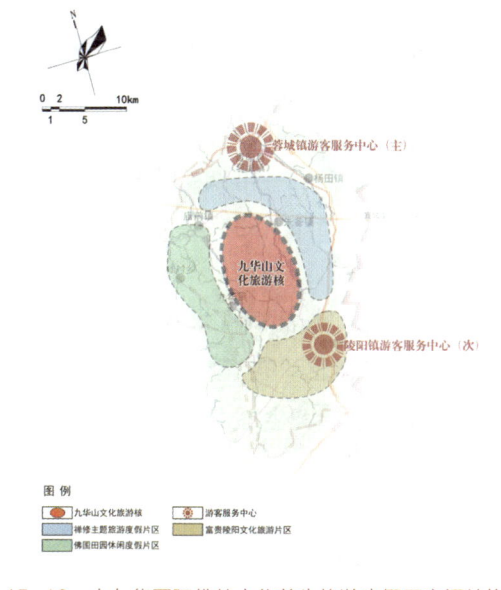

图15-16　大九华国际佛教文化养生旅游度假区空间结构规划图

2. 突破城市

（1）发展定位。

以"唐风宋韵下的诗意山水田园城市"理念为引导，打造唐宋风韵文化城市；挖掘唐宋诗词文化，以山水生态环境为基础，深挖"诗意"为代表的文化体验业态，培育夜间多元消费业态，大力发展大健康产业，构建蓝绿乡间的田园城市休闲空间，通过"1座名城（唐风宋韵古城）+1片村（杏花村）+1条带（环城休闲带）+2条轴（城市景观轴、滨江景观轴）+4个湖（双丰湖、丰收湖、天生湖、平天湖）"的综合开发结构，形成与周边若干特色乡村联动发展的项目运营体系，形成沿江文创旅游休闲组团、历史文化古城旅游组团、商贸旅游组团、平天湖旅游度假组团、杏花村旅游组团、产业新城组团六大组团，推进唐风宋韵山水城市的建设。

总体定位：以建设国际生态休闲旅游城市为目标，通过对区内旅游资源整合提升，将池州城区建设成为唐风宋韵山水城市。

功能定位：池州市综合集散中心、综合服务中心，承担行政、文化、商业、金融、居住、旅游等功能，是核心城市化地区，发挥服务和集散功能。

形象定位：一城山水满城诗·依山傍水半城林。

（2）空间结构。

推动市、区联动，依托城市山环水绕特色，发展具有本地特色的休闲、美食、购物、娱乐等旅游项目；完善城市旅游公共服务设施，突出"东湖、西村、南站、北港"的特色，远期以市区为中心打造"大旅游、大文化、大健康"产业平台，形成本区"一带两轴三区四廊"的旅游发展格局，诠释池州市"九华圣境·健康之都"的核心品牌。详见图15-17。

一带：环城旅游休闲带。

两轴：城市旅游发展轴、长江滨江景观轴。

三区：历史文化名城旅游区、杏花村文化旅游区、产业新城发展区。

四廊 秋浦河生态廊道、清溪河生态廊道、四岭生态廊道、九华河生态廊道。

3. 三区支撑

（1）牯牛降—仙寓山生态旅游区。

① 发展定位。

建设国家5A级景区，打造旅游观光吸引核。以牯牛降国家级野生动

第六篇：绿维全域旅游案例篇

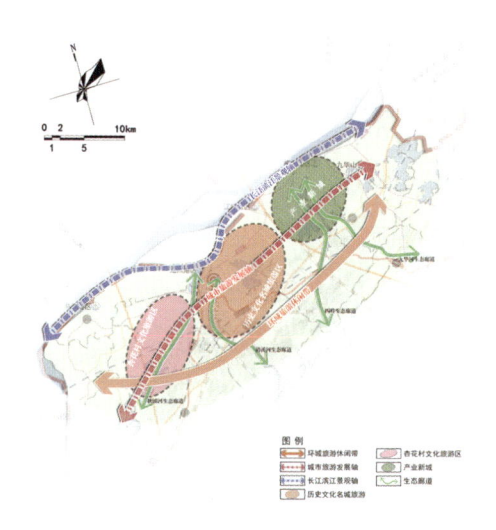

图 15-17　唐风宋韵山水城市空间结构规划图

植物自然保护区为主体，对周边溶洞、峡谷、水库以及村庄资源进行整合提升，形成区域观光吸引核，成为池州全域旅游发展的生态观光、自然科考的龙头代表。整合旅游资源，构建富硒旅游度假谷。依托项目地独特的富硒养生资源以及丰富的农业资源，以打造"国家级特色（富硒）农业基地"为目标，对周边景区、村庄等进行整合，共同构成"富硒度假谷"。完善交通网络，大力发展自驾旅游。在原有道路基础上，进行景观化提升，使每条路成为风景道路，全面布局自驾车服务驿站和汽车营地，完善自驾服务体系。

总体定位：以富硒、生态为基础，以牯牛降国家 5A 级景区提升为核心，大力推进富硒度假谷的开发，打造成国家级生态康养休闲目的地。

功能定位：集观光游览、休闲度假、商务会议、科普体验、户外探险等功能为一体的富硒康养度假基地、醉美山乡观光度假胜地。

形象定位：醉美山乡·硒有生活；富硒养生地·醉美生态乡（备选）。

② 空间格局。

以区域资源分布和场地条件为基础，结合区域发展思路，通过"度假区＋风景道＋游客综合服务中心＋景区＋特色村落＋农业基地"的综

233

合开发，形成本区"一心一带一谷"旅游发展结构。详见图 15-18。

一心：石台县旅游综合服务中心。

一带：用中国最美山岳自驾车风景道进行串联牯牛降景区、仙寓山等景区形成生态观光旅游带。

一谷：富硒旅游度假谷。

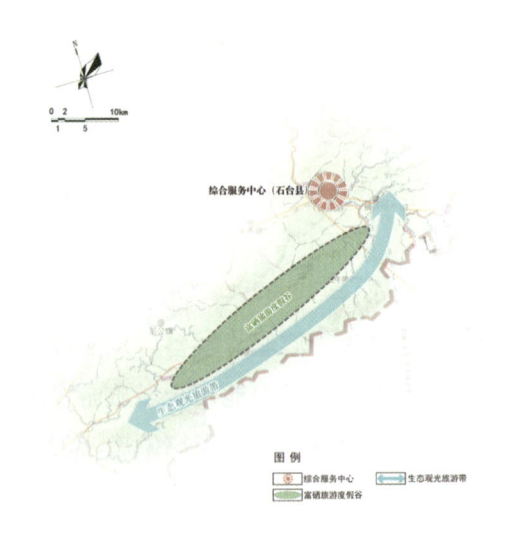

图 15-18 牯牛降—仙寓山生态旅游区空间结构规划图

(2) 升金湖生态湿地旅游区。

① 发展定位。

以生态保护为前提，通过"湖外湖"模式对升金湖进行旅游开发；通过"湖外湖"开发，形成湿地科考、滨湖度假、渔家生活体验等类型的旅游产品，放大升金湖旅游吸引力。推进资源整合，加快尧渡—东流一体化的发展格局；挖掘尧舜文化、陶公隐逸文化和以东至花灯、文南词为代表的当地民俗文化；以尧渡古镇、东流古镇为核心，对周边古迹遗址、自然景区进行整合，并结合旅游道路的构建，形成尧渡—东流一体化发展格局。挖掘温泉资源，形成差异化产品开发；利用黄泥湖、香口温泉等地的湖泊、温泉资源，重点打造水上娱乐、温泉康体疗养等产品，与升金湖旅游产品形成差异，丰富旅游产品类型。加快大历山国家 5A 级景区创建，完善景区基础设施和服务设施。

第六篇：绿维全域旅游案例篇

总体定位：以湿地生态保护为前提，以升金湖湿地旅游休闲度假为核心，加快湿地旅游综合开发，建设集湿地科考、科普研学、生态观光、生态度假、文化休闲于一体的国际湿地旅游度假示范区。

功能定位：打造集湿地科考、科普研学、生态观光、生态度假、文化休闲于一体的国家湿地公园、国家级湿地与鸟类科普研学旅行基地。

形象定位：候鸟天堂·归园田居；湿地王国·候鸟天堂（备选）

② 空间结构。

以生态保护为前提，通过"湖外湖"模式对升金湖进行旅游开发，资源整合，加快打造尧渡—东流一体化，深入挖掘温泉资源，差异化产品开发，形成"一心一体两翼"的发展格局。见图15-19。

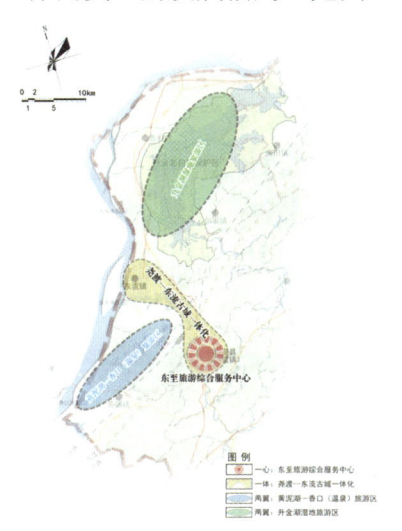

图 15-19 升金湖生态湿地旅游区空间结构规划图

一心：东至旅游综合服务中心，县域政治经济文化中心、旅游集散、服务中心。

一体：尧渡—东流古城一体化，尧渡古镇、东流古镇旅游一体化。

两翼：升金湖生态湿地旅游区、黄泥湖—香口温泉旅游区。

(3) 峡谷桃源生态旅游区。

① 发展定位。

利用峡谷资源，开展峡谷休闲运动；依托雪坑区域良好的生态环境、山地条件及周边特色乡村资源，开发山地运动旅游产品，通过景区、风景道、运动中心以及休闲驿站的建设，打造高山休闲运动基地，形成示范区的运动休闲吸引核心。依托风景岗区位打造山顶避暑高端度假；依托九华山南大门的区位优势，充分利用七都镇八棚村、伍村风景岗地区高山自然生态环境，六百丈水库及峡谷生态环境，打造风景岗高山避暑度假旅游区。

总体定位：依托优越的山地条件和丰富历史文化资源，充分利用区域生态和避暑气候地优势，大力发展乡村旅游、峡谷运动、避暑度假、民俗文化体验，建设高山峡谷避暑度假目的地。

功能定位：依托老山自然保护区，以石门高古村落、古香道等文化旅游资源为特色，霄坑大峡谷、九华漂流等自然资源为补充，霄坑茶、梅村板栗等特色农产品为支撑，打造集森林科考、户外休闲、运动养生、避暑度假、文化休闲于一体的国家级森林公园、国家户外运动示范基地、省级旅游度假区。

形象定位：欢乐霄坑·避暑桃源。

② 空间格局。

依托霄坑大峡谷、杉山森林公园，开展高山休闲运动，打造霄坑茶文化旅游区；依托七都镇风景岗区位和自然环境打造高山度假旅游区。形成本区域"一心两带三区"的旅游发展格局。详见图15-20。

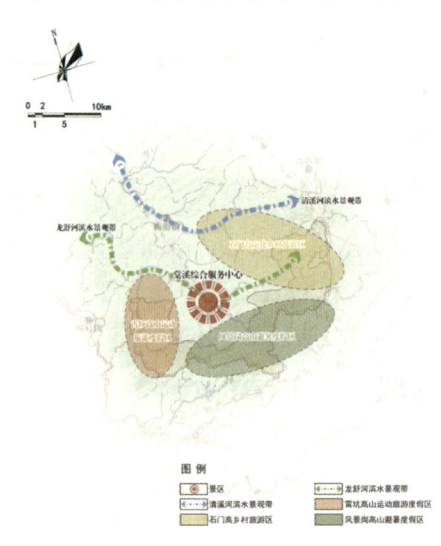

图15-20　峡谷桃源生态旅游区空间结构规划图

一心：棠溪综合服务中心。

两带：龙舒河滨水景观带、清溪河（白水河）滨水景观带。

三区：霄坑高山运动旅游度假区、石门高文化乡村旅游区、风景岗高山避暑度假区。

4. 两带整合

（1）秋浦仙境文化旅游带。

以秋浦河为纽带，打造秋浦江一河水，一河景，一河诗，依托沿途优美的乡村田园风光，围绕"天下第一诗河，秋浦水岸胜境"主题，打造四大景观段：秋浦杏花景观段、秋浦诗意景观段、秋浦河源湿地景观段、龙舒河乡野景观段。以秋浦河景区提升改造为引领，大王洞旅游度假区、仰天堂休闲旅游区、殷汇古镇等项目为支撑，将秋浦河旅游带打造成为集田园观光、滨水休闲和李白诗词文化体验于一体的旅游示范带。

（2）沿江（长江）生态旅游带。

依托池州162千米的长江岸线，打造滨江旅游交通景观带，根据地形地貌，形成"一廊四段"景观格局，一廊指滨水休闲廊道，四段指池阳滨水城市景观段、牛头山—乌沙工业景观段、大渡口田园休闲景观段、东流古镇文化休闲景观段四大景段。以滨江旅游大道、池州港旅游休闲综合体两大项目为引擎，乌沙船主题公园、江心洲回民特色主题度假区、大渡口城市滨江公园等项目为支撑，打造集滨水观光、文化休闲、滨水景观道（自驾、骑行）等功能于一体的池州市滨江旅游发展轴。

5. 三网覆盖

交通服务网：按照全域旅游交通建设导则，以"安全、舒适、快捷、卫生、实惠、特色"为原则，推动池州全域交通化建设，实现国家5A级景区通高速公路、国家4A级景区通二级以上公路、国家3A级景区通三级以上公路，其他景区景点通景观路；打通断头路，建设风景道、绿道、骑行道，加快建设池州交通环、交通网、一主三副多点的交通集散格局；加快各类交通工具间的快速衔接，形成高铁、机场、邮轮、高速、国省干道、景观道于一体全域交通体系。

公共服务网：按照全域旅游创建标准，以人为本，构建以游客舒适体验为中心的旅游公共服务体系，完善旅游管理网络和服务网络建设，按照全域旅游创建，重点加快旅游厕所体系、旅游集散体系、安全救援体系、商业服务体系四大公共服务体系建设，形成全域旅游公共服务网。

智慧旅游网：依托物联网技术、卫星定位技术、云计算、大数据、职能终端、新媒体等技术，加快池州公共服务平台、运行监管平台、营销平台三大平台建设，建设池州旅游大数据中心，推进全域 Wi-Fi 覆盖、景区智能化、网络化建设，形成池州智慧旅游综合服务网。

6. 百点融合

池州发展全域旅游，在一个龙头、一城突破、三区支撑、两带整合的基础上，联合龙泉、官港、殷汇、梅街、木镇、七都等特色村镇、景区共同支撑，开发旅游新业态，构建以百大旅游点、百个特色乡村双百融合的全域化旅游格局。重点加快观光农业点、生态林业点、水利旅游点、文化文物旅游点、体育旅游点、文化演艺旅游点、商业购物点、工业旅游点、医疗养生旅游点、教育（红色）旅游点十大类旅游点，建成百个旅游示范点，形成池州全域旅游百点融合的全域旅游体系。

（三）池州市全域旅游特色产品体系规划

1. 景区旅游产品体系规划

以创 A 为行动目标，打造精品旅游景区。在现状景区基础上，进行 A 级景区的提升和创建，构建池州全域旅游观光吸引核结构。利用九华佛文化、杏花村文化、湿地文化、富硒文化、民俗文化、山地森林、田园风光等各种资源进行特色开发，打造"佛教文化、文化创意、康体养生、乡村休闲、生态观光、户外休闲、研学旅游"多样化产品体系。

2. 度假旅游产品体系规划

提升池州旅游产品层次，应以度假产品的建设为重点，结合生态基础和独特的佛文化和历史文化，建设特色度假村、高端度假区等旅游产品。完善度假区的度假休闲娱乐居住体系、信息管理、保障体系三大系统。打造特色餐饮、购物、度假居住环境；完善信息管理、交通、安全等配套环境；完善休闲度假的居住、休闲、娱乐需求，形成以康体休闲为龙头、度假功能健全、信息服务完善的可持续发展的度假体系。

根据现有的资源基础和池州全域旅游发展需要，结合市场需求，在规划期末，打造东九华旅游度假区、富硒谷旅游度假区和平天湖旅游度假区三大国家级旅游度假，风景岗旅游度假区、升金湖旅游度假区、杏花村旅游度假区、霄坑旅游度假区、七星中药养生旅游度假区、香口温泉度假区六大省级旅游度假区。

3. 休闲城镇旅游产品体系规划

依托池州市各休闲小镇的自然景观或历史文化，为满足游客餐饮、购物、住宿、娱乐等休闲需求，构建池州全域旅游休闲体系。以旅游服务和休闲产业为主，打造休闲古镇、旅游小镇、文化艺术小镇、时尚小镇等休闲聚集与居住聚集混合的特色小镇旅游策划综合开发项目。

4. 乡村旅游产品体系规划

在旅游空间和旅游产品的开发中，重视乡村旅游产品的开发，重点针对中国传统村落名录、安徽传统村落名录、美好乡村省级中心村建设，逐步打造扶贫旅游村、历史文化保护村、特色景观村、特色产业村、现代新农村、特色民宿村、生态新村、美食村、运动村、养生村十大特色乡村体系，坚持"一村一品、特色差异、高标准规划、高起点建设"的总体规划原则，实施村落建筑风貌改造、景观系统规划、功能结构转型、生态环境整治四大工程，形成池州全域乡村旅游产品体系，特色乡村的全域化旅游格局，共同支撑池州全域旅游的发展。

5. 自驾车旅游产品体系规划

依托交通干线、支线、乡村公路，基于池州现状交通和旅游资源分布，规划形成"1主+4环"的自驾旅游格局。一主即依托国道G318、G206规划连通官港镇—横渡镇—七都镇省道，提升改造陵阳镇至蓉城镇省道，形成一条环市域的主要自驾车环线；四环即环升金湖自驾环、环富硒谷自驾环、环大九华自驾环、环霄坑—杏花村自驾环。形成环九华山营地体系、环升金湖营地体系、沿秋浦河营地体系和富硒谷营地体系四大营地体系。

6. 线路旅游产品体系规划

根据池州市旅游功能分区和产品设计，以线路特色化为原则，重点打造区域旅游线路、主题旅游线路、市域旅游线路三类旅游线路。三条区域黄金旅游线路：长江黄金水道、两山一湖精品旅游线、皖南国际旅游示范区精品线路。十大市域主题旅游线路：禅佛养生游、富硒养生游、山地休闲运动、水上运动观光、古村镇文化游、长江景观带、特色乡村游、秋浦河乡村旅游带、中部乡村旅游走廊、水墨池州观光游。

7. 四季旅游产品体系规划

依托池州最美的春天、避暑的夏天、诗意的秋天、民俗的冬天，打造池州礼佛旅游、生态观光、休闲度假、文化体验、康体养生、乡村旅游六大四季旅游产品。

（四）池州市全域旅游基础公共服务体系规划

1. 旅游综合交通体系建设

构建立体交通体系。按照"扩展通道，优化路网，构建枢纽，提升功能"的原则，以"布局合理、体系完善、结构均衡、衔接畅通"为理念，实现过境通道高速化、区域干线快速化、城乡交通一体化、运输管理智能化、景区道路景观化，构建绿道、徒步道、越野车道、观光轨道、干线公路、水上航线、通用航空等交通于一体的高效、便捷的旅游交通体系。完善池州作为皖南国际旅游示范区目的地枢纽、门户、集散中心功能。到2025年打造池州外部旅游交通"高速+高铁+航运+航空"的交通组合，构建公铁水空立体交通格局。

优化特色交通体系。打造三条特色低空飞行线路：①朝山礼佛飞行体验航线（九华山机场—九华山）；②山水硒谷飞行体验航线（九华山机场-牯牛降）；③滨江古城飞行体验航线（九华山机场—升金湖）。

规划四条水上特色游线：主城区环城水上游线、秋浦河水上游线、贵池—九华河—九华山—十八索水上游线、清溪河水上游线。

轨道车交通规划：建设市区到九华山景区、市区到牯牛降景区的轨道交通，通过"一票式"轻松到达各个旅游点，体验全新的旅游过程。

建设交通服务体系。①旅游交通综合服务、安全、救助中心建设。在旅游执法大队、旅游综合服务中心等部门的协调下，建设旅游安全、应急管理系统；推动旅游救助中心、救助站建设；启动建设全市旅游运行调度和安全应急管理及救援平台。②成立交通服务质量监管中心；建立旅游安全、应急管理平台；加强池州市旅游安全、卫生、援助中心建设。

2. 咨询集散体系建设

构建池州三级集散体系，（1）综合服务中心：（2）市级游客综合服务中心；次级服务中心：县城为次级服务中心；（3）服务驿站：依托九华山、牯牛降、杏花村、升金湖、仙寓山、石门高、南溪古寨等重要景区景点布局服务驿站，同时在殷汇、棠溪、庙前、朱备、陵阳、张溪、官港、龙泉、仙寓、七都等重点旅游目的地镇建设服务点（驿站）。

3. 旅游厕所体系建设

增加旅游厕所的投入，按照全域旅游创建导则，科学合理布局旅游厕所，外观应与周围景区景观协调，力求新颖、美观、大方，特色要鲜明。创建第三卫生间，打造厕所文化、厕所联盟，探索以商养厕的新模式。

4. 旅游标识体系建设

依托1个机场、2大旅游港、3条高速、2条国道、10条省道形成的路网，推动道路交通、航空站港、铁路站场、航运站港、旅游城镇的旅游交通标识建设，构建池州"两大文旅核心集群、四大旅游集合形态、两大标识体系"的旅游标识建设空间布局。建设九华山、杏花村两大文旅核心集群，九华山佛教旅游圈、杏花村文化旅游圈、升金湖自然湿地旅游圈、牯牛降生态旅游圈四大旅游集合形态。公路沿线旅游标识和交通场站旅游标识两大体系。

5. 智慧旅游体系建设

建设旅游信息中心，构建智慧旅游城市。结合"智慧池州市"建设，加快推进无线网络、多语种无线导游服务等设施建设。到2020年，国家4A级以上景区和市级以上乡村旅游点实现免费无线局域网、智能导游、电子讲解、在线预订、信息推送等功能全覆盖。建设大数据中心。实现各类旅游信息的综合查询；满足各级旅游管理机构的办公及专业应用需求，实现旅游各部门的信息共享；逐步为旅游业提供及时、科学的旅游决策信息；更好地推进旅游电子商务发展。建设平台模式。形成综合应急平台—区县服务平台—景区景点服务平台的三级服务平台，加快与12301国家智慧旅游公共服务平台的对接联系。

6. 池州市全域旅游社会主体建设规划

增强居民旅游意识：开办旅游夜校，持续开展旅游无宰客365天活动、全市范围评选助客为乐好市民、社区我爱我家环境整治工程、微笑池州市全民微信展笑容活动。

7. 池州市全域旅游国际化旅游目的地标准体系建设

（1）构建池州国际化旅游目的地九大标准体系：完善的旅游政策管理、友好文明的旅游氛围、国际化的会议场馆、现代化的预订和结算方式、旅游吸引物、便捷的出入境程序、高水平的服务质量、鲜明的城市（旅游）形象、国际化的旅游趋势，确保旅游服务品质。（2）构建池州四大发展力评价体系。从旅游生产力、旅游影响力、旅游竞争力、旅游可持续发展力四大综合角度，形成旅游资源及产品、企业潜力、经济环境、旅游职能、公共职能、旅游经济成果、经营业绩、基础设施、社会环境九大单项指标，评估池州旅游国际化水平。

（五）池州市全域旅游服务要素体系规划

1. 旅游住宿体系建设

发展目标：规划期末，建成规模适度、档次组配合理的住宿接待服务体系。近期重点发展九华山、杏花村、牯牛降、秋浦河等重要景区及石门高、太平山房、黄石村等特色民俗旅游村，形成"高端＋大众＋特色主题"的布局。重点打造特色农家乐、高端度假酒店、精品主题民宿、禅修主题酒店、汽车帐篷营地、木屋营地住宿、国际精品酒店7类特色住宿设施。

2. 旅游餐饮体系建设

以特色鲜明、经济实惠、安全卫生、布局合理为原则，形成由"街区、餐饮店、餐饮点"相互构成的点、线、面层次鲜明的餐饮布局空间体系，塑造农家餐饮、主题餐饮、休闲美食街、品牌餐饮、酒店餐饮5大业态。近期重点发展主城区、九华山、杏花村、青阳县城、石台县城、东至县城、牯牛降富硒谷等景区景点。

3. 旅游购物体系建设

以便携、美观、特色、实惠为原则，依托美食街、商店，形成管理规范的特色购物区、购物体系、购物点。建设孝肃街、杏花村坊、九华街、青阳古玩市场、前门街、石台茶城等一批旅游购物精品街区和专业市场。在九华山机场、主城区集散中心、池州火车站、池州旅游码头建设免税商店和品牌折扣店，县区、旅游中心乡镇建成一批特色旅游商店，在游客集中区设立旅游商品销售点。形成主题精品店、品牌特产店、特色购物、旅游购物点、售卖亭、体验坊等6类购物体系。

4. 旅游娱乐体系建设

形成田园观光、运动健身、休闲农业、民俗体验、文化创意、滨水休闲、养生度假、节庆活动等特色休闲娱乐活动，构建池州娱乐体系。

5. 旅行服务体系建设

按照"稳定数量、扩大规模、提升品质"的要求，培育一批规模大、实力强的龙头企业和集团企业，走集团化、网络化的发展之路，建立批发商、代理商、零售商的销售网络体系。

6. 新业态新要素新服务体系建设

在大众旅游时代，以"旅游+""互联网+"的融合方式，以全域旅游的理念，积极发展新业态的旅游产品，及时满足旅游市场的需求及引领消费市场的导向，完善新业态旅游服务体系。以旅游带动一、二、三产融合，带动城乡特色发展，丰富旅游业态形式。形成池州商务会展、研学旅游、亲子旅游、婚庆旅游、户外运动等新业态要素体系和服务体系。

（六）池州市全域旅游城镇乡村体系规划

1. 旅游城镇体系空间格局

根据池州各区发展潜力评估、城镇空间吸引力分析和未来发展趋势，市域城镇体系空间布局遵循"开发沿江一线，保护腹地一片"的原则，形成"一带一区三片"的空间结构。市域范围的内陆腹地区域，规划以农林生产、生态保护功能为主，发展生态旅游业。

提升沿江旅游城镇发展带。以港口和沿江滨水资源为依托，形成全域旅游城镇发展核心地带，长江干流在池州市境内158千米，有香隅镇、东流镇、胜利镇、大渡口镇、牛头山镇、乌沙镇、江口街道、梅龙街道等分布在沿江，可利用交通、资源优势以及区域空间格局中的沿江生态旅游发展带的带动，构建沿江旅游城镇发展带。

做强市域核心发展区。市域核心发展区，是市域政治、经济、文化发展核心区域，重点培育城市服务功能，使之成为皖江城市带重要的增长极和池州市域旅游业聚集地。利用平天湖、万罗山、杏花村等生态人文资源，发展都市型生态旅游，并建设环境美好、设施完善的中心城市。高度重视开发建设与生态保护的协调，明确可开发建设的范围，确保自然生态保护不受破坏，加强对平天湖和秋浦河、九华河、青通河的生态保护，建设山水田园、生态宜居旅游城市。

做强三大旅游发展集中片区。（1）青阳蓉城—陵阳片区：围绕大九华山禅修文化旅游示范区发展休闲旅游、旅游产品、观光农业等旅游产业。加强片区内九华山风景名胜区与中心城区之间的交通联系，并注意各发展片区之间的生态隔离，避免绵延成片，加强十八索、青通河、九华河等沿线生态绿地和农田保护区的保护，形成九华山东部旅游核心增长极。

（2）东至尧渡—大渡口片区：东至片区包括东至县城尧渡镇、东流镇。东流利用历史传统优势和滨江优势，以发展文化旅游和商贸物流为主，尧渡作为县城以发展低污染深加工产业为主。需加强尧渡、东流、香隅三者之间的交通联系，加强以历山风景区和七里湖为"绿心"的生态保护和旅游开发。（3）石台仁里—仙寓片区：石台仁里仙寓片区位于市域东南部腹地，片区内旅游资源丰富、类型多样，分布有牯牛降自然保护区、老山自然保护区、仙寓山风景名胜区等自然景观资源，以及严家古村、仙寓村等多处古村落。该区城镇发展应以生态环境保育、历史遗产保护、文化特色传承为前提，围绕整合现有产业和旅游资源，加强各城镇与旅游景区间交通联系，重点发展生态旅游、生物技术、农副产品加工、农林生产等低污染环保型产业。

2. 旅游城镇等级体系

（1）构筑国际化旅游中心城。

依托池州市主城区，以全面构建国际知名旅游目的地、皖南国际旅游集散中心、综合服务中心为主要任务，发展观光购物、休闲娱乐、商贸会展、旅游集散、公共服务等功能，形成集唐风宋韵山水城市、旅游城市、度假城市为一体的全时、全域旅游发展格局。依托杏花村"天下第一诗村"品牌，整合以农耕文化、诗酒文化、戏曲文化、古村落文化等文化为一体的唐风宋韵山水乡村田园；充分挖潜池州历史文化名城的文化底蕴及生活情趣，加强池州府儒学、百子庵、杏花村、孝肃街，以及古城墙、兴济桥、包公井、赵家洋房等文物古迹的保护利用，可打造池州唐风宋韵古城，再现"唐风"的华贵和"宋韵"的优雅生活场景；开发水上观光、文化体验、会展节庆、体育赛事等旅游产品，建设国际知名的健康运动生态休闲城市；以"景区化海绵城市"的标准进行城市规划建设，将城市空间与大自然有机融入，以长江、白洋河、秋浦河和平天湖作为组织城市空间的核心骨架，实施造林绿化工程，形成"滨江环湖、生态绿心"的城市空间景观，打造特色鲜明的"生态山水园林城市"，发展成自然景观与人文环境交相辉映的"历史文化名城"。

（2）做优旅游特色目的地城。

青阳县（蓉城镇）。依托临近九华山风景区的区位优势条件和通往池州市主城区以及九华山机场的便利交通条件，率先建成特色旅游县城。挖潜文化、展现特色，构建青阳"莲花佛国·生态青阳"的主题形象，以"礼佛上九华·修身在青阳"为营销口号，将其打造为旅游经济产业带上的物资集散和旅游商贸镇、池州市东部的旅游中心镇、大九华山旅游区的综合旅游服务基地。

石台县（仁里镇）。石台县仁里镇是峡谷桃源生态旅游区和牯牛降—仙寓山生态旅游区中的最大城镇，石台县（仁里镇）必须承担起两大旅游区的服务功能，优先建设旅游特色目的地城。需要挖潜文化、展现特色、改造风貌、梳理业态、整合资源、统一规划，把石台建成以生态、休闲、养生为特色的新型旅游城市，成为中国原生态最美山乡旅游目的地。

东至县（尧渡—东流）。加快推动尧渡—东流一体化建设，突出休闲度假旅游和乡村生态旅游目的地"两个目标"，精品化战略打造旅游A级景区，通过精品带动整体人气。品牌化打造尧舜之乡、中国鹤湖、生态家园等，突出"尧舜之乡·候鸟天堂"品牌，将东流纳入旅游特色目的地城，积极创建国家乡村旅游示范区、全国休闲农业与乡村旅游示范县、安徽省旅游强县。

（3）培育重点旅游目的地镇。

陵阳镇。依托陵阳镇古城老街和民俗风情文化，打造富贵陵阳文化旅游区，推进申报"国家历史文化名镇"工作，同时做好陵阳旅游中心镇服务设施建设，建成重点旅游目的地镇。

朱备镇。依托九华山风景区的溢出效应和九子岩等景区的资源优势，完善旅游服务功能，提升其旅游度假体验，打造九华山风景区辐射下的重点旅游目的地镇。

庙前镇。依托九华山风景区的溢出效应、龙泉圣境景区和茶溪小镇，完善其旅游服务功能，提升其旅游度假体验，打造九华山风景区辐射下的重点文化旅游和度假小镇。

仙寓镇。依托仙寓山、大山富硒度假村等生态旅游资源，发展观光农业、农村旅游、休闲养生等旅游产业把仙寓镇建设成为重点旅游目的地镇。

七都镇。打造为黄山、九华山、牯牛降三大景区的驿站服务点。

殷汇镇。打造秋浦河畔重点旅游目的地镇。承担石城遗址、梦陶园、仰天堂等资源的旅游服务及接待功能。

棠溪镇。池州市—万罗山—清溪河—棠溪—曹村—石门高—九华后山旅游线路上的重要节点，是霄坑大峡谷、杉山、曹村、石门高等旅游景区景点的服务镇。

张溪镇。升金湖畔的重要城镇，是升金湖杨峨头观鸟的绝佳场所，靠近历山风景区，镇内自然风光秀美，旅游资源较为丰富，是升金湖湖外湖度假区重点建设镇。

官港镇。明王禅寺景区的中心镇以及皖西南茶叶香菇大市场购物的旅游服务镇，依托其旅游资源和特色商品市场，形成观光与购物一体的重点旅游目的地镇。

龙泉镇。是安徽省重点边贸城镇之一，在未来旅游发展中，龙泉镇既要起到门户城市的贸易功能，同时又要加强作为市域南部重点旅游目的地镇的旅游服务功能。

（4）做精旅游特色小镇建设。

在池州市域打造十大主题鲜明、特色强烈、业态独特的旅游特色小镇，其中陵阳镇、东流镇、庙前镇为建制镇，九华佛教文化特色小镇、杏花村诗酒文化创意小镇、平天湖绿色运动小镇、仙寓富硒小镇、芙蓉湖中药小镇、升金湖鱼鸟文化小镇为非建制镇。

九华佛教文化特色小镇。依托九华镇，打造为以九华佛文化、古镇文化、民俗文化等为主题，以古街巷为特色，集观光访古、研学、休闲购物、禅修度假于一体的国际休闲文化小镇。

杏花村诗酒文化创意小镇。打造杏花村"杏花诗词、唐宋风流"的旅游形象，以诗词歌赋创作、饮酒文化研究、美酒品尝鉴赏、杏花美景展示、唐宋风流话剧等文化创作为主线，打造一个集体验唐宋诗人饮酒作诗、观看唐宋风流话剧、欣赏杏花美景等为一体的诗酒文化创意小镇。

平天湖绿色运动小镇。契合池州市发展绿色运动健康城的理念，结合绿运会的举办，在池州平天湖合理区域打造绿色运动小镇，展示池州市绿运会的理念、成果等，在布局、建筑、功能等方面贯穿"绿色运动、健康生活"的理念，真正打造成池州市以绿色运动为主题的特色旅游小镇。

仙寓富硒小镇。以"健康富硒、人居生活"为主题，打造富有地方特色和富硒特征的农家旅游产品，将生态旅游和休闲养生相结合，富硒理疗、中医理疗、科普富硒知识、体验富硒养生文化等贯穿小镇生活的各个方面，打造一个特色鲜明的旅游度假小镇。

芙蓉湖中药小镇。依托杨田镇、酉华镇、木镇镇等区域中药材基地，打造一个中药材交易、中药材展示、中药材科普教育、中药材理疗等为一体的国际中药材交易、旅游度假小镇。

升金湖鱼鸟文化小镇。在升金湖畔唐田镇，打造升金湖渔人码头、升金湖观鸟基地、升金湖鱼鸟知识科普基地等特色项目，以此为依托，建设升金湖鱼鸟文化小镇。

陵阳镇（建制镇）。依托陵阳镇现有的古城老街和民俗风情文化，打造富贵陵阳文化旅游区，推进申报"国家历史文化名镇"工作，同时做好陵阳旅游中心镇服务设施建设，按照国家级特色小镇建设标准打造以"富贵陵阳·文化度假"为主题的特色小镇。

东流镇（建制镇）。依托东流镇桃源隐逸文化，结合滨江小镇建设，按照国家级特色小镇建设标准与要求，打造以"桃源度假·隐逸生活"为主题的特色小镇。

庙前镇（建制镇）。依托九华山风景区的区位优势，利用茶溪小镇、皖南三百村、九华水街等特色禅修运动设施，按照特色小镇建设标准打造以"禅修运动·养生度假"为主题的特色小镇。

3. 推进美丽乡村旅游建设

制定乡村旅游、扶贫工程行动方案。因地、因户、因人制定方案，精准施策。加大对乡村旅游、扶贫重点村交通基础设施、旅游公共服务设施等方面的支持力度。推动"农旅对接"，鼓励星级酒店优先采购建档立卡贫困村（户）生产的农副土特产品。支持农民工返乡进行旅游创业就业，建设一批乡村旅游创客示范基地，引导推出一批乡村旅游模范村、模范户、金牌农家乐、致富带头人。加大对乡村旅游人才的培训力度。

美丽乡村旅游要求：达到"四有、四洁、四化"的基本标准。

——四有：有牌匾标志证照、有接待场所、有环保厕所、有安全消防设施。

——四洁：院落洁净卫生、房间洁净无味、厨房洁净无虫、餐饮洁净安全。

——四化：道路硬化适宽、环境绿化美化、垃圾无害化、服务管理规范化。

旅游扶贫目标：遵照"就业第一、设施改善、产业增效、教育培训、项目支撑"的原则，实施池州市旅游扶贫"十百千万"工程。做实池州市石台县仙寓镇河东村和南源村等旅游扶贫重点村的扶贫工程，力争到2020年中旬，50%的建档立卡贫困人口通过旅游脱贫。

旅游扶贫保障机制：引导社会资本投入、设计农户参与机制、开展旅游人才培训、贫困家庭专人联系、常态监督定期反馈五大保障机制，推动扶贫旅游有效进行。

4.池州乡村旅游标准化体系

（1）建设要求。

村落建筑景观风貌。新建、改建、扩建住房与建筑整治应符合建筑卫生、安全要求，注重与环境协调；宜选择具有乡村特色和地域风格的建筑图样；倡导建设绿色农房。保持和延续传统格局和历史风貌，维护历史文化遗产的完整性、真实性、延续性和原始性。

生活设施。村主干道建设应进出畅通、路面硬化率达100%。村内道路应以现有道路为基础，顺应现有村庄格局，保留原始形态走向，就地取材。利用道路周边、空余场地，适当规划公共停车场（泊位）。桥梁设计要安全美观，与周围环境相协调，体现地域风格，提倡使用本地天然材料，保护古桥。饮水要应根据村庄分布特点、生活水平和区域水资源等条件，合理确定用水量指标、供水水源和水压要求。供电要保证电线杆排列整齐，安全美观，无私拉乱接电线、电缆现象；合理配置照明路灯，宜使用节能灯具。通信方面要完善广播、电视、电话、网络、邮政等公共通信设施，保证信号通畅，线路架设规划、安全有序，有条件的村庄可采用管道下地敷设。

生态环境。大气、声、土壤环境质量应分别达到《环境空气质量标准》（GB 3095—1996）、《声环境质量标准》（GB 3096-2008）、《土壤环境质量标准》(GB15618-1995)中与当地环境功能区相对应的要求。村域内主要河流、湖泊、水库等地表水体水质应分别达到《地表水环境

第六篇：绿维全域旅游案例篇

质量标准》(GB3838-2002)、《海水水质标准》(GB 3097-1997)中与当地环境功能区相对应的要求。

环境绿化。村庄绿化宜采用本地果树林木花草品种，兼顾生态、经济和景观效果，与当地的地形地貌相协调；林草覆盖率山区≥80%，丘陵≥50%，平原≥20%。庭院、屋顶和围墙提倡立体绿化和美化，适度发展庭院经济。古树名木采取设置围护栏或砌石等方法进行保护，并设标志牌。

厕所改造。实施农村户用厕所改造，户用卫生厕所普及率≥80%，卫生应符合《农村户厕卫生规范》(GB 19379-2012)的要求。合理配置村庄内卫生公厕，不应低于1座/600户，按《粪便无害化卫生要求》(GB7959-2012)的要求进行粪便无害化处理；卫生公厕有专人管理，定期进行卫生消毒，保持干净整洁。

经济发展。制定产业发展规划，三产结构合理、融合发展，注重培育惠及面广、效益高、有特色的主导产业。创新产业发展模式，培育特色村、专业村，带动经济发展，促进农民增收致富。村级集体经济有稳定的收入来源，能够满足开展村务活动和自身发展的需要。

公共服务。建立健全基本公共卫生服务体系。开展旅游笑脸教育，提升中小学旅游意识。加强村民综合素质教育，提升文化素质。通过宣传栏、广播等渠道加强村民普法、科普宣传教育。建设具有娱乐、广播、阅读、科普等功能的文化活动场所。建设篮球场、乒乓球台等体育活动设施。定期组织开展民俗文化活动、文艺演出、演讲展览、电影放映、体育比赛等群众性文化活动。

文化保护与传承。发掘古村落、古建筑、古文物等乡村物质文化，进行整修和保护。搜集民间民族表演艺术、传统戏剧和曲艺、传统手工技艺、传统医药、民族服饰、民俗活动、农业文化、口头语言等乡村非物质文化，进行传承和保护。

旅游就业。加强村民的素质教育和技能培训，培养新型职业旅游公民。协助开展劳动关系协调、劳动人事争议调解、维权等权益保护活动。收集并发布就业信息，提供就业政策咨询、职业指导和职业介绍等服务；为就业困难人员、零就业家庭和残疾人提供就业援助。

旅游公共安全。根据不同自然灾害类型建立相应防灾和避灾场所，并按有关要求管理。健全治安管理制度，配齐村级综治管理人员，应急响应迅速有效，有条件的可在人口集中居住区和重要地段安装社会治安动态视频监控系统。

（2）美丽乡村评定标准。

本标准共计1000分，共10大项，另有附加分50分。达到850分才具备评定池州市乡村旅游示范县的资格。详见表15-1。

表15-1 池州市美丽乡村评定标准

序号	评定项目	大项分值栏	小项分值栏	分项分值栏	单位自评记分栏	推荐单位记分栏	评定单位记分栏
1	乡村旅游发展宏观指标	100					
2	乡村旅游发展带动效应	100					
3	环境保护	100					
4	乡村旅游交通	50					
5	乡村旅游规划及产品	200					
6	乡村旅游服务	200					
7	乡村旅游管理	70					
8	乡村旅游营销	50					
9	乡村旅游安全	100					
10	乡村旅游发展后劲评估	30					
附则	加分项目	50					
J1	获得全国性旅游密切相关荣誉或称号	20					
J2	获得全省性旅游密切相关荣誉或称号	15					
J3	获得全市性旅游密切相关荣誉或称号	15					
总分							

第六篇：绿维全域旅游案例篇

（七）池州市全域旅游市场营销体系规划

1. 构建池州统一品牌营销体系

（1）营销思路。办好全国绿色运动健身大会、九华山庙会等现有节庆活动，加快打造杏花村文化旅游节、国际傩文化旅游节、升金湖开渔节、东流菊花节等特色旅游活动，形成2~3个在全国具有重要影响、在全省起示范带动作用的节庆旅游品牌。促进九华山与其他佛教名山联合营销合作，推动成立四大佛教名山联盟，联合开展节庆营销活动；支持各县区民俗节庆活动发展，支持各县区和重点旅游景区举办具有本地特色的旅游节庆活动，增强当地的旅游文化魅力和市场吸引力。

（2）营销定位。以推进皖南国际文化旅游示范区建设和创建国家全域旅游示范市为主线，以品牌形象宣传和区域联动发展为重点，创新旅游营销模式，充实周边市场，拓展全国市场，提升海外市场，加大品牌宣传力度，突破以宗教礼佛为主的单一形象，培育丰富多彩的复合型旅游形象品牌。

① 形象定位：

九华圣境·健康之都；

圣境九华·诗意池州。

② 宣传口号：

中国池州：国际佛教圣境·东方诗意田园（国际客户群）；

礼佛九华山·幸福池州游（国内客户群）；

礼佛九华山·诗意池州游（国内客户群）；

大愿九华山·诗意杏花村（国内客户群）；

池州走一走，活到九十九（老年客户群）。

③ 打造池州旅游大名片：

九华圣境、牯牛秘境、杏花诗境、秋浦仙境、富贵陵阳、绿运池州六大旅游品牌。

2. 构建多样化的市场体系

（1）基础市场。池州一级市场以安徽省内周边城市、长三角城市群、江西昌九城市群、湖北武汉城市群为主体，重点围绕合肥、南京、上海、杭州、武汉、南昌六大省会城市，加强两日游和三日游产品打造，丰富池州一地的短线旅游产品种类，同时在九华山观光礼佛产品之外，增加乡村休闲产品、养生度假产品、文化体验产品、亲子游乐产品的种类。重点针对自驾、亲子、老年、情侣（含新婚夫妻）四类主力客群，打造成为一级市场的城市后花园、周末度假首选养生福地。

（2）二级市场。池州二级客源市场主要集中在京津环渤海地区、珠三角城市群、成渝城市群三大市场，地理上距离池州较远，而且靠近同样为佛教圣地的五台山、峨眉山，可通过挖掘宗教文化内涵，将这两地流向五台山、峨眉山的客流导入九华山。面对这些市场时，把池州作为皖南大旅游目的地的一部分，并借助黄山、太平湖，组合营销，共同推荐。在产品设计上，围绕九华山观光及境内其他旅游资源，设计以池州为目的地的四日游或五日游产品，即中长线旅游产品。

（3）海外市场。池州海外市场方面，在佛教徒分布广泛的客源地（主要为日本、韩国、东南亚以及我国港澳台等），打造九华山佛教圣地的概念，吸引当地消费者进行朝圣之旅。尤其是韩国市场，因九华山开山鼻祖为新罗僧人金乔觉，可充分利用韩国游客的民族情感开发韩国客源。将池州九华山产品包装成常规入境产品，形成长线入境产品，以九华山为核心打造中长线佛教朝圣产品或者与其他三大佛教名山串联打造长线的佛教朝圣产品。

3. 实施多样化的营销策略

（1）节庆营销。把池州市建设成为皖南的会展经济中心，安徽重要的会展中心城市。以中国·绿运会、九华论坛、杏花村文化旅游节会、国际傩文化节、升金湖开渔节会、九华山庙会等节事活动为龙头，青山庙会、东流菊花节、升金湖湿地观鸟赏月节、升金湖草原露营节等特色节庆为补充，形成"全市性品牌化大型节事活动为龙头、县区小型节事活动为补充"、"月月有活动、季季有高潮"的时空组合。（2）品牌营销。打造旅游系列品牌，建立池州市鲜明的旅游总体形象，各县区开发各自特色的旅游宣传主题。以市场为基础，赋予品牌不同的外延，针对不同的市场群体开展各具特色的旅游促销活动；以活动为重要载体，推出不同主题的"池州旅游周""池州旅游月"等活动；以区域合作为平台，展现池州多元吸引力，成立旅游营销城市联盟；传统营销渠道与新媒体营销同步进行。塑造池州最美春季、清凉夏季、诗意秋季、民俗冬季的四季旅游形象，培育全年候、全天候旅游目的地形象。对每个季节旅游进行专题策划，将形象宣传、旅游产品整合为一体，采取专项推广宣传行动。

4. 形成全域旅游整合的机制平台

构建池州全域旅游的大外宣机制。将池州旅游形象宣传纳入对外形象提升战略中，强化各部门主动宣传池州旅游形象的机制格局，在信息发布、营销广告、营销活动、营销品牌、体制机制等方面统一品牌；旅游户外统一广告在高铁、航空、口岸投放；与战略合作者保持高度统一合作。通过创建目的地营销系统（DMS）、建设多语言的旅游信息网、建立重点目标市场直销系统、建立旅游销售代理网络分销系统、建立全域化推广销售体系、设立分销系统、构建OTO的营销体系等手段使池州整体旅游形象与池州综合形象合为一体。

（八）池州市"全域旅游+十大产业"体系规划

1. "旅游+大文创"

做强以九华山为龙头的佛教观光文化、以杏花村为代表的农耕民俗文化、以升金湖和牯牛降为主体的自然生态文化"三大品牌"。通过虚拟现实技术和特定表现手法，培育文化创意旅游产品。重点推出佛教文化系列体验、诗歌文化系列体验、民俗非遗文化体验，以及影视演艺事业四大文化系列产品。

2. "旅游+大工业"

加快发展工业旅游，创新池州当地企业文化建设和销售方式的新形态，加快既有工业产业与旅游业的产业融合，推进电子信息、先进装备制造、新能源等产业与旅游业的有机融合，加快发展旅游装备制造和旅游商品加工业，扶持一批"旅游装备制造明星企业"。加快对润思茶厂、八五钢厂等老厂景观改造，建设旅游文创园区，在江南产业集中区、池州经开区和东至县玩具工业城等区域，组织消费者参观工厂，展示规模化生产基地，强化工业旅游安全管理，扩大品牌的影响力。

3. "旅游+大生态"

严守生态红线，加快户外运动、生态科考、绿道、营地等新业态的融合发展。创建国际生态休闲城市，树立生态宜居的城市形象。加快建设以杏花村为代表的现代生态农业休闲基地、以仙寓山为代表的富硒养生基地、以升金湖为代表的湿地休闲基地、以秋浦河为代表的亲水体验基地。开展霄坑峡谷、牯牛降、升金湖湿地和老山森林区生态科普研学活动。开发登山步道、自行车绿道、野宿露营、房车营地、丛林穿越等户外运动项目，加快与黄山 168 国际徒步道的连接，建设石台—牯牛降—黄山国际徒步绿道。推进低碳交通行动，建设绿道系统、慢行交通系统及配套设施；创建低碳景区，推广使用生态能源和节能环保能源，倡导绿色低碳消费。

4. "旅游 + 大农业"

利用农业景观、农村空间和农作体验，吸引游客，通过整合优势产业资源、优化空间布局、拓展农业旅游功能、创优品牌形象、创新生态农产品与旅游商品开发、推动农事体验与旅游民俗融合、加快农业公园建设、营造农业种植与大地景观、优化新农村建设与特色民宿产业结合等方式，全面提升农业旅游产业。加快推进高标准农田建设、耕地土壤污染综合治理示范工程、杏花村国家现代农业示范区、九华红夏秋茶加工项目、池州市农机农资集散中心建设项目、万亩"秋浦花鳜"休闲观光渔业示范基地项目、杏花村文化旅游区白鹭渔舟项目、池州市农业科技创新与集成示范基地建设等重点农业项目建设。

5. "旅游 + 大健康"

建设国家医养融合示范基地。大力发展养老产业，编制养生养老产业发展规划。发展富硒养生、山林养生、生态水疗、高山避暑养生等业态，建设以仙寓山为代表的富硒养生基地；突出九华山佛教文化特色，深度开发礼佛禅修、候鸟旅居、养老度假等业态，打造环九华山禅修养生旅游基地。引进综合实力较强的医疗机构和战略投资者，整体开发运营集养老护理、康复护理、特色医疗、保健疗养、老年教育、老年体育、休闲养老、生态养老于一体的中高端养老地产项目，促进品牌化、规模化、网络化发展，争取成为全省首个国家医养融合试点市。重点打造生态养生、运动养生、饮食养生、温泉养生、禅修养生 5 大健康养生产品。

6. "旅游 + 大商业"

大力发展商贸会展、休闲商圈、购物旅游，形成"以商带旅，以旅促商"的发展格局。完善中心城市、县城、产业新城和重点镇的商贸服务功能，加快创意旅游纪念品开发，引导商贸流通企业运用信息技术进行业态创新、管理创新和体制创新，支持城市商业企业向农村延伸。到 2025 年，建立起城乡一体的现代商贸物流体系，建成设施先进、业态丰富、功能完善的城市核心商圈，与全域化旅游相适应的旅游消费圈，安全、方便、快捷的城乡社区便民服务圈。重点加快建设贵池徽州老码头、天堂湖商贸综合体、池州游轮新港旅游综合体、九华特色商街、陵阳特色风情街、青阳芙蓉湖特色商街、尧渡东流特色老街等商业项目建设。

7. "旅游+大教育"

推动旅游与教育产业深度融合。以池州学院、池州职业技术学院、九华佛学院、安徽卫生健康职业学院为依托，加快发展旅游职业教育、培训，培养池州旅游人才团队，拓展旅游教育研学产品，打造文化教育修学游线、佛学禅修游线、诗意乡村等池州特色旅游线路，形成一批研学旅游示范基地。按照研学旅游发展要求，争取池州市创建成为国家级或者省级研学旅游目的地，并争取创建国家级研学旅行基地1~2处，省级研学旅游基地10处。建设池州旅游人才交流发展平台，形成池州旅游发展智库，提升相关院校旅游研学水平，形成池州旅游发展智力支持；加快与国内国际先进旅游教育培养院校、机构、企业的合作，争取在池州设立分支机构，建设培训基地。重点打造青少年文博旅游、农业旅游研学产品、自然科普研学产品、佛教研修产品、民俗文化研学产品、戏曲文化研学产品六大类研学产品。

8. "旅游+大地产"

加快围绕为"家"服务，构成山水城市健康居住之家（第一居所），休闲度假第二、第三居所三类房地产综合开发构架，加快城镇休闲度假综合体建设，近期重点建设平天湖（绿运）旅游度假区、绿色运动健康城（江南产业集中区）、东九华旅游度假区、杏花村旅游度假区，加快建设富硒谷旅游度假区、风景岗旅游度假区、升金湖旅游度假区、霄坑旅游度假区、七星中药养生旅游度假区、香口温泉度假区等项目。

9. "旅游+大体育"

充分利用现有资源，导入体育旅游项目和业态，开展丰富多彩的体育旅游活动，开展城市健身路径工程。加快建设全国重要的康体运动基地和国家级体育旅游基地。延伸体育旅游产业链，挖掘体育的文化、艺术资源，创编和打造精品体育演艺节目。发展户外运动装备制造业、体育主题酒店、餐吧和特色体育旅游纪念品的研发、制造和销售。

打响池州六大体育旅游品牌：（1）打响九华山国际体育产业园、平天湖水上训练、天堂湖小球训练等体育训练品牌；（2）打响全国绿色运动、铁人三项赛、山地自行车越野赛、国家徒步竞走等体育赛事品牌；（3）打响九子岩、牯牛降、仙寓山、霄坑大峡谷户外运动品牌；（4）打响平天湖、天生湖、九华天池等水上运动品牌；（5）打响九华山、牯牛降等低空飞行旅游品牌；打造东至花灯、贵池傩舞、九华气功等民俗体育品牌。

10. "旅游+大会展"

发挥会展和旅游联动效应，积极培育会展企业，推动节庆会展与其他产业的融合消费，借此提升全市旅游品位、展示地域文化、推广旅游形象。打造中国佛教大会、中国佛事旅游用品博览会、池州市绿运会、杏花村文化旅游节、九华庙会、九华论坛、国际傩文化旅游节等一批具有国际影响力的节庆会展，同时积极打造东流菊花节、升金湖湿地观鸟赏月节、福主庙会等具有地域特色的地方节庆活动，丰富旅游产品形式和旅游活动，积极培育适合游客参与体验的新的旅游节庆活动，使之成为池州市旅游的新品牌、新"名片"。

（九）自然文化遗产与自然社会环境综合整治优化

1. 生态环境保护规划

（1）湿地与河湖生态保护规划。实施秋浦河、升金湖优质水源地保护工程，城区河湖水系连通工程，开展平天湖、升金湖、九华河等河湖及生态环境脆弱地区水生态修复与保护。重点推进升金湖保护区湿地保护与恢复工程、升金湖国家湿地公园、平天湖国家湿地公园、秋浦河源国家湿地公园保护与科普宣教工程等重点项目。（2）林地生态环境建设规划。保护培育森林生态系统，完善主要旅游区风景林建设，注重整体观赏效果，注意植被质量，加大对河湖源头、汇水区、主要河流两岸，以及水力发电站、水库、湖泊周围山地水土涵养林的种植。建立防护林带，提升旅游整体形象。（3）国土资源与水土保持规划。开展矿山综合整治和绿色矿山创建攻坚，整顿关闭非法矿山。深入开展长江、内河河道采砂"两禁一清"专项整治，确保秋浦河、九华河、青通河等干流河道全面禁采。抓好基本农田和经济基地建设，开展高标准的较为集中连片的治理，建立水土保持和生态保护的常态机制。

2. 旅游环境规划

（1）旅游环境卫生规划。加强环境保护意识的宣传和教育，在主要旅游城镇和旅游区建造旅游厕所，在城镇大力宣传珍惜环境、讲究卫生，严格执行城镇有关环境卫生管理条例，在旅游区将有关环境卫生的要求制作成宣传牌，或印制在门票、参观券、包装袋上面，随时提醒游客遵守公共道德。（2）创新倡导绿色旅游消费。引导旅游者低碳出行，率先建立绿色消费奖惩机制，开展绿色旅游消费奖励活动，引导旅游者建立绿色旅游价值观，推动全社会形成绿色消费自觉，引领全社会的低碳生活方式。（3）文明社会环境营造（居民素质文化）。建立良好的社会治安环境，给游人以人身、财产、餐饮、观光等安全感；强化旅游意识，从决策层、经营层到一般居民，都要树立"处处都是旅游环境"的旅游意识；强化旅游市场管理，构建健康、文明、向上的旅游氛围，规范旅游服务，消除旅游行业经营中的欺诈、强买强卖等不正当行为，使旅游业成为地方文明建设的窗口。

3. 人文资源可持续发展规划

古镇古村保护性开发。在方便原住民生活和不破坏古村落布局的前提下，推进古村落建筑景观风貌改造。保护原住民原有的生产生活场所和方式，尽量避免和减少对原住居民日常生活的干扰，更不得将村民整体或多数迁出由商业企业统一承包经营，不得不加区分将沿街传统民居一律改建商铺。

非物质文化遗产活化开发。以东至花灯、傩戏等池州市非物质文化遗产为基础，加工提炼，排练成适合大众审美的，体现池州市传统文化的剧种，丰富夜间活动。开发特色旅游商品，将葛公豆腐制作技艺、张溪龙网捕鱼技艺、高路亭酒曲制作技艺等非物质文化遗产研发生产成旅游商品。文化元素创意物质化，通过提炼非物质文化遗产的核心文化元素，将非物质文化创意为"看得见、摸得着"的地面铺装、雕塑小品、路灯装饰等。鼓励非物质文化遗产的传习，鼓励和支持传承人开展传习活动，同时将非物质文化遗产教育列入池州市中小学生课程中；与 NGO 组织合作，与民间组织合作，共同保护和开发池州市非物质文化遗产。

文物资源保护。加大文物申报力度，对池州市境内文物进行普查，有价值的文物要及时报批，加快徽池古道建设保护工作。建设文物保护场所，实行文物分级制度，建设文物博物馆，可移动文物要按照规定建立文物藏品档案，重点对化城寺、太平山房、李氏宗祠等文物进行归置。严禁文物破坏行为，各宗祠要修整破败的现状，采取必要的保护措施，严厉打击破坏文物的行为。

4. 全域旅游资源保护制度体系建设

（1）建设池州市旅游资源管理保护制度体系。建立合理完善的旅游资源统一管理、分级管理、区划管理制度，可将旅游资源的保护规范化、明确化，谁管理、谁审批、谁担责，是旅游资源保护的制度保障。（2）建立池州市旅游资源经营管理制度体系。建立旅游资源经营权管理制度、旅游资源经营准入制度、旅游资源经营监控制度、旅游教育制度、旅游容量控制制度、旅游资源生态建设基金制度，是旅游资源管理的根本。（3）建设池州市旅游资源环境保护制度体系，建设旅游资源与环境监测制度、旅游环境污染防治制度、旅游资源破坏与环境污染责任追究制度。

（十）区县发展导则与创建体系建设

1. 贵池区全域旅游发展导则

依托池州历史文化名城、杏花村、杏花村文化旅游区、平天湖、万罗山风景区、十八索自然保护区等特色资源，重点发展以唐风宋韵为特色的历史文化名城、杏花村为核心的历史文化资源，活化"杏花村"文化品牌。注重与九华山、升金湖形成良性互动，强化区域中心城市的旅游集散、休闲、娱乐、度假等核心功能。构建以"文化休闲体验、乡村休闲旅居、山水养生度假、研学休闲旅行"为主的品牌化特色产品结构，完善池州市全域旅游集散中心的中心旅游功能，推动国际文化生态度假旅游目的地建设，到规划期末，全面建成全域旅游示范区，建设成为一个国际化的文化旅游城市。重点推动杏花村文化旅游区、唐风宋韵山水城市旅游区、万罗山生态养生旅游集聚区、九华天池（元四村）生态度假旅游集聚区、灵芝生态文化旅游集聚区、升金湖农业休闲集聚区、大王洞地质体验集聚区、霄坑茶文化体验集聚区、殷汇商贸历史文化集聚区、刘街民俗文化旅游集聚区、九华古道文化旅游集聚区、石门高乡村休闲度假集聚区十二个旅游产业集聚区的建设发展。

第六篇：绿维全域旅游案例篇

2. 青阳县全域旅游发展导则

依托皖南国际文化旅游示范区核心区和"两山一湖"枢纽的区位优势，以"佛、山、水、田、城、村"旅游资源为基础，按照"显山、露水、秀城"的理念，县山联动打好九华牌，带动旅游业全面发展。以全域旅游创建为契机，坚持工业与旅游并重，生态与产业相融，城市与乡村共建的发展思路。构建青阳"莲花佛国·生态青阳"的主题形象，以"礼佛上九华·修身在青阳"为营销口号，打造"礼佛、观光、休闲、养生"四大特色产品和特色旅游商品，构建"4+1"特色文化旅游产品体系。打造九华观光、礼佛朝圣、禅境修身、佛国田园、文化性乡村五大精品旅游线路。"一核三线四区"全域旅游发展格局全面建成，旅游业成为青阳地方经济发展的支柱产业。最终建设成为中国禅修养生旅游示范县、安徽省生态休闲旅游名县、皖南国际文化旅游示范区核心区旅游强县。

3. 东至县全域旅游发展导则

发挥东至县位于皖南国际文化旅游示范区核心区及"三山三湖"山水观光旅游发展带、皖江城市文化旅游发展带重要节点作用，围绕"美丽中国建设先行区、世界一流旅游目的地、中国优秀传统文化传承创新区"的战略定位，突出文化休闲度假旅游、乡村生态旅游目的地、森林生态旅游度假目的地、湿地旅游目的地"四个目标"。做强以升金湖为主体的湿地科考旅游，以尧舜匈奴陶公为主题的文化体验旅游，以九天仙寓、尧渡河流域、生态茶园为代表的生态休闲旅游"三大品牌"。精品化战略打造旅游 A 级景区，通过精品带动整体人气。品牌化打造尧舜之乡、中国鹤湖、生态家园等，突出"尧舜之乡·候鸟天堂"品牌，全面促进旅游发展与农业、林业、渔业、文化产业、信息化等的融合，将加强与皖南国际文化旅游示范区、长三角地区其他城市的旅游协作，推进区域旅游一体化发展。到规划期末，全面建成"一心一轴四片区"全域旅游发展格局，旅游产业体系基本形成，全面建成全域旅游示范县，旅游业带动城乡就业等重要指标达到池州市上游水平，位于安徽省前列，旅游业成为县域经济支柱产业，实现皖南旅游名县、安徽旅游强县、华东重要生态休闲旅游目的地的建设目标。

4. 石台县全域旅游发展导则

以旅游兴县为目标，以建设国内一流的生态休闲养生旅游城镇为标

259

准，以石台旅游新城、牯牛降、仙寓山、秋浦河、醉山野五大核心景区为载体，充分发挥石台"森林覆盖率高、负氧离子浓度高、水体质量好、土壤富硒化、气候宜人"五大休闲养生旅游资源优势，凸显"生态养生＋休闲度假＋山水观光＋文化体验＝生态休闲养生旅游"的精髓，全面打造以"生态旅游、休闲旅游、养生旅游、文化旅游"为核心的多元化产品体系，强化石台县"山水家园·生态胜地·休闲天堂·养生福地"的旅游形象，坚持以生态为基、养生为本、休闲为形、文化为魂为发展主线，将旅游产业列为石台县国民经济的首位产业，把旅游产业作为各个产业之间的"润滑剂"和"黏合剂"，成为经济发展的新引擎。引进高端新颖的生态休闲养生旅游项目和生态休闲养生旅游品牌，把石台建成以生态、休闲、养生为特色的新型旅游城市，长三角城市群的"后花园"发展成"皖南国际文化旅游示范区"的重要支撑，中国原生态最美山乡旅游目的地。

5. 九华山全域旅游发展导则

依托九华佛文化和自然生态优势，围绕莲花佛国·养生之地主题，以市场为导向，以大愿文化为主要特色，以建成"一地六中心"为总体目标（一地：世界级旅游目的地。六中心：九华佛国禅修中心、佛学国学研学中心、文化创意产销中心、大愿文化观光体验中心、体育休闲运动中心、养生养老度假中心），实施"七大工程"，推进创新能力建设，推动生态、文化、旅游、科技、产业融合，提升既有产品，创新新的产品，丰富旅游业态，促进产业集聚发展，加快旅游业转型升级，提升发展质量和国际化水平，带动全市旅游业发展。到2020年，将九华山风景区建设成为世界佛教文化观光胜地和中国最强的文化旅游产业集聚发展基地。到2025年，将九华山建设成为国际一流的文化旅游目的地。

6. 平天湖风景区全域旅游发展导则

依托池州高铁火车站的交通区位优势，重点发展旅游商贸物流，加快推进池州义乌小商品城的改造升级；依托池州绿运会，在池州体育中心的基础上，构建丰富多样的体育运动场馆，加快绿色运动体育设施、体育产业发展，加快"体育＋会展＋旅游"的融合发展；加快平天湖景区建设，提升平天湖休闲娱乐和城市配套功能，利用滨水岸线、林荫道等线型景观带组织公共空间网络，联系城市的各组团中心，塑造"城在山水中、绿色在城中"景观环境，同步加快推进绿运主题乐园、绿运主题度假区等特色项目建设，丰富旅游功能。完善城市基础游览服务设施和基础设施建设，加强风景资源和生态环境保护，实现可持续发展。

7. 池州江南产业集中区全域旅游发展导则

以实现"五先"奋斗目标为统领，以"转型升级、提质增效"为主线，以建设"创新高地、智慧园区"为目标，全面融入长三角城市群，积极承接产业转移，强化项目带动，坚持创新驱动，夯实平台支撑，主动适应经济发展新常态，培育经济发展新动能，以生态工业、绿色工业为引导，加快大健康产业、生态农业、旅游商品生产、旅游装备制造产业的发展，打造一批工业旅游示范点，努力推动经济社会向更高质量更高水平迈进，不断提升产业创新能力，逐步将江南产业集中区建设成为安池铜城市组群的核心功能区、皖江城市带承接产业转移示范区的重要增长极、长江经济带的重要生态产业新城、大健康旅游示范城、池州旅游东大门。

8. 创建体系

全域旅游推动构建开放发展新空间，打破地域分割、部门分割，破除各种产业和行业壁垒，大力推进"旅游+"与各行各业融合发展，形成开放发展的大格局。形成市里统筹、区县助推两级联创，部门全面分工、全社会参与的创建体系。各区县按照国家全域旅游示范区要求，同步推进全域旅游示范区创建。全市向省、国家申报验收前，要求区县提前验收全面达标。整合市、县（区）两级力量，相关部门、景区点和涉旅单位全面分工，形成举全市之力推动创建的格局。加大社会参与全域旅游发展，提升居民文化素质，创建良好的社会治安和文化环境。

三、池州全域旅游保障篇

（一）全域旅游改革治理体系

1. 推进市委市政府统筹及领导小组建设

建立党政主要负责人任组长、池州市旅游发展委员会统筹各部门分管领导的全域旅游工作领导小组，创新管理体制，实行常态化、规范化的领导负责联系制及会议联系制，定期召开创建工作领导小组会议，具体负责指导旅游项目建设，研究解决创建过程中存在的问题。

2. 旅游综合执法改革

采用"1+3"模式紧抓管理体制改革。其中"1"指旅发委"升格",相当于各级党委、政府专职于旅游综合产业的办公室、协调组。"3"指旅游警察、旅游巡回法庭、工商局旅游分局。旅游警察,即"旅游+公安",是旅游专属执法的公安部门。工商旅游分局,即"旅游+工商",是旅游专属监管的工商部门。旅游巡回法庭,即"旅游+法院",是旅游专属审判的司法执行部门。完善充实旅发委职能。池州市旅游发展委员会内设办公室、监督管理处、旅游信息处、规划发展处、国内市场开发处、国际市场开发处、产业促进处、综合法规处、人事教育处等部门。增加池州市旅游发展委员会的综合执法功能,下辖旅游执法大队(包含旅游综合管理行政执法局、综合工商旅游分局及旅游巡回法庭的职能)、旅游警察、旅游推广中心、综合服务中心等部门。

3. 旅游统计改革和评价改革

以统计数据质量为核心,运用大数据技术在统计制度、统计方法、统计服务等多个方面探索改革,形成一套可复制、可借鉴、可推广的地方统计创新举措,防范数据失控风险,为政府决策、企业发展、民众需求提供全面科学的数据服务。与旅游院校、旅游电子商务平台企业、电信等合作,设立旅游数据中心,推进旅游统计改革创新,构建全域旅游的科学评价机制。

4. 推进旅游景区资源管理体制机制改革

选择一批景区深入开展所有权、管理权、经营权相分离等形式的管理体制改革试点,推进景区经营管理企业化、市场化、资本化。通过设立旅游功能区、旅游经济园区、旅游开发区等方式,推进旅游景区整合。以市场为导向,近期重点推进杏花村与杏花村文化旅游区、九天仙寓和仙寓山的统一联合营销经营。

(二)池州市全域旅游规划实施体系

1. 规划保障引领

构建规划保障体系。研究出台《池州市全域旅游保障促进办法》,依法推进全域旅游。率先出台《池州市全域旅游规划管理办法》《全域旅游与相关规划衔接办法》，争创旅游标准化示范城市，并积极探索编制池州全域旅游发展相关地方标准和行业标准，构建全域旅游标准化体系。为加强池州市旅游规划管理工作，进一步提升规划编制水平和质量，推进各区县全域旅游规划编制工作，建立严格的预审把关制度，成立"一本规划"编制工作领导小组，绘制"一张蓝图"工作平台，池州市旅游发展委员会负责全市的旅游规划监督、管理工作，地方各级旅游行政管理部门负责本行政区域内的旅游规划监督、管理工作。

2. 编制规划

编制区域总体规划。确定发展目标及发展策略，实现凝聚共识的一张"发展蓝图"并落实到空间，形成"一张图、三类空间、多个边界、一套技术规范及规划编制监督管理机制"规划成果。多部门多领域规划编制。统筹协调各部门需求，在区域发展"一张图"基础上，进行土地、空间、产业、人口、公共服务、基础设施、生态、农业布局等要素的全面对接与整合，形成多部门的多规文本及图纸。多规与总规协调融合。在规划编制过程中，对各部门多规文本和图纸涉及区域发展"一张图"核心内容的，进行共同判研并达成共识，并调整规划方案及实现多规协调。

3. 规划技术

实现基础数据、规划期限、用地分类、信息平台四大技术的统一，建立规划数据库，将国土、规划建设、生态环境、人口等各因素数据的采集、更新，以及数据结构进行有效界定，通过动态的采集和使用，为规划编制单位服务。形成动态融合平台，整理出一套包含规划目标、技术、平台、成果表达、动态延续、制度等各方面相协调的多规融合成果。

第三节　池州市全域旅游三年行动计划与实施方案（摘录）

为全面推进池州市国家全域旅游示范区创建和旅游业加快发展，特制定此行动方案。方案简称"6116战略行动"，即6大目标、10大工程、100项具体任务、6方面保障措施。

一、行动目标

（一）创成国家全域旅游示范区

各项指标均达到或超过国家全域旅游示范区相关要求，现代治理体系改革达到要求并创新引领，全域旅游体系建设、全域旅游环境服务大幅提升，探索形成全域旅游池州模式，成为全国全域旅游示范区经典样本。

（二）拓展池州全域旅游大格局

壮大提升九华山龙头、突破主城，加快培育杏花村、升金湖、牯牛降、秋浦河等重大品牌旅游区，形成双核驱动、多极支撑，加快建设环九华山佛教文化观光旅游圈、环主城区生态休闲文化旅游圈、沿升金湖—秋浦河—牯牛降生态旅游带，逐步形成"一山、一城、三区、两带"的全域旅游空间体系。

（三）打响池州全域旅游大品牌

塑造池州全域旅游整体形象，打响"九华圣境·健康之都"形象，推出池州旅游十大名片、四季旅游形象，培育主题鲜明、丰富多彩、覆盖度广的复合型旅游形象品牌。打响宗教文化旅游首选目的地、户外运动旅游首选目的地、大健康养生首选目的地，形成我国旅游新热点新高地。

（四）壮大池州全域旅游大产业

大力推进"旅游+"和"+旅游"，培育新产品新业态，构建"旅游+"大产业格局。将旅游业培育成为池州发展的战略性支柱产业，成为池州转型升级的新引擎、新动能，培育成为池州的美丽产业、健康产业、幸福产业。到2018年，实现全市接待国内外游客超过6500万人次，入境旅游人数超过130万人次，旅游总收入超过700亿元，旅游总投资超过500亿元的目标。

（五）完善池州全域旅游大体系

全面推进池州全域旅游的特色产品体系、全域旅游要素服务体系、全域旅游基础设施与公共服务体系、全域旅游现代市场与营销体系、全域旅游企业市场主体体系、现代旅游人才支撑体系等的建设和提升，形成配套完善的全域服务体系，建成日益成熟的全域旅游目的地。

（六）池州全域旅游品质大提升

全面提升池州旅游目的地品质，全空间优化环境、全过程优化服务、全方位优化体验、全要素完善配套，使池州旅游特色更加鲜明、内涵更加丰富、服务更加精细、环境更加优美、社会更加文明。让游客在池州游得放心、安心、舒心、开心。大力提升游客满意度和舒适度，大力提升居民的获得感和幸福感，使池州旅游品质达到国内一流水平。

二、行动任务

池州市全域旅游发展实施 10 大工程、100 项具体工作。

（一）全域旅游现代治理体系改革创新工程

完成"1+3"全域旅游改革，推进 10 方面综合改革创新引领，构建法制化、体系化、标准化的全域旅游的现代治理体系。

（1）研究审议发布《池州市全域旅游保障促进办法》。率先在全国探索依法推进全域旅游发展。

（2）完善强化党政主要领导亲自统筹推动全域旅游发展的领导体制。纳入工作全局，建立明确的领导责任、工作机制、决策机制，列入地方党委政府目标考核范畴。完善联席会议机制，全域旅游创建重要事项实行一事一议，重点工作实行领导联系制度。

（3）拓展完善旅游发展委员会综合职能。参考黄山旅游发展委员会、杭州旅游发展委员会等的经验，强化产业规划、综合监管、政策协调、旅游运行监测等综合职能，强化旅发委能力建设。

（4）创新推进旅游综合执法改革。设立旅游综合执法局和旅游警务支队、旅游巡回法庭，并在重点旅游区域设立旅游警察、工商旅游分局、旅游巡回法庭，引领旅游综合执法改革。

（5）创新推进旅游统计改革与旅游数据中心建设。与旅游院校、旅游电子商务平台企业、电信企业等合作，设立旅游数据中心，推进旅游统计改革创新，构建全域旅游的科学评价机制。

（6）推进全域旅游规划管理改革创新。探索全域旅游规范标准，出台池州市全域旅游规划管理办法、全域旅游与相关规划衔接办法，构建全市一盘棋的旅游规划管理体系，建立全域旅游规划实施评估机制，设立重点旅游区和项目规划专业预审机制。

（7）推进旅游景区资源管理体制机制改革。选择一批景区深入开展所有权、管理权、经营权相分离等形式的管理体制改革试点，推进景区经营管理企业化、市场化、资本化。通过设立旅游功能区、旅游经济园区、旅游开发区等方式，推进旅游景区整合。

（8）推进旅游投融资机制改革。组建全域旅游发展平台公司，推动设立全域旅游发展基金，推进全域旅游全要素招商，建立全域旅游项目孵化器，与金融机构建立推进全域旅游合作计划。

（9）全域旅游标准体系建设。探索制定池州市全域旅游发展相关地方标准和行业标准体系，争创国家旅游标准化示范城市。

（10）探索全域旅游共建共享机制改革创新。研究构建全域旅游的共建共享机制，共建共享美好生活，共建共享基础设施、公共服务和美丽生态，促进旅游和城乡居民生活有机融为一体。

（二）全域旅游特色产品体系建设工程

（1）深度开发大九华山旅游区。加快建设九华山世界佛教文化胜地和中国禅修养生度假地，支持申报世界文化遗产和世界地质公园。加快构建环九华山旅游圈，带动周边打造有综合吸引力的大九华旅游目的地。

（2）加快推进杏花村文化旅游区创建国家 5A 级景区。推动两个杏花村景区的整合和功能差异化发展，重新统筹规划和创建国家 AAAAA 级景区，以"诗词文化和唐宋经典田园生活"为主题，建成集诗歌诗词文化、田园休闲、诗酒庄园、水韵观光、禅茶养生、康体运动、滨湖度假于一体的国家级文化产业示范园区。

（3）加快推进牯牛降创建国家 5A 级景区。统筹规划，加快推动牯牛降创建国家 5A 级景区的相关工作，抓紧完善配套基础设施和服务，建设以自然生态环境、独特生物多样性、壮丽山岳和秀美水景为特色资源，集观光游览、户外运动探险、生态科考、避暑休闲、山地度假等功能为一体的高品质生态旅游景区,联动仙寓山、南溪古寨等,以富硒为特色打造国家生态康养基地。

(4) 加快创新开发升金湖生态旅游区。以生态保护为前提,通过"湖外湖"模式对升金湖进行旅游开发、资源整合,创新升金湖湿地保护与旅游综合开发,与水利综合整治结合推进旅游区基础设施配套建设,打造集湿地观光、科普教育、生态休闲、文化度假于一体的国家生态旅游区、国际湿地旅游度假示范区。

(5) 绿色运动会的提升拓展。进一步丰富绿运会内容、创新机制,将其打造成在全国有影响力和吸引力的旅游核心吸引物和品牌。规划建设绿运主题体育公园,建成集绿色运动健身与比赛、市民(游客)休闲与娱乐为一体的生态型体育公园,成为绿运会的主会场及展示交流和运动休闲中心。结合全民健身,在全市每个重点旅游乡镇,规划建设不同类型和特色的运动基地和运动项目,形成全市全域覆盖的丰富多彩的绿色运动活动。在此基础上,创意推进国际徒步大会、国际禅修大会等新的品牌活动。

(6) 加快推进"两圈两带"四条风景道规划建设。编制建设方案和修建性详细规划,加快推进环九华山佛教文化观光旅游圈、环主城区生态休闲文化旅游圈、沿升金湖—秋浦河—牯牛降生态旅游带建设,成为各具特色、景观优美、服务配套的风景道,成为自驾车、自行车精品旅游线,构建开放的精品旅游走廊。依托池州162千米的长江岸线,规划打造滨江旅游交通景观带。

(7) 大力推进乡村旅游产品创新升级。坚持一村一品、特色差异、高标准规划、高起点建设,实施村落建筑风貌改造、景观系统规划、功能结构转型、生态环境整治四大工程,对民居院落、废弃房屋、开放社区等空间进行改造,打造一些类乡村度假庭院、乡村艺术领地、乡村公共空间,对历史文化名村、中国传统村落、安徽省传统村落优先规划安排,建设乡村旅游新高地。

(8) 全面推进旅游景区的A级化提升。通过创建国家A级景区,全面提升池州现有旅游景区品质,全市新创建2个以上国家5A级景区、10个以上国家4A级景区、20个以上国家3A级和国家2A级景区,按照国家A级景区标准,发展红色旅游经典景区、研学旅游基地、体育运动基地、户外基地、现代农庄、营地等新业态产品。

（9）推进"四季＋夜休闲"旅游产品提升。突破夏季避暑旅游，开发风景岗等山地旅游，打造江南避暑胜地。整合打造最美春季、诗意秋季、民俗冬季旅游目的地形象和产品体系，编制实施四季旅游开发行动方案。发展夜间休闲旅游产品，推动重要道路、重大广场、重点湖泊公园、重点街区等景观亮化改造提升，建设休闲购物、特色美食、文化娱乐等休闲街区，丰富完善夜间演出产品。

（10）着力突破旅游休闲度假区。重点打造九华禅修旅游度假区和富硒谷旅游度假区两大国家旅游度假区，以及绿运旅游度假区、风景岗旅游度假区、升金湖旅游度假区等七大省级度假区。

（三）基础设施与公共服务全域覆盖工程

（1）加快推进旅游厕所革命。编制池州市全域旅游厕所布局建设规划方案，建设100所左右A级厕所，并探索旅游厕所可持续管理运营模式。

（2）加快旅游航空运输发展。推进九华山机场扩建，推进国际直航包机和国际航线航班，大力拓展国内航空运输市场和航线，打造精品旅游支线机场。

（3）加快构筑旅游铁路交通网络建设。

（4）加快推进旅游公路网络建设。加快构建"三纵一横一联"高速公路网，推进干线公路路网升级工程、路网改造工程、路网延伸工程，确保国省干线对重要城镇、旅游景区、交通枢纽连接覆盖，外部交通便捷、内部环线通畅。

（5）加快推进旅游港口航建设。利用"一干三支"（长江干流、秋浦河、青通河、九华河）打通水路旅游通道，拓展境内外邮轮航线，借助黄金水道打造水上城市之旅。

（6）加快建设旅游集散咨询服务体系。加快建设以城区为主，青阳、石台、东至为节点的"一主三辅"旅游集散体系。

（7）完善"快行漫游"的自驾车、自助游服务体系。以风景道为主轴，以精品旅游线路为延伸，规划自驾游途中服务网络。有机整合全市高速服务站、自驾车营地、停车场、旅游厕所、标识系统和沿线乡村旅游点等设施资源，为游客提供完善的旅游咨询、自驾车服务、旅游购物、医疗服务体系、旅游餐饮、旅游厕所、停车维护等服务，打造完善的旅游自驾车服务体系。

（8）加快构建主要景区点、重点旅游城镇和乡村交通服务体系，完善交通标识。

（9）大力推进全域旅游信息化建设。池州市国家4A级以上景区建成智慧旅游景区，三星级以上饭店、四星级以上农家乐和其他主要游客活动场所实现网上营销、查询、预定及Wi-Fi全覆盖。

（10）完善旅游安全救援、保险等服务体系。建立旅游安全预警机制，强化重点领域和环节的监管，增强全社会旅游安全意识，加快旅游紧急救援体系建设，完善旅游保险保障体系，推动住宿、旅游交通及高风险旅游项目等经营者实施责任保险制度，推动保险机构完善旅游保险产品和服务。

（四）全域旅游服务要素与城镇优化提升工程

(1)池州"国际生态休闲城市"建设。按照"诗意山水田园城市"的风格，彰显生态特色，增强文化魅力，完善旅游功能，提升宜居品质。整合杏花村、平天湖、九华天池、秋浦河、长江等主城区范围内的旅游资源，大力开发水上观光、休闲度假、文化体验、会展节庆、体育赛事等旅游产品，建设国际知名的健康运动生态休闲城市。

(2)加快规划建设特色旅游县城。青阳县(蓉城镇)、石台县(仁里镇)、东至县城（尧渡镇）建成特色旅游县城。

(3)完善丰富中心城镇的旅游服务功能。打造殷汇镇、棠溪镇、庙前镇、朱备镇、陵阳镇、张溪镇、官港镇、龙泉镇、仙寓镇、七都镇十个重点旅游目的地镇，完善旅游服务功能。

(4)精心打造旅游特色小镇。重点打造六个主题鲜明、业态独特的旅游特色小镇。九华佛教文化特色小镇、杏花村诗酒文化创意小镇、平天湖绿色运动小镇、仙寓富硒小镇、芙蓉湖中药小镇、升金湖鱼鸟文化小镇等。

(5)加快推进美丽乡村建设。以打造系列乡村旅游集聚区作为发展重点，创建国家乡村旅游示范区为目标，围绕乡村度假、乡村体验、特色乡村活动等主题，以创建和发展全国乡村旅游示范村为方向，通过基础设施配套完善、服务水平提升、产品升级等工作，打造池州乡村旅游精品。

（6）加快发展特色住宿接待体系。引导发展星级酒店，提升星级酒店服务品质，鼓励经济型酒店发展。鼓励发展度假酒店和特色文化主题酒店。依托传统村落民居特色改造，大力发展特色精品民宿和乡村客栈。引导发展国际青年旅舍、汽车营地、露营地、帐篷宾馆、房车等新业态。

（7）加快发展特色餐饮体系。挖掘池州市餐饮特色，重点发展地方特色菜系、九华斋菜、贵池鱼宴、山野菜、小吃等特色美食，重点打造素食、鱼宴等主题餐饮，打造池州乡村旅游餐饮品牌，培育一批本地特色餐饮品牌，培育龙头企业。

（8）加快发展特色购物体系。加快建设孝肃街、杏花村坊、九华街、九华山水墨安徽、青阳古玩市场、前门街、石台茶城等一批旅游购物精品街区和专业市场。以九华山、杏花村、肖坑等为地理标志品牌，策划开发系列地方特色 IP 产品。

（9）加快发展特色文化娱乐休闲体系。精心打造 2~3 个标志性的文化演艺精品节目，在大愿文化园可打造"九华大典"，在杏花村可打造唐宋诗歌诗词酒文化主题的演艺节目，在平天湖风景区开发大型水墨灯光表演秀。

（10）加快发展特色旅行服务体系。加强与市外旅行社集团合作，对外营销，增强招揽游客的能力。扶持龙头旅行社，与国内大旅行社合作，加强旅游产品线路创意开发，与外地旅行社合作分批在重点客源地建设游客服务中心，开展客源地开发。

（五）池州全域旅游"旅游＋"融合发展工程

（1）大力推进"旅游＋扶贫"。制定乡村旅游扶贫工程行动方案。因地、因户、因人制定方案，精准施策。加大对乡村旅游扶贫重点村交通基础设施、旅游公共服务设施等方面的支持力度。实施"乡村旅游后备箱工程"，建立乡村旅游优质农副土特产品名录，推动贫困村在临近景区景点、高速公路服务区设立乡村旅游购物点。

（2）推动"旅游＋文化"，建设文化旅游示范基地。充分挖掘弘扬池州特色文化，围绕佛教文化观光、非物质文化遗产民俗体验、古镇古村落和文化艺术创意等四大特色，建设禅修养生地、特色文化展示区、文化旅游示范基地，创建国家文化产业示范基地。将文化创意元素渗透到旅游产品中，通过虚拟现实技术和特定表现手法赋予动漫、影视、游戏、主题公园、旅游节庆和旅游演艺活动更多的创意内涵，培育有地方特色的文化创意旅游企业。

（3）推动"旅游+生态"，建设生态休闲度假基地。加快建设以杏花村为代表的现代生态农业休闲基地、以仙寓山为代表的富硒养生基地、以升金湖为代表的湿地休闲基地、以秋浦河为代表的亲水体验基地。开发森林探险游、避暑森林生态游、森林体育游、森林养生游、"森林人家"体验游等产品，打造池州旅游新亮点。

（4）推动"旅游+农业"，培育乡村旅游精品线路。培育环山乡村旅游精品线路、环湖乡村旅游精品线路、沿线乡村旅精品游线路、沿河乡村旅游精品线路。推进"国家休闲农业与乡村旅游示范县"创建和现代农业庄园创建，逐步实现县区全覆盖，大力推进农旅一体化，将传统农业打造成兼具休闲度假新功能的现代农业。

（5）推动"旅游+体育"，培育体育旅游品牌。建设一批自驾车、房车、自行车营地，引进一批国际性体育品牌赛事，加快体育训练产业发展，打响体育健身品牌、体育赛事品牌、体育训练品牌。建设野外拓展、水上漂流、滑草、极限运动等基地，加强现有体育设施的综合利用，扶持一批户外体育运动协会，开发攀岩、皮划艇、定向越野、旱地冰球等户外运动旅游项目。

（6）推进"旅游+大健康"，建设养生旅游基地。将池州打造成为中国健康养生首选地，构建长三角生态养生中心、禅修养生中心、户外运动中心、健康食品中心，推进实施"五个一批"工程，即建设一批健康产业基地、实施一批重大项目、培育一批骨干企业、探索一批试点示范经验、形成一批知名品牌和产业集群。

（7）推进"旅游+教育"，构建研学旅游基地和旅游人才教育培训基地。争取将池州市创建成为国家级或者省级研学旅游目的地，并争取创建国家级研学旅行基地1~2处，省级研学旅游基地10处。

（8）推进"旅游+商贸"，推动旅游与商贸业融合发展。引进国内外知名品牌和企业，重点发展佛雕、谛听、佛珠等佛教文化用品，九华佛茶、秋浦花鳜、九华素食等农特地方产品，傩面具、青阳折扇等旅游纪念品；加快主城区核心商圈建设，在九华山机场、主城区集散中心、池州火车站、池州旅游码头建设免税商店和品牌折扣店；依托池州国际会展中心，做大做强中国（九华山）国际佛文化旅游用品博览会、全国最大森林生态产品基地及电商平台两大全国知名会展品牌，大力发展池州会展旅游经济。

（9）推进"旅游+养老"，构建养老基地。把医疗、气候、生态、康复、休闲等多种元素融入养老产业，以朱备健康养生小镇等为试点，以升金湖等特有养生资源为依托，发挥石台慢庄、蓬莱颐养中心等康养旅游项目的带动作用，突出打响健康长寿品牌，大力发展老年体育、保健疗养、旅居养老、休闲度假型"候鸟"养老旅游等新业态，加快开发一批集休闲旅游、度假养生、康体养老于一体的综合养老项目建设。

（10）大力推进"旅游+交通"，构建特色交通体验系统。开发池州境内古道，设计古道游览线路，串联周边景区，提升古道旅游功能，发展户外徒步旅游，建设自驾车风景道、旅游景观大道、绿道体系，鼓励发展低空旅游，形成池州市特色交通体验系统。

（六）池州全域旅游整合营销推广工程

（1）全力塑造池州全域旅游整体形象。打响"九华圣境·健康之都"(或：九华胜境、池州诗境；池州—九华胜境、养生之都；佛国九华山、诗意池州市；佛国九华、福地池州；九华胜境、心池神州）品牌形象，使世人既知九华山也知池州市。突破以宗教朝觐为主的单一形象，培育丰富多彩的复合型旅游形象品牌。

（2）构建池州全域旅游的大外宣机制。将池州旅游形象宣传纳入对外形象提升战略中，强化各部门主动宣传池州旅游形象的机制格局，使池州整体旅游形象与池州综合形象合为一体。

（3）构建全市各区县和重点景区整合营销的机制。

（4）全力塑造池州四季旅游目的形象。

（5）宣传塑造池州全域旅游模式。在塑造旅游目的地形象的同时，塑造池州市旅游改革创新高地、旅游投资热土福地、创业热土福地的形象，全面提升池州旅游对资本的吸引力和影响力。

（6）发起发现池州的旅游推广活动。策划重新发现池州的旅游专题宣传，采取采风、摄影等方式重新发现池州旅游，遴选和推出池州的九华山、杏花村、牯牛降、升金湖、秋浦河、平天湖、绿运会十大旅游名片。

（7）创建池州市目的地营销系统（DMS），建设多语言的旅游信息网。提升池州旅游官网、官方微信、微博、主题旅游 APP 等，形成中文、英文、日语、韩语、法语、德语等多种语言宣传。

（8）构建全媒体品牌推广机制。充分利用微信、微博、微电影、数字旅游、影视植入、网络搜索植入等新媒体新技术开展营销推介，增强宣传效果。充分借助知名网站，以及我国港澳台、东南亚、日韩等地区的国际主流网站等开展宣传。

（9）创新旅游重大节庆宣传营销。利用国际、国内旅游交易会、海峡两岸台北旅展、中国绿色运动大会、中国国际杏花村文化旅游节和九华山庙会等平台，开展旅游节事营销活动。培育旅游节庆品牌，打造在全国、全省具有重要影响，全市起示范带动作用的旅游节庆品牌。继续用好绿色运动会平台，并策划举办世界禅修大会、国际户外大会、国际徒步大会、诗词大会等重大活动。支持各地和重点旅游景区举办有本土特色的旅游节庆活动。

（10）围绕交通开展系列宣传推广。根据机场、高铁等通达的城市，开展百城旅游宣传推广活动、长江三角区域宣传推广活动。在机场、高铁站、高速公路，以及飞机、高铁上开展旅游营销。

（七）全域旅游市场主体体系培育工程

（1）培育一批具有国际竞争力的文化旅游企业。鼓励跨行业跨地区跨所有制兼并重组、投资参股，重点扶持九华股份、九华集团、九华山投资集团、杏花村集团等重点企业，促进系列化、规模化、品牌化、网络化经营，逐步与国际接轨。支持大型投资公司、房地产企业、工业企业以及网络公司等跨界投资旅游，培育 1 个年经营收入达 20 亿元的文化旅游集团，培育 2~3 个年主营收入超 10 亿元、5~10 个年主营收入超过 5 亿元的大型旅游企业。

（2）鼓励和引导旅游企业面向资本市场融资。实行强强联合、抱团发展，力争新增 1~2 家旅游企业成功上市。鼓励企业利用高新技术创新旅游开发和管理模式，提高旅游企业的科技含量。

（3）支持大项目建设，扶持新的龙头企业主体。支持已成功引进的香港豪爵、香港天香控股集团、中国大旗文化产业集团、安徽嘉润、江苏雨润等大批大企业大集团，优化企业发展环境，支持企业主攻旅游产业、文化创意产业、高端服务业。鼓励优势旅游企业采取兼并重组、品牌连锁、特许经营等新形式拓展经营网络，组建以大型旅游项目为载体的旅游企业集团，引导旅游核心企业组建"联合舰队"，培育综合型旅游企业集团。

（4）招商引进培育一批新企业集团。改善投资环境，积极引进知名品牌和运营商、投资商投资旅游。加强与央企、知名民企、上市企业及旅游产业投资基金的对接，谋划推进一批重点项目。按照"龙头企业—重大项目—产业集群—产业基地"思路，精心谋划、科学布局，招大引强，努力使池州成为知名品牌企业的集聚区、中高端人才创业创新的首选地、大旅游产业发展新高地。

（5）开发壮大一批旅游景区企业。优化精品景区、提升优势景区、打造特色景区，推进九华山、大愿文化园、杏花村文化旅游区、平天湖、九华天池、牯牛降、九子岩、升金湖、醉山野原生态文化休闲度假区、仙寓山富硒养生旅游度假区等精品景区建设，推进大王洞、九天仙寓、蓬莱仙洞、怪潭、秋浦渔村、鱼龙洞、莲峰云海、秀山门、南溪古寨、十八索等优势景区建设。

（6）培育旅游酒店企业集团品牌、支持大旅行社做大做强。积极引导酒店、旅行社等传统的旅游企业向现代化、市场化转型，创新商业发展模式。引进一批具有国际影响力的品牌酒店，发展一批具有国际经营力的旅行社集团，重点扶持若干实力雄厚、竞争力强、品牌优势突出的旅行社，推进旅行服务集团化、网络化、国际化发展。在加强旅游产品线路创意开发的基础上，探索建立"批发商—代理商—零售商"的分工协作式销售网络体系。

（7）围绕旅游要素和新业态发展一批旅游企业。支持发展旅游演艺企业，扶持发展旅游商品研发生产企业，支持发展旅游餐饮企业，支持乡村旅游合作社、俱乐部等旅游新组织发展。

（8）加大对旅游中小企业的政策、资金扶持力度。推动中小旅游企业向经营专业化、市场专门化、服务细微化方向发展，在培育期给予财政、税收、金融、土地等优惠政策支持。鼓励中小旅游企业之间加强合作，构建旅游企业战略联盟。引导扶持中小旅游企业建立与大型旅游集团的网络服务协作。支持中小型旅行社市场细分定位和差异化竞争，走特色化、专业化发展之路。

（9）推进池州旅游大众创业万众创新。积极创建国家旅游创业创新示范城市，组织开展旅游创新创业创意竞赛活动。与知名高校科研院所及知名企业合作，共建旅游创新创业孵化器，推广创客空间、创业咖啡、创新工场等新型孵化模式，建设低成本、便利化、全要素、开放式的旅游众创空间，给予资金政策支持。对新认定的国家级孵化器、市级孵化器及年度考核优秀的孵化器，新认定的国家级、省级小微企业创业基地，给予奖励。大力发展创业型的个体私营旅游经济，发展家庭手工业，鼓励城镇居民进行旅游创业就业，进一步降低旅游创业门槛，强化创业服务。

（10）鼓励发展旅游行业组织。发展完善池州旅游相关行业协会，强化协会"沟通、协调、服务、维权、自律"的基本功能，发挥协会联系政府、服务会员、促进行业自律的优势功能，逐步建立体制合理、功能完善、结构优化、行为规范的协会体系。

（八）全域旅游人才培训支撑体系建设工程

（1）编制池州全域旅游人才发展和培训规划。在全面调研普查和分析未来人才需求的基础上，制定发展和培训规划，明确各类人才需求的数量和培养路径，推进各类旅游人才队伍的建设。

（2）将旅游人才纳入池州市人才战略。建立有效的旅游人才资源统计体系和完善配套的旅游人才评价体系。

（3）与旅游学科强的著名高校合作推进旅游人才计划。与著名高校合作推进"十百万"旅游人才计划，即：联合培养培训十个旅游领军人才、百名旅游骨干人才、万名旅游从业者。培训一批旅游管理干部、旅游企业家、经营者和专家人才。

（4）合作建设旅游人才教育培训基地。大力发展旅游职业教育，与池州市相关院校合作，扩大旅游职业教育规模，提升旅游职业教育水平。推进旅游教育培训基地建设，加强与旅游院校、旅游企业的合作，联合开展旅行社从业人员培养、培训工作。

(5) 加大旅游人才的引进、培育和开发力度。紧紧围绕旅游业发展的需要，着力抓好行政管理人才、职业经理人才、紧缺专业人才、从业人员四大队伍建设，提升旅游业整体水平。吸引人才向池州旅游行业集聚，快速壮大旅游人才队伍规模，满足旅游业快速发展对人才的需求，引资引智相结合加快人才队伍建设。

(6) 加强旅游干部队伍建设。加强旅游部门干部队伍建设，选准配强旅游部门领导班子。优选使用德才兼备的旅游干部，使一批有能力、有干劲的旅游干部充实到相关岗位上去。

(7) 开发本土特色旅游人才。加强对非遗文化传承人的保护与扶持力度，资助一批重点项目、重要演出、重点专著，重视对下一代传承人的培养，不断推进非遗资源和民间艺术的保护与开发。

(8) 完善旅游人才政策体系。

(9) 开展全域旅游系列培训。

(10) 加强全域旅游智库建设。建立池州市旅游发展专家咨询委员会，充分发挥专家在规划建设、改革发展等方面的智力支撑作用。与著名高校合作，构建池州全域旅游监测研究基地。

（九）全域旅游的自然遗产保护与生态环境建设工程

(1) 严格保护自然遗产。支持九华山申报世界地质公园和世界文化遗产，严格保护国家和省级风景名胜区、森林公园、湿地公园、自然保护区、地质公园、水利风景区等自然遗产。开发利用时，落实主体功能区规划，划定生态空间边界和生态保护红线。

(2) 保护和恢复重点湿地与河湖生态系统。实施秋浦河、升金湖优质水源地保护工程，城区河湖水系连通工程，开展平天湖、升金湖、九华河等河湖及生态环境脆弱地区水生态修复与保护。推进湿地生态效益补偿和退耕还湿，新建一批湿地公园、湿地风景名胜区等。重点推进升金湖保护区湿地保护与恢复工程、升金湖国家湿地公园、主城区城市湿地公园、平天湖国家湿地公园、秋浦河源国家湿地公园保护与科普宣教工程等重点项目。

(3) 保护优化林业景观生态系统。

(4) 推进综合国土整治与环境优化，打造大地景观中国示范区。开展矿山综合整治和绿色矿山创建攻坚，整顿关闭非煤矿山，创建绿色矿山。深入开展长江、内河河道采砂"两禁一清"专项整治，确保秋浦河、九华河、青通河等干流河道全面禁采。全线开展砂场清理、小散码头整合和岸线功能区整治，促进岸线资源规范管理和有序开发。打造最美河道、最美公路和最美铁路景观。利用四季变化打造四季景观，建设中国大地风景最佳展示平台。

（5）率先探索建立和完善旅游绿色发展机制。率先探索建立旅游生态补偿机制，完善旅游生态保护与收益分配挂钩的激励约束机制。

（6）全行业推进节能减排，推进旅游绿色技术开发应用。积极推进生态旅游技术成果的转化与应用，推进生态化、低碳化设计。推广高效节水技术和产品，开展旅游节能减排行动，降低全行业资源消耗。

（7）创新倡导绿色旅游消费。引导旅游者低碳出行，率先建立绿色消费奖惩机制，开展绿色旅游消费奖励活动。

（8）完善配套旅游区环境卫生体系。对于游客集聚地、餐饮点的固体废物可降解部分及时集中处理，不能降解部分可按政府有关规定回收处理。

（9）优化城乡整体建设等环境风貌。整体提高游客在旅游过程中的各种感观反应，包括建筑、绿化的美感度，街道、房屋、水体的洁净度，旅游氛围的浓厚程度及旅游服务的方便程度。

（10）保护珍稀动植物。加强牯牛降国家级自然保护区、升金湖国家级自然保护区、贵池老山省级自然保护区、贵池十八索省级自然保护区、青阳盘台省级自然保护区等的保护，保护好银杏、红豆杉、香果树等珍稀植物，保护好古树名木。

（十）文化遗产保护传承与社会环境建设工程

（1）提升全社会文明程度和好客文化，打造"四意"池州。挖掘弘扬诗词文化，打造诗意池州；挖掘弘扬佛教文化，打造禅意池州；挖掘弘扬徽商文化，打造诚意池州；挖掘彰显城市性格，打造心意池州。培育和美文化，以创建全国文明城市为统筹，唱响主旋律，传播正能量，积极弘扬和传承中华民族传统文化精髓，培育社会主义核心价值观，发展健康向上的新媒体和网络文化，形成讲正气、知荣辱、乐奉献、敢担当的良好风尚，展现池州人民热情文明、向上向善的美好形象，营造"人和城美"的社会氛围。

（2）加强池州市历史文化名城的保护利用。以创建国家历史文化名城为抓手，整合散布在城区的历史文化资源，建立历史城区、历史文化街区、文物保护单位多层次的保护体系，有效保护传承历史文化，展示诗文化、戏曲文化、民俗文化、酒文化等地域特色文化内涵。加强池州府学、百子庵历史文化街区，杏花村、孝肃街历史风貌区，以及古城墙、兴济桥、包公井、赵家洋房等文物古迹的保护利用，打造自然景观与人文环境交相辉映的历史文化名城。注重在旧城改造中保护历史文化遗产和传统风貌，注重在新城新区建设中融入传统文化元素，注重城市建筑、风格、色调的人文内涵设计，把城市建设成为历史底蕴深厚、时代特色鲜明的人文魅力空间，增强城市历史文化魅力，完善旅游服务功能。

（3）加强对池州是国家文物保护单位的保护与利用。对27处保护单位、90处文物点，加大保护利用，以开发促保护，融入文化旅游元素。推进国保单位、古镇、古村落等历史文化遗产保护利用，规划建设东至县华龙洞考古遗址公园。

（4）实施乡村记忆工程，实施非物质文化遗产生产性保护行动计划。加大对池州傩戏、青阳腔、东至花灯、九华山庙会等国家非物质文化遗产的保护与利用；对贵池民歌、石台唱曲、九华山佛教音乐、石台目连戏、文南词、青阳农民画、石台油坊榨制技艺、平安草龙灯、鸡公调、红茶制作技艺、福主庙会、酉华唱经锣鼓、大九华水磨玉骨绢扇等省级非物质文化遗产的保护利用；对青阳民间歌谣、新河《龙船调》、石台民歌、石台十番锣鼓、杜村目连戏、葛公豆腐制作技艺、张溪龙网捕鱼技艺、高路亭酒曲制作技艺、石台一品锅制作技艺、七都臭豆腐干制作技艺、严家古香制作技艺、昭潭土菜等市级非物质文化遗产的保护与利用。探索采取"项目+传承人+基地""传承人+协会"等模式，结合发展文化旅游、民俗节庆活动，开展生产性保护。

（5）加强对池州古村落和特色景观村落的保护利用。编制池州古村落和特色景观村落的保护利用规划，在保护原生环境基础上，合理开发旅游，打造一批特色旅游村镇。重点建设陵阳镇、高路亭村古村落、南溪古寨、大演乡严家村、九华乡老田村、棠溪镇等。

第六篇：绿维全域旅游案例篇

（6）实施地域文化传承创新工程。推动传统文化创造性转化与创新性发展，加快文化与旅游、建筑、园林、农林等领域融合发展，挖掘佛文化、傩文化、诗文化、茶文化和地方戏曲文化资源，大力发展演艺文化产业、民俗文化产业、节庆会展产业、动漫创意产业，开发具有池州特色的文化服务产品，建成一批以非物质文化遗产展示、传承、体验为内容的新型文化旅游景点。重点推进池州市非遗传习展示中心、大愿文化园二期、池州市大剧院建设项目、池州市数字影院项目、东至华龙洞考古遗址公园等项目的建设。

（7）完善池州社会文化服务体系建设。完善乡镇（街道）综合文化站、农民文化乐园、城市社区文化活动中心等服务网络，实施公共图书总分馆制，推动建设数字图书馆、数字博物馆、数字剧场、公共电子阅览室等新型服务载体，扩大公共文化设施免费开放范围，实现公共文化服务网络全面覆盖、互联互通。

（8）大力倡导文明旅游，开展旅游自愿者行动。遏制旅游不文明行为，营造良好的旅游市场环境。动员全社会营造文明旅游大环境，开展旅游不文明"随手拍"活动，将旅游不文明照片、视频等在媒体上集中公布，形成声讨旅游不文明行为的浓厚氛围。发起推进全域旅游自愿者行动，引导提升文明旅游。

（9）用标准化推进服务质量全面提升。围绕全域旅游创建，逐步完善旅游服务标准、旅游企业安全卫生标准、等级景区标识牌标准、旅游咨询中心建设标准和环境保护生态建设标准等内容，建立与国际通行规则相衔接的旅游标准体系，在涉旅企业推广应用。开展旅游标准化示范市、示范企业创建活动，在九华山风景区和九华股份率先开展服务标准化建设试点，鼓励旅游企业制定个性化管理服务标准。创建全国旅游标准化示范市。

（10）加强执法队伍建设，健全旅游行政执法体系和质量监督网络。建立旅游企业"黑名单"制度，加大对黑车黑导查处力度，在主要新闻媒体、旅游网站上建立专栏，对违规违纪、服务质量低劣、环境秩序差、游客投诉多的旅游经营行为予以曝光，强化法律监督、舆论监督、公众监督作用。加强旅游文明创建和诚信体系建设，建立诚信旅游考评监督机制，引导旅游企业自觉诚信经营，营造旅游诚实守信的消费环境，倡导游客文明消费。

三、行动举措

发展全域旅游是一场深刻的革命，需要全面统筹、综合谋划，从组织领导、政策扶持、投融资创新等以下六个方面强力保障。

（一）加强统筹领导，构建强有力的全域旅游创建组织体系

（1）加强党委政府对推动全域旅游发展的统筹领导。将全域旅游发展纳入池州市经济社会发展工作的全局予以定位和强化，建立党政主要负责人任组长的全域旅游工作领导小组，明确任务分工、明确工作职责、明确负责部门、明确完成时限，形成全域旅游"全面抓、全面管、全面建"的统筹推进机制，建立市领导分头负责推进重点行动、重点项目、重点改革的机制，汇集各方力量，群策群力，共同推动。

（2）全域旅游创建与全域整体战略一体化推进。将创建国家全域旅游示范区与创建全国生态文明示范区、皖南国际旅游文化示范区、国家大健康产业开放试验区、美丽中国先行区、国家文明城市、国家卫生城市、国家园林城市、世界人居环境模范城市等一体化推进，推进多区联创、多城联创。将旅游兴市作为重大战略，将发展旅游与大健康和战略性新兴产业作为三大战略，将建设旅游池州与美丽池州、健康池州、幸福池州一体化推进。

（3）构建两级同创、全面统筹推进的创建体系。在全市统筹推进全域旅游示范区创建同时，要求各个区县按照国家全域旅游示范区创建的导则和标准，同步推进全域旅游示范区创建。在全市向省、国家申报验收前，各个区县要求提前验收全面达标。整合市、县（区）、乡（镇、街道）各级力量，相关部门、景区点和涉旅单位全面分工，形成举全市之力推动创建的格局。市里重点是顶层设计、全面统筹、调度协调和系统推进，各县区和相关部门、相关企业单位作为落实责任单位，分头落实合力推进。

（二）创新投资融资，构建强有力的全域旅游投融资体系

（1）加大财政投入。市级加大旅游发展专项资金，各县（区）设立

第六篇：绿维全域旅游案例篇

旅游发展专项资金，加大两级财政对全域旅游基础设施和公共服务体系建设及宣传推广、培训、规划设计等的投入。集中推动全域旅游项目建设，进一步优化全域旅游发展环境。增加对旅游基础设施建设的投入，加大对重大旅游项目前期开发及设施提升的扶持力度。整合相关渠道资金，协调整合农林水利、交通运输、环境保护等基础设施与旅游功能的融合发展。

（2）组建和培育做大政府平台公司。推动市县（区）组建推动全域旅游发展平台公司，或发挥已有平台公司在推进全域旅游基础设施、公共服务、资源整合开发、项目孵化等的作用。平台公司以政府信用为支撑，以实施政府政策为目标，直接或间接地有偿筹集资金，将资金投向急需发展的领域、行业和项目。通过发行信托资金计划和公司债券、联合投资等方式吸引民间资本进入，充分发挥民间资本支持基础设施建设和民生工程建设的作用，实现短期政策调控与利用民间资本长期机制的较好结合。

（3）设立全域旅游发展基金。以政府引导、市场运作、金融支持的方式，推动设立全域旅游发展基金。制订完善旅游项目贷款贴息财政补贴办法，充分调动鼓励各类资本参与全域旅游项目开发。通过"政府和社会资本合作（PPP）模式实施大型旅游项目。积极发展旅游投资项目资产证券化产品，支持符合条件的旅游企业上市，鼓励、引导、支持旅游企业通过发行债券、股票上市、产权置换、项目融资、质押担保等途径，加快项目建设。

（4）加大旅游项目招商引资，开展全域旅游全要素招商，设立全域旅游项目孵化器。围绕全域旅游发展，加大优质旅游项目对外招商，合作构建全域旅游项目招商平台和孵化器，进行旅游全要素招商，招投资商、开发商、运营商、服务商，引入资金、引入智库、引入品牌、引入人才、引入 IP，吸引各类资本投资池州旅游，加快培育旅游新业态、新产品，注重旅游项目投资规划，健全旅游业投资引导目录，避免重复建设和盲目投资。将全域旅游项目招商作为产业招商的重点，突出长三角、珠三角、环渤海区域，加强与央企、知名民企、上市企业及旅游产业投资基金的对接，谋划推进一批重点项目，促进项目尽快落地见效。

（5）推动全域旅游的政府与金融机构合作计划。与政策性金融机构建立推进全域旅游的战略合作计划，引导金融机构加大对旅游企业和旅游项目融资支持，促进财政贴息方式对重大旅游项目开发、公共基础设施建设融资给予支持。

（6）加大对乡村旅游和旅游扶贫的投入，加强扶贫资金整合，深入推进各层面涉农资金整合。

（三）优化政策扶持，构建强有力的全域旅游政策体系

（1）制定池州市加快推进全域旅游发展的意见。出台促进全域旅游发展的政策文件和规章，将推进全域旅游常态化和法制化。就国家和安徽涉旅游文件的政策落实情况进行梳理评估，推动全面落实，制定出台促进全域旅游发展的财税、土地、金融、规划建设、资金项目、外事宣传、改革试点、品牌创建、人才培训、旅游扶贫、奖励等政策。坚持大市场、大产业、大投资、大发展方向，完善政策引导各类市场主体积极参与全域旅游发展。

（2）完善全域旅游用地保障。落实差别化用地政策，编制全域旅游用地规划，增加旅游业发展用地。优先保障旅游特殊用地，加大旅游扶贫用地保障、旅游公共服务设施用地、旅游新业态发展用地的保障力度。

（3）制定旅游产业政策重点扶持重大项目建设及旅游新产品、新业态开发。鼓励社会资本投资旅游业，对投资旅游业的重大项目，集研发、生产、销售、展示于一体，融合一产、二产、三产于一身的全产业链企业，投资亿元以上且两年内达到投产运营销售，按贷款年利息的50%一次性给予补贴。优化产业政策，扶持旅游新业态，支持发展旅游＋健康、旅游＋体育、旅游＋养老、旅游＋会展、旅游＋研学、旅游＋农业、旅游＋交通壕（邮轮、自驾车房车、低空旅游等）、旅游＋文化等的综合项目，大力发展会展节庆，促进医疗机构与康养旅游景区协同发展，争取成为国家医养融合试点市。

（4）全面落实池州市的旅游奖励政策。对成功创建国家5A级、4A级、3A级旅游景区、国家生态旅游示范区、国家级及省级旅游度假区的景区，对成功创建国家、省级研学旅游基地的企业，对成功创建全国、省级旅游标准化示范企业，对获得省级5A和4A的诚信旅游企业，对评为省旅游商品示范企业，对在国家、省旅游商品大赛中获得金、银、铜奖的企

业等，都按照文件分别给予相应奖励补助。

（5）落实支持乡村旅游发展的政策。对成功创建"安徽省旅游强县（区）""安徽省优秀旅游乡镇""省级旅游示范村"的县（区）、乡镇、村，分别给予相应补助。对成功创建"全国休闲农业与乡村旅游示范县""全省休闲农业与乡村旅游示范县"的县（区），分别给予相应补助；对成功创建"全国休闲农业与乡村旅游示范点""全省休闲农业与乡村旅游示范点"的景区（点），分别给予相应补助。对成功创建安徽省五星级、四星级农家乐的经营户，分别给予相应奖励。对农家乐、民宿等制定不同于星级饭店、商务酒店的消防安全、食品卫生安全等标准，配备符合乡村旅游发展需要的消防、食品卫生安全等设施设备。

（6）落实旅游人才奖励扶持政策。支持当地人才申报国家旅游英才计划。对获得国家高、中级导游资格后且在池州从事专职导游的给予相应奖励。对在池州从事导游工作获得市级金牌导游员、银牌导游员荣誉称号的给予相应津贴。对具有韩语、日语等的导游员资格且在本市连续从事导游服务满三年以上的，给予相应奖励。对获得省级旅游服务技能大赛选手给予相应奖励。

（7）落实支持智慧旅游建设的政策。对获得淘宝、京东、天猫、唯品会等国内著名网购企业授权，利用云计算、移动通讯等新技术，通过智能终端实现导览、导购、导游、导航，实现线上线下（OTO）营销，年主营收入达到10亿元，带动行业智慧旅游水平提升的本市企业给予一次性奖励。对整体投资或参股开发池州智慧旅游平台建设，整合"食住行游购娱"等旅游要素，利用云计算、云服务、云平台等新技术，集面向游客、面向行业、面向管理于一体综合服务平台的旅游企业，实现池州旅游与互联网＋的合作，在池州拥有自主研发团队、自主创新水平达到国内一流的，实现年主营收入达到亿元以上，一次性给予奖励。

（8）推进池州旅游大众创业万众创新。积极创建国家旅游创业创新示范城市，组织开展旅游创新创业创意竞赛活动。与知名高校科研院所及知名企业合作，共建旅欧创新创业孵化器，推广创客空间、创业咖啡、创新工场等新型孵化模式，建设低成本、便利化、全要素、开放式的旅游众创空间，给予资金政策支持。对新认定的国家级孵化器、市级孵化器及年度考核优秀的孵化器，新认定的国家级、省级小微企业创业基地，给予奖励。

（四）加强规划项目引领，构建全域旅游的规划项目体系

（1）着力推进全域旅游发展总体规划及行动方案实施。全域旅游发展规划经过市规委审查，并通过人大常委会审议后，由市政府发布实施、严格执行，相关项目上马要符合全域规划发展方向。将全域旅游发展规划任务和全域旅游行动实施方案任务分解到各部门、各区县、各相关单位，做好规划实施的宣贯实施。

（2）做好全域旅游规划与相关规划的衔接和多规合一。对相关规划进行评估，相关规划要与全域旅游规划相衔接，将旅游规划理念融入经济社会发展全局，将旅游资源与其他资源合理配置，围绕旅游来规划城镇建设和产业发展，系统全面规划景点景区，整合协调发展各类资源和要素，以旅游为引领，推进多规合一。城乡、国土、生态、环保、水利、交通、林业、农业、文化、体育等规划与全域旅游规划衔接。促进全域旅游发展规划与城市发展、产业发展、土地利用、生态保护等规划实现多规合一。

（3）编制池州市全域旅游发展规划实施的系列子规划。根据全市全域旅游规划总体部署，各县区编制各自的全域旅游发展规划或者行动方案；相关部门根据任务编制相关专项规划或实施方案，编制旅游交通建设规划、旅游公共服务体系建设规划、乡村旅游建设规划、全域旅游综合环境整治优化规划等专项规划。

（4）做好项目策划、规划和实施。各级各部门要加强全域旅游项目谋划、策划和储备，建立健全动态管理的全域旅游项目库，加快启动全域旅游项目和配套基础设施项目建设，形成谋划一批、签约一批、开工一批、建成一批的梯次推进格局。建立全域旅游项目调度通报制度，争取更多项目纳入省重点项目建设库，列入三年滚动计划和中央预算内投资、专项建设资金项目支持。

（5）加强对全域旅游规划的实施评估。对全域旅游发展规划执行情况及实施效果进行评估，对规划主要目标的落实情况、规划重点项目和主要任务的执行进展情况、规划实施的综合影响等进行评估，提出相关建议，并通过评估推进规划更好实施。

（五）加大宣传培训，形成强有力的全域旅游宣传培训体系

（1）做好全域旅游创建工作的宣传。做好全域旅游创建工作的宣传，开展系列宣传报道活动，推动全社会关心关注支持全域旅游发展，营造全域旅游发展良好氛围。加强全域旅游宣传，让群众从旁观者变成参与者，让全域旅游深入人心、全民参与。各部门树立相互融合、一体推进的观念，相关工作树立旅游理念。

（2）加强全域旅游的相关培训。有针对性的对各级党委、政府负责人、旅游局长、相关部门负责人、重点旅游乡镇长、村长、重点旅游区负责人、旅游院校骨干、重点旅游企业负责人等进行全域旅游专题轮训，针对全域旅游创建验收开展专题培训等。

（3）构建全域旅游新闻宣传平台，建设新闻宣传骨干队伍。强化全域旅游发展中的舆论引导，持续推动旅游新闻工作转型，实现旅游新闻宣传意识全面增强，宣传应对引导能力不断提升。建设立体化旅游宣传体系，注重旅游新媒体宣传，开发建设旅游新媒体宣传推广平台、旅游新闻网络平台、舆情监测平台等。

（4）加强全域旅游创建信息工作。各县区要高度重视信息调研，及时报送当地旅游信息和调研成果，市旅游委将以专报上报，及时编印并立体式全媒体发布《池州全域旅游创建》。各县区要提升旅游信息质量，重点报送本地区推进旅游业发展的方法、取得的成效，或某个领域具有创新性、借鉴性的新举措、新成效。

（六）强化监督考核，构建全域旅游发展的社会监督体系

（1）加强政府监督考核落实。建立全域旅游发展的目标责任制，将全域旅游示范区创建工作纳入市内各部门、各县区效能目标考核体系，纳入对下一级政府以及相关部门的考核体系，完善创建工作的奖惩激励机制，加强工作督查，狠抓工作落实。

（2）构建全面的监督评价体系。创新旅游数据征集、分析体系，探索建立适应全域旅游特点的旅游服务质量评价体系、产业发展评价体系、

综合效益评价体系，充分利用大数据，与旅游电商企业合作，建立现代旅游的科学评价机制，引进第三方评估。加强社会对全域旅游的监督。充分发挥媒体的监督作用，通过对游客满意度调查、居民满意度调查等方式，增强社会监督。

第四节　全域旅游的池州模式（摘录）

一、典型意义：六大优势理应成为全域旅游经典样本

用六个"力"概括池州发展全域旅游的独特优势和示范意义。

（一）吸引力

池州具有世界级旅游吸引物和品牌。一是九华山国际佛教文化胜地，是我国四大佛教名山之一，且九华山在禅修、瑜伽养生等在佛教胜地中已创新引领；二是杏以花村、秋浦河为主要载体、以李白、杜牧为代表的唐宋诗词文化，唐文化生活方式的旅游代表都市是西安，宋文化生活方式旅游代表都市是杭州，池州则是回到唐宋最美、最诗意乡村生活的地标性城市；三是升金湖、牯牛降、平天湖等为代表的世界级生态旅游品牌。

（二）竞争力

池州旅游资源和产品不仅品位高、影响力大、吸引力强，而且旅游资源类型十分丰富，不同类型旅游资源和产品，在空间上和时间上都形成完美组合。旅游资源和产品在空间上形成全域化分布，同时不同功能区和季节又各具特色差异，旅游资源呈现风景、风貌、风情、风貌、风物、风尚完美融合，具有覆盖多样化市场的多种吸引力，发展旅游具有综合优势。

（三）拓展力

池州不但旅游资源和产品丰富多彩，而且相关特色产业与旅游业发

展融合度非常好，具有发展"旅游+"和"+旅游"的得天独厚的条件。发展健康养生、体育运动、富硒等特色农业、生态产业、养老产业等优势突出，而且与旅游天然融合联动。

（四）引领力

池州旅游业地位在国民经济社会发展中的比较优势突出，是重要的优势产业。党委政府将全域旅游、战旅略性新兴产业和大健康确定为三大战略重点，将旅游兴市确定为全市总体发展战略。因此，有条件发挥游业的龙头引领统筹作用。

（五）支撑力

池州发展全域的交通等基础设施已经比较完善，城镇化快速推进，市域经济也快速发展，综合实力不断提升，发展全域旅游具备较好的综合条件。同时，池州临近我国经济发达地区，具有很好的市场依托，发展全域旅游有需求支撑力。

（六）生命力

池州具有一流的生态环境和深厚的历史文化底蕴，山水景观和自然生态环境优美，人文社会环境平和优雅，是世界上最宜居的诗意山水园林城市，具有适宜健康养生长寿的良好环境，即：最适宜人居的经度、纬度、海拔高度、水土环境清洁度和负氧离子含量，无地震、无台风、无重大地质灾害、无雾霾环境污染、无地方病瘟疫流行病等。

二、类型特点：六大特点构建全域旅游全息经典案例

（一）综合型

池州全域旅游有综合性特点，有重点景区、生态环境、特色文化、特色乡村城镇和特色产业等综合支撑，可以依靠多种动力推进全域旅游发展，形成多极支撑、多轮驱动。

（二）发展型

池州经济社会处于发展中地区，还不是富裕的发达地区；旅游发展水平尚处发展起步阶段，不像杭州、苏州、桂林、张家界等比较成熟的全域旅游目的地，需要加快开发建设。

（三）国际型

池州旅游资源吸引力具有世界性，有条件建成国际性旅游目的地，池州发展全域旅游也要按照国际标准、中国一流的全域旅游目的地开进行改革创新发展。

（四）生态型

池州最宝贵的是难得的自然生态环境和独特的人文生态环境，这是最大优势。池州发展全域旅游要关注生态型特点，保护是发展的前提，需要守住生态的底线和发展底线。

（五）创新型

池州发展全域旅游，有许多优势和价值是潜在的，需要通过创新创意，才能激活这些特色资源和文化价值，如佛教文化、诗词文化、生态文化等，无形资产需创意激活。

（六）双驱型

池州推进全域旅游发展，既要注重发挥市场的决定性作用，注重发挥企业的市场主体作用；也需要发挥政府的引导作用，在基础设施、环境优化和公共服务等方面统筹推动。

三、发展理念：六个"全"彰显全域旅游发展新思想

池州全域旅游的发展理念，可以概括为六个"全"。

（一）旅游发展全面统筹

将全域旅游发展纳入经济社会发展工作的全局，形成全域旅游"全

面抓、全面管、全面建"的统筹推进机制。将建设旅游池州与美丽池州、健康池州、幸福池州等一体化推进。将创建国家全域旅游示范区与创建全国生态文明示范区、皖南国际旅游文化示范区、国家大健康产业开放试验区、美丽中国先行区等一体化推进，推进多区联创、多城联创。

（二）旅游环境全域优化

发展全域旅游，按景区的标准理念规划建设，要整体优化环境、优美景观，推进全域环境景观化，形成处处是景观，处处可以欣赏美、传播美的优美景区环境。拆掉景点景区"围墙"，实现景点景区内外一体化，以游客体验为中心，以提高游客满意度为目标，按照全域景区化的建设和服务标准，推进旅游景观生态全域覆盖，创造优美旅游环境，将有吸引力的资源、产业、元素都转化为旅游新产品和新的吸引物。强化全域保护，落实"绿水青山就是金山银山""望得见山、看得见水、记得住乡愁"理念，划定生态保护红线，守住生态底线。

（三）旅游服务全域配套

推进旅游要素和服务全域覆盖，在池州构建随处可及的温馨便捷服务，更加注重公共服务的系统配套，旅游要素配置全域化，统筹建设旅游目的地。以游客体验为中心，以提高游客满意度为目标，整体优化旅游服务的全过程。

（四）旅游治理全域覆盖

围绕适应旅游综合产业发展和综合执法需求，创新区域治理体系，提升治理能力，实现区域综合化管理，破除制约资源要素分属多头的管理瓶颈和体制障碍，更好地发挥政府的导向引领作用，充分发挥市场配置资源的决定性功能。形成旅游市场综合监管格局，创新旅游综合执法模式，消除现有执法手段分割、多头管理又多头都不管的体制弊端。

（五）旅游产业全域联动

努力提高旅游业附加值，发挥旅游产业经济效应，充分发挥旅游业的拉动力、融合能力，发挥旅游业的催化、集成作用，为相关产业发展带来消费动力，提升相关产业发展水平和综合价值，培育新业态、构建产业性生态。推进与相关产业的深度融合，推动全域形成新的生产力和竞争力。

（六）旅游成果全民共享

打破空间封闭，形成共建共享的旅游发展大格局，有利于共建共享美好生活、共建共享基础设施、共建共享公共服务、共建共享生态环境。把游客满意、居民满意作为根本出发点和落脚点。既要切实提高游客满意度，让游客游得顺心、放心、开心，又要促进本地居民脱贫致富、改善生活质量，让居民更有幸福感和获得感，发展成效体现到游客和居民的口碑上，把旅游业建设成为富民产业、快乐产业和幸福产业。

四、发展方向：努力实现全域旅游六个发展转变

全域旅游是一场意义深远的革命，核心是实现六个转变。

（一）实现空间格局拓展，从九华山景区旅游到池州市旅游目的地转变

继续做强做大九华山旅游，但要从九华山单核到与主城形成双核联动，并加快培育杏花村、牯牛降、升金湖、秋浦河等重大旅游品牌，形成吸引核，构建池州旅游大格局。促进旅游服务体系建设，延长停留时间，增加综合消费。全面推进全域旅游特色产品体系、全域旅游要素服务体系、全域旅游基础设施与公共服务体系等建设提升，建成比较成熟的全域旅游目的地。

（二）实现产业形态突破，从封闭式小旅游到开放型旅游＋大产业转变

突破传统旅游要素和行业，推进产业深度融合，带动经济社会全面发展。大力推进大旅游＋大健康、大旅游＋大农业、大旅游＋大体育、大旅游＋大文化、大旅游＋大商业等，提高相关产业融合度，旅游产业链条全域化，拉长价值链，形成综合新产能。

（三）实现治理模式变革，从行业小管理到全域化依法综合治理转变

立足现代旅游发展要求，将旅游治理方式从"看家护院"为主要特征的治安管理，提升到各部门各司其职、各负其责、依法治理。从部门抓旅游到党政统筹抓旅游，统一部署、合力推进。

（四）实现品牌形象突破，全面塑造池州丰富多彩的全域旅游形象体系

既知九华山也知池州市，突破以宗教朝觐为主的单一旅游品牌形象，培育特色鲜明、丰富多彩、市场覆盖面广的复合型旅游形象品牌。推出池州十大名片，形成品牌体系。塑造池州最美春季、清凉夏季、诗意秋季、民俗冬季的四季旅游品牌形象。

（五）实现产业实力提升，全面达到全域旅游示范区相关发展指标

到2018年，全市接待国内外游客人次、入境旅游人次、旅游总收入、旅游综合投资、旅游业增加值占GDP的比重、旅游业对GDP的综合贡献率、旅游对地方财政的综合贡献、旅游新增就业占新增就业比例、区域农民年纯收入、区域内建档立卡实现旅游脱贫人口，全面达到全域旅游示范区相关发展指标，旅游市场主体实力显著提升，旅游业成为富民重要渠道。真正把旅游业打造成与工业并驾齐驱的战略性支柱产业。

（六）实现全域旅游品质有大提升，与国际标准全面接轨、达到国内一流水平

通过创建全域旅游示范区，全面提升池州旅游目的地整体品质。使池州全域旅游特色更加鲜明、内涵更加丰富、服务更加精细、环境更加优美、社会更加文明。确保旅游无安全隐患、无重大安全事故、无严重旅游投诉事件、无严重旅游不文明现象、没有被国家和省级旅游部门给予各类警告处理，让游客在池州游得放心、安心、舒心、开心。大力提升游客满意度和舒适度，大力提升居民的获得感、幸福感和满意度，游客满意度超过85%，居民满意度超过85%。使池州旅游品质大提升，综合服务标准、经营管理水平与国际全面接轨、达到国内一流。

五、发展路径：探索六个"动"全域旅游发展路径

池州全域旅游创建和发展路径，可以概括为六个"动"。

（1）龙头带动、多极支撑。要继续做深做大做强九华山，充分发挥其龙头地位作用，同时加快培育杏花村、升金湖、牯牛降等重点旅游品牌景区形成多极支撑。在市场上，各具特色的多极形成多种吸引力，构建复合型市场。在空间上，则形成多个集聚核，构建各具特色的区域旅游板块。

（2）城景互动、城乡一体。突出中心城区作用，加快建设成为特色鲜明、吸引力大、服务力强的诗意山水田园城市和国际旅游休闲度假城市，形成双核互动。并推进青阳、石台、东至建设特色旅游城，大力推进特色旅游小镇建设，构建各旅游板块的特色服务基地。按照城乡一体的理念，大力推进乡村旅游创新发展，打造诗意乡村、禅意乡村等不同特色品牌，构建我国乡村旅游休闲度假新高地。

（3）整合联动、放大存量。要通过风景道建设，自驾车旅游服务体系建设，绿道、步道体系建设，全域覆盖的绿色运动会等方式，实现现有旅游产品要素的整合联动，通过主题化、特色化的组合，盘活存量，放大现有价值。以特色引领全域旅游建设，立足池州实际，深入挖掘地域特色、文化特色，探索各具特色的统筹发展机制、发展模式，培育主打产品、主题形象、产业体系，防止千域一面、千景一格、千点一味，形成色彩斑斓、各具特色、生动活泼的全域旅游大格局。

（4）创投驱动、突破增量。以项目为载体，通过投资和创新驱动，加快开发培育新产品、新业态，通过突破增强来拓展格局，优化结构，以更好地满足日益变化的旅游消费新需求。以新项目、新产品、新业态形成新的吸引点，形成新的引爆点，抢占新的制高点，形成新的消费新热点。

（5）融合齐动、共建共享。推进池州全域旅游发展，充分发挥"旅游+"整合功能，调动各方积极性，做好"融"文章，通过相关发展要素重新配置组合，形成全产业链的旅游经济形态，实现融合齐动。

（6）统筹推动、两级同创。发挥地方党委政府领导作用，从战略全局出发，把推进全域旅游作为地方经济社会发展和"稳增长、调结构、

惠民生"重要抓手，统筹规划、统筹部署、整合资源、协调联动、全面优化，形成推动全域旅游发展强大合力。同时发挥市县两级政府积极性，市里统筹推进，县里全面落实，构建两级同创、相关部门和单位全面分工、社会参与的推动格局。

六、创新引领：六大首创彰显池州全域旅游模式

坚持问题导向和目标导向，以改革为动力、以创新为灵魂，针对全域旅游发展中的重大瓶颈，六大首创彰显池州模式。

（1）引领全域旅游法规标准建设。研究出台发布《池州市全域旅游促进保障办法》，依法推进全域旅游。创新编制全域旅游规划，率先探索全域旅游的规范标准，构建规划体系。率先出台池州市全域旅游规划管理办法、全域旅游与相关规划衔接办法。争创旅游标准化示范城市，并积极探索编制全域旅游发展相关地方标准和行业标准，构建全域旅游标准化体系。

（2）引领全域旅游现代治理改革。在满足国家全域旅游示范区创建要求的 1+3 改革基础上，全面探索 1+1+3+3 的全方位改革。一是改革创新全域综合统筹发展的领导体制，强化党委、政府对旅游业的领导，建立健全适应全域旅游发展的政策保障机制、资金整合使用机制、联合执法机制、整合营销机制、多规融合机制、目标责任考核机制。二是强化拓展旅发委的综合协调管理职能，强化产业规划、综合监管、政策协调、旅游经济运行监测等职能。三是创新建立旅游综合执法机制。设立旅游综合执法局、旅游警务支队、市场监管分局、旅游巡回法庭。四是与企业、高校合作建设旅游数据中心，创新全域旅游统计评价体系。五是推进旅游景区管理体制改革、导游体制机制等相关改革。

（3）引领全域旅游投融资改革创新。一是推动市县（区）组建推动全域旅游发展平台公司，发挥在推进全域推旅游基础设施、公共服务、资源整合开发、项目孵化等方面的作用。二是采取政府引导、市场运作、金融支持方式，推动设立全域旅游发展基金，鼓励采取 PPP 模式实施大型旅游项目。三是开展全域旅游全要素招商，建立全域旅游项目孵化器，招投资商、开发商、运营商、服务商，引入资金、引入智库、引入品牌、引入人才、引入 IP。四是与政策性金融机构建立推进全域旅游的战略合

作计划。

（4）创新引领全域旅游的空间体系。做大做深做强大九华山旅游，并突出主城区功能作用，形成九华山、主城区双核，打响以九华山为龙头的佛教观光文化、以杏花村为代表的农耕民俗文化、以升金湖和牯牛降为主体的自然生态"三大品牌"，形成多级支撑。近期构筑"两圈一带"发展格局，加快建设环九华山佛教文化观光旅游圈、环主城区生态休闲文化旅游圈、沿升金湖—秋浦河—牯牛降生态旅游带。逐步形成"一山、一城、三区、两带"的全域旅游空间体系。在拓展空间的同时，构建景区、度假区、旅游园区、风景道、旅游城市、特色旅游小镇、旅游乡村等不同形态的发展载体。

（5）创新引领全域旅游新产品新业态。深入挖掘当地文化，突出特色，增加多样化、常态化、全季节性旅游产品供给，面向广大游客提供更多的生活化时空，形成全天候的旅游产品体系。一是培育九华山、杏花村、升金湖、牯牛降等一批知名度高的核心旅游吸引物或标志性旅游景区，形成独具特色的主打产品。二是依托核心优势，加快培育旅游新业态，禅修、瑜伽等康养旅游新品牌已经形成巨大品牌影响力。三是发挥生态环境优势，整合新型旅游产品，已经连续主办六届全国绿色运动健身大赛（简称"绿运会"），成为一项将绿色山水资源与体育运动相互交融，全民健身与生态休闲有机结合的全新体育赛事，成为全国知名的群众性体育赛事。

（6）率先探索市级全域旅游创建体系。市级区域创建全域旅游，必须发挥市县两级积极性，才能夯实全域旅游创建的工作基础。为此，池州探索两级同创，全市统筹推进的市级全域旅游示范区创建体系。各区县按照国家全域旅游示范区要求，同步推进全域旅游示范区创建。

【参考文献】

[1] 中国旅游研究院.2016年全年旅游统计数据报告及2017年旅游经济形势预测[R].中国旅游研究院官方网站，2017，2.

[2] 国家旅游局.2017全域旅游发展报告[R].中华人民共和国国家旅游局官方网站，2017，8.

[3] 国家旅游局规划财务司.全域旅游示范区创建工作导则及导则解读[M].北京：中国旅游出版社，2017.

[4] 国家旅游局规划财务司.全域旅游，大有可为[Z].全域旅游示范区创建交流材料（第一辑、第二辑）.

[5] 李金早.推进全域旅游 实施三步走战略[Z].中华人民共和国国家旅游局官方网站，2017，1.

[6] 李金早.用全域旅游思维引领新时期旅游规划发展工作[Z].中华人民共和国国家旅游局官方网站，2016，2.

[7] 李金早.坚决贯彻习总书记新发展理念 大力推进全域旅游[Z].中华人民共和国国家旅游局官方网站，2017，8.

附录

附录一
全域旅游示范区创建工作导则

附录二
绿维文旅：中国旅游与特色小镇开发运营 O2O 平台

附录

附录一

全域旅游示范区创建工作导则

第一章　总则

1.1　为深入贯彻习近平总书记系列重要讲话精神和治国理政新理念、新思想、新战略，认真落实党中央、国务院关于全域旅游的决策部署，按照"五位一体"总体布局、"四个全面"战略布局和创新、协调、绿色、开放、共享发展理念，推动旅游业转型升级、提质增效、科学发展、全面发展，持续增加旅游有效供给，切实满足人民群众不断增长的旅游需求，指导和规范全域旅游示范区（以下简称示范区）创建工作，特制定本导则。

1.2　全域旅游是指将一定区域作为完整旅游目的地，以旅游业为优势产业，进行统一规划布局、公共服务优化、综合统筹管理、整体营销推广，促进旅游业从单一景点景区建设管理向综合目的地服务转变，从门票经济向产业经济转变，从粗放低效方式向精细高效方式转变，从封闭的旅游自循环向开放的"旅游+"转变，从企业单打独享向社会共建共享转变，从围墙内民团式治安管理向全面依法治理转变，从部门行为向党政统筹推进转变，努力实现旅游业现代化、集约化、品质化、国际化，最大限度满足大众旅游时代人民群众消费需求的发展新模式。

1.3　示范区创建工作坚持"注重实效、突出示范，宽进严选、统一认定，有进有出、动态管理"的方针，成熟一批、命名一批，并建立相应的管理和退出机制。

1.4　示范区创建工作按照地方申报、审核公布、创建实施、评估监测、考核命名、复核督导的程序进行。其中，示范区创建由所在地人民政府提出申请，由省级旅游行政管理部门或省级人民政府向国家旅游局推荐申报，国家旅游局审核公布；创建工作日常指导、评估监测、复核督导由国家旅游局或国家旅游局委托省级旅游行政管理部门负责；考核命名工作由国家旅游局统一组织实施。

1.5 本导则适用于国家旅游局公布的所有全域旅游示范区创建单位，包括相关的省（自治区和直辖市）、市（地州盟）和县（市区旗）。

第二章 创建原则

2.1 突出改革创新。将发展全域旅游作为旅游业贯彻落实五大发展理念的主要途径，始终把改革创新作为创建工作的主线，坚持目标导向和问题导向，针对旅游发展中的重大问题，形成适应全域旅游发展的体制机制、政策措施、产业体系等，构建全域旅游发展新局面。

2.2 突出党政统筹。发挥地方党委、政府的领导作用，从区域发展战略全局出发，把推进全域旅游作为地方经济社会发展的重要抓手，统一规划、统筹部署、整合资源、协调行动，形成推动全域旅游发展新合力。

2.3 突出融合共享。大力推进"旅游+"，实现旅游业与其他行业的磨合、组合和融合，促进旅游功能全面增强，使发展成果惠及各方，让游客能满意、居民得实惠、企业有发展、百业添效益、政府增税收，形成全域旅游共建共享新格局。

2.4 突出创建特色。注重产品、设施与项目特色，不同层级、不同地区要确立符合实际的发展规划、主打产品、主题形象等，不搞一个模式，防止千城一面、千村一面、千景一面，形成各具特色、差异化推进的全域旅游发展新方式。

2.5 突出绿色发展。树立"绿水青山就是金山银山"理念，守住生态底线，合理有序开发，防止破坏环境，杜绝竭泽而渔，摒弃运动式盲目开发，实现经济、社会、生态效益共同提升，开辟全域旅游发展新境界。

2.6 突出示范导向。强化创建示范引领作用，打造省、市、县全域旅游示范典型，努力在推进全域旅游、促进城乡建设、产业发展、公共服务、整体营销等方面形成可借鉴可推广的经验和方式，树立全域旅游发展新标杆。

第三章 创建目标

3.1 旅游治理规范化。坚持党委、政府对旅游工作的领导，建立各部门联动、全社会参与的旅游综合推进机制。坚持依法治旅，提升治理效能，形成综合产业综合抓的局面，成为体制机制改革创新的典范。

3.2 旅游发展全域化。推进全域统筹规划、全域合理布局、全域整体营销、全域服务提升，构建良好自然生态环境、亲善人文社会环境、放心旅游消费环境，实现全域宜居宜业宜游和全域接待海内外游客，成为目的地建设的典范。

3.3 旅游供给品质化。加大旅游产业融合开放力度，提高科技水平、文化内涵、绿色含量，增加创意产品，发展融合业态，提供高质量、精细化的旅游服务，增加有效供给，成为满足大众旅游消费需求的典范。

3.4 旅游参与全民化。增强全社会参与意识，引导居民以主人翁态度共同参与旅游建设，营造文明旅游新风尚，健全旅游发展受益机制，出台旅游惠民政策，切实保证居民、企业参与收益分配，成为全民参与共建共享的典范。

3.5 旅游效应最大化。把旅游业作为经济社会发展的重要支撑，发挥旅游"一业兴百业"的带动作用，促进传统产业提档升级，孵化一批新产业、新业态，旅游对当地经济和就业的综合贡献达到较高水平，成为惠民生、稳增长、调结构、促协调、扩开放的典范。

第四章 创建任务

4.1 创新体制机制，构建现代旅游治理体系

4.1.1 建立党政主要领导挂帅的全域旅游组织领导机制，加强部门联动，充分发挥宣传、组织、政法等党委部门和发改、公安、财政、国土、环保、住建、交通、水利、农业、文化、体育、统计、林业等政府部门在合力推进全域旅游工作中的积极作用。

4.1.2 探索建立与全域旅游发展相适应的旅游综合管理机构，如旅游发展委员会，有效承担旅游资源整合与统筹协调、旅游规划与产业促进、旅游监督管理与综合执法、旅游营销推广与形象提升、旅游公共服务与专项资金管理、旅游数据统计与综合考核等职能。

4.1.3 积极推动公安、工商、司法等部门构建管理内容覆盖旅游领域的新机制，切实加强旅游警察、旅游市场监督、旅游法庭、旅游质监执

法等工作和队伍建设。

4.1.4 积极创新旅游配套机制，建立相应的旅游联席会议、旅游项目联审、旅游投融资、旅游规划公众参与、旅游标准化、文明旅游共创、旅游志愿者组织、旅游人才培养、党政干部培训、旅游工作考核激励等机制。

4.1.5 推动政策创新。出台支持全域旅游发展的综合性政策文件。加大财政支持力度，逐年增加旅游发展专项资金，加大对旅游基础和公共服务设施建设投入力度，鼓励统筹各部门资金支持全域旅游建设。对全域旅游重大建设项目优先纳入旅游投资优选项目名录，优先安排政府贷款贴息。创新旅游投融资机制，推进旅游资产证券化试点，促进旅游资源市场化配置，因地制宜建立旅游资源资产交易平台，鼓励有条件的地方政府设立旅游产业促进基金，引导各类资金参与全域旅游建设，鼓励开发性金融为全域旅游项目提供支持。强化旅游用地保障，在年度用地指标中优先支持旅游项目，探索实行重点旅游项目点状供地等用地改革，优化旅游项目用地政策。

4.2 加强规划工作，做好全域旅游顶层设计

4.2.1 将旅游发展作为重要内容纳入经济社会发展、城乡建设、土地利用、基础设施建设和生态环境保护等相关规划中。由所在地人民政府编制旅游发展规划，同时依法开展规划环评。在实施"多规合一"中充分体现旅游主体功能区建设的要求。

4.2.2 城乡基础设施、公共服务设施和产业发展中的重大建设项目，在立项、规划设计和竣工验收等环节，可就其旅游影响及相应旅游配套征求旅游部门的意见。

4.2.3 完善旅游规划体系。编制旅游产品指导目录，制定旅游公共服务、营销推广、市场治理、人力资源等专项规划和实施计划或行动方案。形成包含总体规划、控制性详规、重大项目设计规划等层次分明、相互衔接、规范有效的规划体系。

4.2.4 加强旅游规划实施管理。全域旅游发展总体规划及重点项目规划应报请人大或政府批准，提升规划实施的法律效力，并建立旅游规划评估与实施督导机制。

附 录

4.3 加强旅游设施建设，创造和谐旅游环境

4.3.1 推动"厕所革命"覆盖城乡全域。推进乡村旅游、农家乐厕所整体改造，5A级景区厕所设置第三卫生间，主要旅游景区、旅游度假区、旅游场所、旅游线路和乡村旅游点的厕所要实现数量充足、干净卫生、实用免费、管理有效。鼓励对外服务场所厕所免费对游客开放。推进市场多元供给和以商建厕、以商管厕、以商养厕。通过使用能源、材料、生物、信息等新技术，切实解决旱厕、孤厕及其污物处理、厕所信息服务等难题。引导游客爱护设施、文明如厕，营造健康文明的厕所文化。

4.3.2 构建畅达便捷交通网络。完善综合交通体系，科学安排支线机场新建和扩建，优化旅游旺季和通重点客源市地航班配置，加强覆盖旅游景区的通用机场建设。改善区域公路通达条件，提升区域可进入性，提高乡村旅游道路的建设等级，推进干线公路与景区公路连接线以及相邻区域景区之间公路建设，形成旅游交通网络。提高游客运输组织能力，开通旅游客运班车、旅游公交车和观光巴士等。推进旅游风景道、城市绿道、骑行专线、登山步道、交通驿站等公共休闲设施建设，打造具有通达、游憩、体验、运动、健身、文化、教育等复合功能的主题旅游线路。

4.3.3 完善集散咨询服务体系。在建好景区游客中心的基础上，合理布局建立全域旅游集散中心，设立多层级旅游集散网络，因地制宜在商业街区、交通枢纽、景点景区等游客集聚区设立旅游咨询服务中心（点），有效提供景区、线路、交通、气象、安全、医疗急救等必要信息和咨询服务。

4.3.4 规范完善旅游引导标识系统。在全域建立使用规范、布局合理、指向清晰、内容完整的旅游引导标识体系，重点涉旅场所规范使用符合国家标准的公共信息图形符号。

4.3.5 合理配套建设旅游停车场。建设与游客承载量相适应、分布合理、配套完善、管理科学的生态停车场。鼓励在国省干线公路和通景区公路沿线增设旅游服务区、驿站、观景台、自驾车营地等设施，推动高速公路服务区向交通、生态、旅游等复合型服务区转型升级。

4.4 提升旅游服务，推进服务人性化品质化

4.4.1 充分发挥标准在全域旅游工作中的服务、指引和规范作用。完

善旅游业标准体系，扩大旅游标准覆盖范围，强化标准实施与监督，加强涉旅行业从业人员培训，提高从业人员服务意识与服务能力，树立友善好客旅游服务形象。

4.4.2 按照旅游需求个性化要求，实施旅游服务质量标杆引领计划，鼓励企业实行旅游服务规范和承诺，建立优质旅游服务商目录，推出优质旅游服务品牌。开展以游客评价为主的旅游目的地评价，不断提高游客满意度。

4.4.3 推进服务智能化。建立地区旅游服务线上"总入口"和旅游大数据中心，形成集交通、气象、治安、客流信息等为一体的综合信息服务平台。涉旅场所实现免费 Wi-Fi、通信信号、视频监控全覆盖，主要旅游消费场所实现在线预订、网上支付，主要旅游区实现智能导游、电子讲解、实时信息推送。开发建设游客行前、行中和行后各类咨询、导览、导游、导购、导航和分享评价等智能化旅游服务系统。

4.4.4 完善旅游志愿服务体系。建立服务工作站，制定管理激励制度，开展志愿服务公益行动，提供文明引导、游览讲解、信息咨询和应急救援等服务，打造旅游志愿服务品牌。

4.5 坚持融合发展、创新发展，丰富旅游产品，增加有效供给

4.5.1 "旅游+城镇化、工业化和商贸"。突出中国元素、体现区域风格，建设美丽乡村、旅游小镇、风情县城、文化街区、宜游名城以及城市绿道、骑行公园等慢行系统，支持旅游综合体、主题功能区、中央游憩区等建设。利用工业园区、工业展示区、工业历史遗迹等因地制宜开展工业旅游，鼓励发展旅游用品、户外休闲用品和旅游装备制造业。完善城市商业区旅游服务功能，开发具有自主知识产权和鲜明地方特色的时尚性、实用性、便携性旅游商品，提高旅游购物在旅游收入中的比重，积极发展商务会展旅游。

4.5.2 "旅游+农业、林业和水利"。大力发展观光农业、休闲农业和现代农业庄园，鼓励发展田园艺术景观、阳台农艺等创意农业和具备旅游功能的定制农业、会展农业、众筹农业、家庭农场、家庭牧场等新型农业业态。因地制宜建设森林公园、湿地公园、沙漠公园，鼓励发展"森林人家""森林小镇"。鼓励水利设施建设融入旅游元素和标准，充分

附　录

依托水域和水利工程，开发观光、游憩、休闲度假等水利旅游。

4.5.3 "旅游＋科技、教育、文化、卫生和体育"。积极利用科技工程、科普场馆、科研设施等发展科技旅游。以弘扬社会主义核心价值观为主线，发展红色旅游，开发爱国主义和革命传统教育、国情教育、夏（冬）令营等研学旅游产品。依托非物质文化遗产、传统村落、文物遗迹及美术馆、艺术馆等文化场所，推进剧场、演艺、游乐、动漫等产业与旅游业融合，发展文化体验旅游。开发医疗健康旅游、中医药旅游、养生养老旅游等健康旅游业态。积极发展冰雪运动、山地户外、水上运动、汽车摩托车运动等体育旅游新产品。

4.5.4 "旅游＋交通、环保和国土"。建设自驾车房车旅游营地，打造旅游风景道和铁路遗产、大型交通工程等特色交通旅游产品，推广精品旅游公路自驾游线路，支持发展邮轮游艇旅游，开发多类型、多功能的低空旅游产品和线路。建设生态旅游区、地质公园、矿山公园以及山地旅游、海洋海岛旅游、避暑旅游等旅游产品。

4.5.5 提升旅游产品品质。深入挖掘历史文化、地域特色文化、民族民俗文化、传统农耕文化等，提升旅游产品文化含量。积极利用新能源、新材料、现代信息和新科技装备，提高旅游产品的科技含量。大力推广使用资源循环利用、生态修复、无害化处理等生态技术，加强环境综合治理，提高旅游开发的生态含量。

4.5.6 丰富品牌旅游产品。增强要素型旅游产品吸引力，深入挖掘民间传统小吃，建设特色餐饮街区，进一步提升星级饭店和绿色旅游饭店品质，发展精品饭店、文化主题饭店、经济型和度假型酒店、旅游民宿、露营、帐篷酒店等新型住宿业态，打造特色品牌。提升园区型旅游产品品质，强化 A 级景区、旅游度假区、旅游休闲区、旅游综合体、城市公园、主题乐园、大型实景演出和博物馆、文化馆、科技馆、规划馆、展览馆、纪念馆、动植物园等园区型旅游产品设施配套，实现节约、集成和系统化发展，打造整体品牌。发展目的地型产品，按照村、镇、县、市、省打造具有国际影响力的目的地品牌。

4.5.7 推动主体创新。培育和引进有竞争力的旅游骨干企业和大型旅游集团，促进规模化、品牌化、网络化经营。支持旅游企业通过自主开发、联合开发、并购等方式发展知名旅游品牌。发展旅游电子商务，支持互联网旅游企业整合上下游及平行企业资源。促进中小微旅游企业特色化、专业化发展，建设发展产业创新、服务创新、管理创新、技术创新的特色涉旅企业。构建产学研一体化平台，提升旅游业创新创意水平和科学发展能力。

4.6 实施整体营销，凸显区域旅游品牌形象

4.6.1 制定全域旅游整体营销规划和方案。把营销工作纳入全域旅游发展大局，坚持以需求为导向，树立整体营销和全面营销观念，明确市场开发和营销战略，加强市场推广部门与生产供给部门的协调沟通，实现产品开发与市场开发无缝对接。设立旅游营销专项资金，鼓励制定相应的客源市场开发奖励办法，切实做好入境旅游营销。

4.6.2 拓展营销内容。在做好景点景区、饭店宾馆等传统产品推介的同时，进一步挖掘和展示地区特色，将商贸活动、科技产业、文化节庆、体育赛事、特色企业、知名院校、城乡社区、乡风民俗、优良生态等拓展为目的地宣传推介的重要内容，提升旅游整体吸引力。

4.6.3 实施品牌营销战略。塑造特色鲜明的旅游目的地形象，打造主题突出、传播广泛、社会认可度高的旅游目的地品牌。提升区域内各类品牌资源，建立多层次、全产业链的品牌体系，变旅游产业优势为品牌优势。

4.6.4 建立政府部门、行业、企业、媒体、公众等参与的营销机制，充分发挥企业在推广营销中的作用，整合利用各类宣传营销资源和方式，建立推广联盟合作平台，形成上下结合、横向联动、多方参与的全域旅游营销格局。

4.6.5 创新全域旅游营销方式。有效运用高层营销、公众营销、内部营销、网络营销、互动营销、事件营销、节庆营销、反季营销等多种方式。借助大数据分析，充分利用微博、微信、微电影、APP客户端等新兴媒体，提高全域旅游宣传营销的精准度、现代感和亲和力。

4.7 加强旅游监管，切实保障游客权益

4.7.1 加强旅游执法。强化旅游质监执法队伍的市场监督执法功能，严肃查处损害游客权益、扰乱旅游市场秩序的违法违规行为，曝光重大

附 录

违法案件，实现旅游执法检查的常态化。公安、工商、质监、物价等部门按照职责加强对涉旅领域执法检查。建立健全旅游与相关部门的联合执法机制，净化旅游市场环境，维护游客合法权益。

4.7.2 加强旅游投诉举报处理。建立统一受理旅游投诉机制，积极运用12301智慧旅游服务平台、12345政府服务热线以及手机APP、微信公众号、热线电话、咨询中心等多样化手段，形成线上线下联动、高效便捷畅通的旅游投诉受理、处理、反馈机制，做到受理热情友好、处理规范公正、反馈及时有效，不断提高旅游投诉的结案率、满意率。

4.7.3 强化事中事后监管。加快建立旅游领域社会信用体系，依托全国信用信息共享平台，归集旅游企业和从业人员失信行为，并对失信行为开展联合惩戒行动。扩大旅游"红黑榜"应用，将旅游景区点纳入旅游"红黑榜"评价机制。发挥旅游行业协会自律作用。积极应用全国旅游监管服务平台，加强对旅行社、导游人员日常监管，保障导游人员合法劳动权益。

4.7.4 加强旅游文明建设。全面推行国内旅游文明公约和出境旅游文明指南，培育文明旅游典型，建立旅游不文明行为记录制度和部门间信息通报机制。组织开展旅游警察、旅游工商和旅游法庭等工作人员的执法培训，提高旅游执法专业化和人性化水平。

4.8 优化城乡环境，推进共建共享

4.8.1 加强资源环境生态保护。强化对自然生态系统、生物多样性、田园风光、传统村落、历史文化和民族文化等保护，保持生态系统完整性、生物多样性、环境质量优良性、传统村镇原有肌理和建筑元素。注重文化挖掘和传承，构筑具有特色的城乡建筑风格。倡导绿色旅游消费，实施旅游能效提升计划，降低资源消耗，推广节水节能产品、技术和新能源燃料的使用，推进节水节能型景区、酒店和旅游村镇建设。

4.8.2 推进全域环境整治。开展主要旅游线路沿线风貌集中整治，在路边、水边、山边等区域开展洁化、绿化、美化行动，在重点旅游村镇实行"改厨、改厕、改客房、整理院落"和垃圾污水无害化、生态化处理，全面优化旅游环境。

4.8.3 强化旅游安全保障。加强旅游安全制度建设，强化旅游、公安、

交通、安监、卫生、食药监等有关部门安全监管责任，由安监部门牵头组织景区开业的安全风险评估。加强景点景区最大承载量警示，加大出游安全风险提示，落实旅行社、饭店、景区安全规范。强化对客运索道、大型游乐设施等特种设备和旅游用车、旅游节庆活动等重点领域及环节的监管。建立政府救助与商业救援相结合的旅游救援体系。完善旅游保险产品，扩大保险覆盖面，提升保险理赔服务水平。

4.8.4 大力促进旅游创业就业。建设旅游就业需求服务平台，加强信息引导，加大技术支持，进一步改善传统旅游企业吸纳就业的政策环境，切实为新型旅游企业招募员工创造便利条件。积极引导科技、艺术、创意设计等各类专业人才跨界参与旅游开发建设。重视发展创业型的个体私营旅游经济和家庭手工业。鼓励高等院校和职业院校发展旅游教育，开设特色旅游专业，提升本地旅游人力资源规模和水平。

4.8.5 大力推进旅游扶贫和旅游富民。通过整合旅游资源，发展旅游产业，从整体增加贫困地区财政收入、村集体收入和农民人均收入。以景区带村、能人带户、"企业＋农户"和直接就业、定点采购、输送客源、培训指导、建立农副土特产品销售区和乡村旅游后备箱基地等各类灵活多样的方式，促进贫困地区和贫困人口脱贫致富。大力实施旅游富民工程，通过旅游创业、旅游经营、旅游服务、资产收益等方式促进增收致富。

4.8.6 营造旅游发展良好社会环境。树立"处处都是旅游环境，人人都是旅游形象"的理念，向目的地居民开展旅游相关知识宣传教育，强化目的地居民的旅游参与意识、旅游形象意识、旅游责任意识。加强旅游惠民便民服务，推动公共博物馆、文化馆、图书馆、科技馆、纪念馆、城市休闲公园、红色旅游景区和爱国主义教育基地免费开放，鼓励旅游场所对特定人群实行价格优惠，加强对老年人、残疾人等特殊群体的旅游服务。

第五章 评估管理

5.1 创建工作应由本地区党委政府统筹负责，研究制定全域旅游示范区创建工作方案，建立全域旅游示范区创建工作目标责任考核体系，各级旅游行政管理部门具体负责创建工作考核，确保各项工作务实高效推进。

5.2 省（自治区和直辖市）示范区创建工作由国家旅游局负责年度评估监测。市（地州盟）和县（市区旗）示范区创建工作由省级旅游行政管理部门负责年度评估监测，并向国家旅游局提交评估报告。

5.3 国家旅游局依据本导则制定《全域旅游示范区考核命名和管理办法》，示范区考核命名工作由国家旅游局依照本导则和相关办法进行，对符合条件和标准并能发挥示范作用的，予以命名。

5.4 对已命名的示范区适时组织复核，对于复核不达标或发生重大旅游违法案件、重大旅游生产安全责任事故、严重不文明旅游现象、严重破坏生态环境行为的示范区，视情况予以警告或撤销。

第六章　附则

6.1 本导则自印发之日起施行。

6.2 本导则由国家旅游局负责解释并修订。

附录二

绿维文旅：中国旅游与特色小镇
开发运营 O2O 平台

规划设计 + 开发建设 + 运营管理 + 投资融资 + 人才培训 + 智慧旅游

集团简介

绿维文旅（集团），以"平台化运作，产业链经营"为发展战略，以"全链整合、共创共赢"为发展目标，通过"产业链整合 + 合作关系整合 + 资本整合"，线上线下结合，构建"智库 + 平台 + 资本"的生态系统和集产业链、资金链、创新链为一体的 O2O 聚合服务平台，打造"旅游与特色小镇开发运营平台"。

绿维文旅（集团）由北京绿维文旅控股集团（包括北京绿维创景旅游投资管理有限公司、文旅创联企业孵化器有限公司、北京绿维房地产咨询有限公司）和北京绿维文旅科技发展有限公司（原北京绿维创景规划设计院有限公司）组成。

集团组织架构

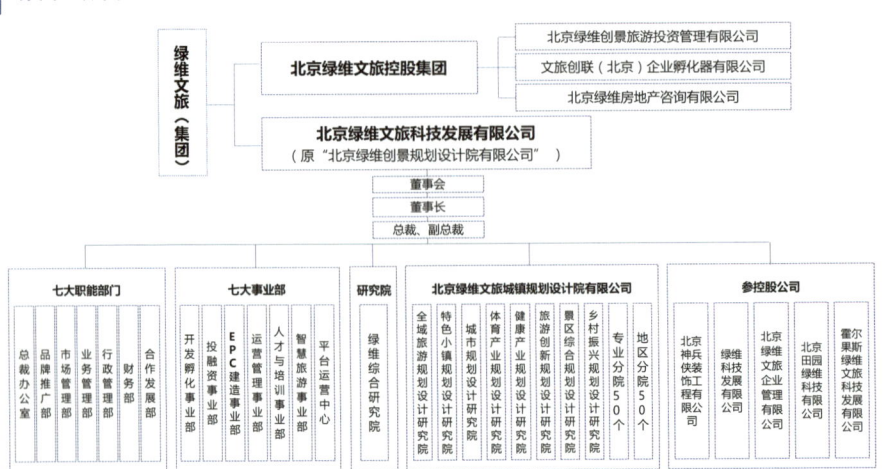

绿维文旅（集团）
- 北京绿维文旅控股集团
  - 北京绿维创景旅游投资管理有限公司
  - 文旅创联（北京）企业孵化器有限公司
  - 北京绿维房地产咨询有限公司
- 北京绿维文旅科技发展有限公司（原"北京绿维创景规划设计院有限公司"）
  - 董事会
  - 董事长
  - 总裁、副总裁

七大职能部门：总裁办公室、品牌推广部、市场管理部、行政管理部、财务部、合作发展部

七大事业部：开发孵化事业部、投融资事业部、EPC建造事业部、运营管理事业部、人才与培训事业部、智慧旅游事业部、平台运营中心

研究院：绿维综合研究院、北京绿维文旅城镇规划设计研究院（全域旅游规划设计研究院、特色小镇规划设计研究院、城市规划设计研究院、体育产业规划设计研究院、健康产业规划设计研究院、旅游创新规划设计研究院、景区综合规划设计研究院、乡村振兴规划设计研究院、专业分院、地区分院50个）

参控股公司：北京神兵侠装饰工程有限公司、绿科技发展有限公司、北京绿维企业管理有限公司、北京田园绿维科技有限公司、霍尔果斯绿维文旅科技发展有限公司

附 录

北京绿维文旅科技发展有限公司，是专业的旅游与特色小镇开发运营服务商，其前身北京绿维创景规划设计院，创立于 2005 年，是国内知名旅游规划设计院和综合城乡规划设计院，拥有国家旅游规划甲级、城乡规划甲级、建筑设计乙级、景观设计乙级、土地规划乙级等六位一体全产业链资质，为旅游与特色小镇开发运营，提供全产业链整合咨询服务。以"创意经典·落地运营"为理念，遵循旅游市场逻辑，运用投行思维，保持 10 多年创新发展，形成了强大的企业竞争能力。

北京绿维文旅科技发展有限公司，专注于旅游产业与特色小镇的开发运营服务，以"旅游规划设计"为核心，整合投资、开发、建造、运营、人才培训、智慧旅游等产业链板块，经过合资、合伙、战略合作深度整合相关企业及团队，形成了"1 个平台 +1 大旅游综合规划设计院 +1 大旅游综合研究院 +7 大事业部 +7 大职能部门 + 若干运营型企业"的架构。

一、1 大旅游综合规划设计院

北京绿维文旅城镇规划设计院，作为平台的核心模块，整合平台旅游规划设计业务，形成了"八大总院、百个分院"的架构，是全国规模最大的旅游城镇综合规划设计机构。

根据发展需要，下设了全域旅游研究院、特色小镇研究院、旅游创新规划设计研究院、景区综合规划设计研究院、城市规划设计院、体育产业规划院、健康产业研究院、乡村振兴研究院八大分院。各分院精研理论，积极实践，在旅游规划与设计领域的研究与规划设计实践中取得了不俗的成果。

北京绿维文旅城镇规划设计院，是绿维文旅平台的智库核心，主要负责技术的输出，其中八大分院承担相关领域规划设计业务、相关领域标准与工具研究、重大方法论突破研究、重点战略项目的生产制作，不仅为合伙人企业提供重点模式方法论、技术培训分享等研发支持，还提供合同模版、拓展手册、生产手册、竞标手册、专家资源等支持。

此外，还拥有丰富的专业布局（如景区、度假区、生态旅游、综合体、文化、建筑、景观、乡村民宿等）和业态分布（如亲子、漂流、水游乐、儿童乐园、研学、丛林穿越等），通过"三合"模式，形成了100多家专业研究院和地区研究院，涵盖建筑施工、咨询、投资、IP、智慧旅游等多领域，不同专业领域团队在绿维平台通过联合孵化服务模式共同服务于客户。

北京绿维文旅城镇规划设计院，是集旅游项目的"评定与创建辅导、顶层规划设计、全产业链孵化"一体的专业规划设计部门，强调对"产业整合、文化聚魂、业态创新、民居工程"四大领域进行系统整合，提供从项目前期理论研究、评定与创建辅导、规划设计及后期运营的全程服务机构。

北京绿维文旅城镇规划设计院，汇集了一流的团队及业内的人才，团队人员涵盖旅游管理、经济地理、城市规划、建筑与景观设计、市场营销等多个专业。近年来，通过专注的态度、专业的水平、专执的经验为旅游领域持续地注入优秀的理论思想与实践作品。

二、7大事业部简介

北京绿维文旅科技发展有限公司，下设开发孵化事业部、投融资事业部、EPC建造事业部、运营管理事业部、智慧旅游事业部、人才与培训事业部，整合全产业链各环节合作伙伴，为旅游产业与特色小镇的开发运营，提供专业化咨询服务与开发运营要素导入服务。

1. 开发孵化事业部

开发孵化事业部是在"创意经典、落地运营"的总指导思想下，在绿维人多年旅游一线耕耘的基础上，为切实解决旅游资源产品化过程中的诸多开发与经营问题，打通旅游开发链条、孵化旅游产品、对接市场、落地运营而建立的职能部门。

附　录

开发孵化事业部总体发展架构

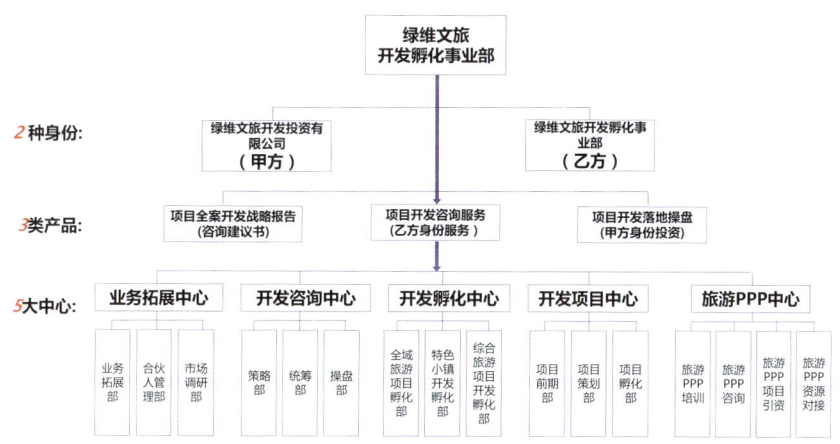

开发孵化事业部的主要工作内容是，在深刻理解旅游资源和市场趋势的基础上，在深度把握项目各方需求基础上，充分整合内外部资源，全程、全产业、全方位地为项目开发提供贴身服务，最终实现项目从资源转化为落地旅游产品，并实现高效持续运营能力。

开发孵化事业部3大业务方向

01 开发孵化
1.全程全链贴身服务，负责从土地整理、区域资源开发、项目筹建到开业的一揽子项目管理服务，提供全程、全产业链的贴身交钥匙服务

02 开发咨询
2.开发战略咨询报告
3."开发+"咨询服务
4.全程开发顾问管理服务，针对开发过程中的规划设计、投融资、建造、运营、创建等提供专项服务

03 开发公司
5.成立绿维小镇开发公司或合资开发运营公司，开发落地项目操盘执行

> **龙头引擎和核心孵化器**
> 绿维开发事业部是绿维文旅控股集团七大事业部中的龙头引擎和核心孵化器，兼具甲方乙方双重身份

> **全产业链孵化器**
> 四大孵化器：全域旅游重点项目开发咨询顾问、综合旅游景区开发咨询顾问、特色小镇开发咨询顾问服务。

> **全程孵化器**
> 开发+创建
> 开发+策划+规划
> 开发+投融资
> 开发+建造
> 开发+招商+运营

> **平台合伙人/分公司孵化器**

绿维开发孵化事业部拥有双翼发展模式，一方面，在绿维"三合一"模式下的全域旅游重点项目开发、综合旅游景区开发、特色小镇开发等旅游地产联合开发和房地产联合开发；另一方面，提供全程开发咨询服务，

313

包括全域旅游及重点项目开发孵化服务、综合旅游景区全程开发服务、特色小镇全程开发服务和特色 IP 项目等产品开发咨询服务，以及提供全程开发孵化顾问管理服务，对旅游开发全产业链进行全程服务，包括开发前期阶段的顶层设计、策划规划、立项、拿地、资源对接、报规报建、招商引资、投融资服务、创建支持等服务；开发建设期的建造资源导入、工程设计及管理、EPC 建造、代建、监理、开发筹备等工作；开发运营期的开业引爆、持续经营、整体验收、产权取证、项目推进、人才培训等全程全链开发支持与全产业孵化贴身服务。

2. 投融资事业部

投融资事业部秉承"关注价值，实现共赢"的理念，致力于旅游及其相关产业的研究和资源整合，为旅游行业的政府和企业提供专业的投融资顾问式服务，为旅游投资机构提供投资研究业务。团队拥有数十年旅游产业和资本市场从业经验，有着丰硕的实践成果和专业优势。在此基础上，通过将旅游与资本相结合，提供旅游投行服务，由此形成旅游咨询、投资研究再到投行服务的生态链条。

◇ **三大业务部门**

投融资事业部下设投资研究中心、投资合作中心、投资咨询中心三大业务中心。

投融资事业部3大业务部门

投资研究中心	投资合作中心	投资咨询中心
创新研发 对外宣传	资源整合 业务合作	工程咨询 战略规划
投资研究中心以推动旅游产业整合发展为使命，通过项目视角推动投融资项目的可行性研究和模式落地，发挥旅游投行的作用，力争成为国内一流的旅游投融资研究咨询机构。	投资合作中心作为绿维文旅集团在旅游投融资领域的领头部门，以旅游产业全过程服务为基础，"以战养战"为发展策略，打造业务与资源聚集相结合的旅游投融资专业化服务平台。	投资咨询中心专注于旅游资源及投资价值评估、旅游开发投融资规划，为文化、旅游、区域综合开发及新型城镇化、特色小镇等领域提供专业的工程咨询及旅游企业战略咨询服务。

附 录

◇ 服务对象及内容

投融资事业部以各级政府、旅游企业、涉旅企业等具有旅游投融资需求的市场主体为主要服务对象，提供专业的投融资咨询和顾问服务。

政府

以省市政府、旅游部门等为服务对象，以推动旅游产业转型为目标，充分挖掘区域旅游资源和市场机遇，实现旅游开发项目与优质资本的完美对接。

投融资事业部服务于政府

1. 区域旅游投融资报告（白皮书）
- 区域旅游投融资现状
- 区域投资价值分析
- 区域投资机遇分析
- 政府支持政策

2. 旅游开发项目管理体系建设
- 旅游资源识别标准
- 旅游项目信息标准
- 旅游项目分类与包装体系
- 重点项目筛选与立项报批管理体系
- 项目落地支持管理体系
- 旅游产业推进工作体系

3. 旅游开发项目包装
- 项目包装结构设计
- 项目分类体系
- 项目收集与梳理
- 重点项目招商册编制

4. 旅游投资全要素招商大会
- 大会方案策划
- 大会技术支持（主视觉设计/视频制作/文件编制印刷等）
- 客商邀请

企业

为项目方提供融资解决方案与融资对接，为投资方提供旅游领域专业投资建议与决策依据。

投融资事业部服务于企业

投融资咨询服务
1. 投资建议书
2. 融资商业计划书
3. 旅游资源价值评价
4. 传统工程咨询（可研报告、立项报告等）
5. 投融资专项规划

投融资顾问服务
1. 投融资方案策划
2. 路演及推介
3. 资源导入
4. 融资谈判支持
5. 其他投行业务（并购、财务顾问等）

◇ 服务的案例

依托于绿维文旅集团 O2O 平台和资源优势，投融资事业部有数百家投资商信息库，可为项目方提供优质的"准投资商"；有含近千个项目的数据库，可为投资方提供高质量的"拟投项目"。通过多年实践积累，投融资事业部已成功地为多地政府和企业提供了多项优质服务。具体案

315

例有：

投融资事业部服务成果

政府	企业
咨询服务 ● 河北省旅游投融资白皮书 ● 山西省旅游投融资白皮书 ● 山西省旅游项目管理体系建设 ● 山东省旅游项目库策划 ● 好客山东十大文化旅游目的地品牌重点项目包装 大会技术服务 ● 首届河北省旅游投融资大会承办 ● 山西省第二届旅发大会暨旅游投融资大会技术服务 ● 山东省旅游产业发展大会技术服务 ● 中国（天津）旅游产业博览会暨天津旅游投资与旅游特色小镇论坛 ● 池州全要素招商大会	财务顾问类 ● 《腾冲高黎贡国际旅游城并购顾问》 ● 《九华健康体育产业园项目顾问》 投融资咨询类 ● 《富平陶艺文化产业园项目商业计划书》 ● 《三亚水稻国家公园项目投资可行性分析报告》 ● 《山东红酒湾"东方酒市"众筹小镇商业策划》

3. EPC 建造事业部

EPC 建造事业部充分整合内外部平台资源，为旅游建造项目提供设计、施工、采购一体化的专业旅游建造服务。EPC 建造事业部与各合伙人应建立紧密关系，将项目策划、规划、设计、施工有机整合，可在策划、规划、设计、施工等前端与甲方项目洽商阶段相互支持合作，在旅游项目承揽过程中，充分突出绿维平台的专业性与竞争力，在项目开发与建造过程中通过整合资源、信息，实现合作共赢的目的。

EPC建造事业部组织架构

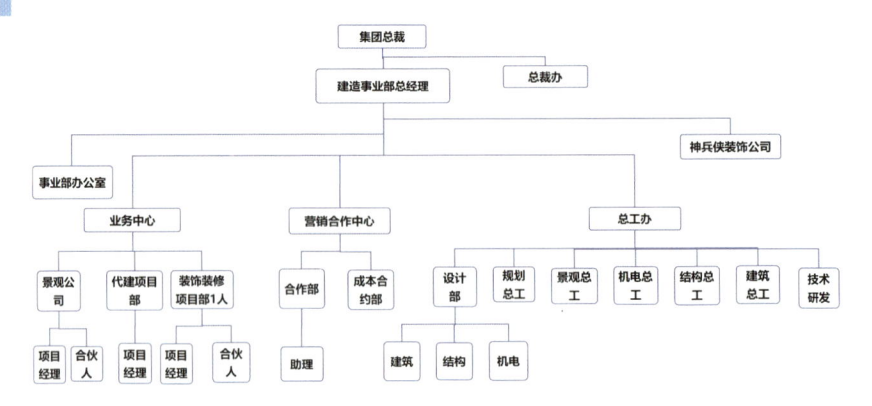

在旅游规划设计阶段，将工程建造理论导入前端，指导前端规划落地，

避免规划设计方案与后期建造脱节，可以免费派驻工程商务专家，为旅游建造项目提供施工图设计、设备采购、施工建造等一体化咨询答疑服务。

EPC建造事业部主营业务

产品类型	具体服务
景观设计与施工一体化	硬质铺装、苗木种植、景观建筑、景观墙体、围墙、小品、微地形、水景、灯光、景观给排水、背景音乐、附属设施等内容的设计与施工一体化
温泉设计与施工一体化	温泉规划设计、温泉工程建造、温泉管理顾问、温泉设计与施工咨询服务
室内装修设计与施工一体化	展览馆、博物馆、购物中心、专业商场、室内乐园、儿童游乐馆等设计、采购、施工一体化
旅建网	旅游建造项目招投标信息、行业政策信息、行业技术交流、项目案例、旅建造类会议承揽、供应商、运营商广告投放
规划、施工图设计	项目规与建筑、结构、机电、景观、装饰等施工图设计、审图、技术咨询服务
PMC项目代建	设计管理、采购管理、招投标造价服务、施工管理、投资管理、合同管理、组织工程验收、资料管理
工程咨询	以建造库资源对应相应渠道，承接项目，形成收益

EPC建造事业部形成全国首家旅游EPC建造模式，承包商对设计、采购和施工进行总承包，在项目初期考虑采购和施工的影响，减少设计变更，缩短工期，具有快速形成旅游项目建造一体化、专业化、效率化、经济化的建造运营落地能力。

目前，EPC事业部已与中建六局、中外建、中航工业集团、南方游乐设备公司、澳大利亚克莱尔工业、甲尼国际照明、旺明国际等全球82家大型城建商、施工设计单位、PPP建造、旅游设备供应商签订战略合作，在工程项目承揽、全产业链旅游开发领域达成了深度合作，打造旅游全产业链建造产品和综合咨询服务。

4. 运营管理事业部

绿维运营管理事业部以符合时代要求的"共享经济"理念，开创性地把旅游业的优秀一线经营资源，用"合伙人"制度整合起来，为切实解决旅游业中产品与市场对接存在的诸多经营问题，打通旅游产品对接市场、落地运营的最终环节而建立的职能部门。

运营管理事业部组织架构

```
                        运营管理事业部
    ┌──────────┬──────────────┬──────────────┬──────────────┐
   研发部         运营部          资源部         事业部经理办公室
  ┌──┬──┬──┐   ┌──┬──┬──┐    ┌──┬──┬──┐       ┌──┬──┐
  评 策 成 合    温 漂 景         资 运 活 专      品 业
  研 划 本 伙    泉 流 区         源 营 动 家      牌 务
  组 组 计 人    运 运 运         导 及 及 及      经 拓
        划 事    营 营 营         入 招 营 培      营 展
        组 务    团 团 团         研 商 销 训
              队 队 队         发 资 资 资
                                   源 源 源
                                   库 库 库
```

绿维运营管理事业部通过合资、合伙、合作的"三合"模式，整合各类旅游运营资源，形成从投资、策划，到项目落地、运营的全程咨询、资源导入、项目托管、人员培训的服务能力，成为绿维文旅集团的运营驱动核。

◇ 服务内容

依托于绿维旅游资源库中的开发、运营、招商、管理等资源，针对旅游与特色小镇项目，运营管理事业部主要提供旅游与特色小镇开发运营管理过程中的咨询服务、顾问服务与执行服务。

在顶层设计阶段，运营管理事业部从高处着眼，主要为项目方在战略模式与投融资架构方面提供兼具策略性与实操性的服务。在项目筹备阶段，事业部主要提供"两对接一支点"服务，即积极对接绿维自有资源与外部资源，并在对旅游项目地资源进行分析评估基础上，为各阶段开发积极寻找支点，确定启动项目，从而撬动市场。在管理执行提升阶段，运营管理事业部秉承"有好产品，更要有好管理"的理念，基于管理运营的独特性，以及旅游运营管理多年一线经验，主要帮助甲方进行项目运营辅导，及时解决客户项目运行过程中出现的问题。在持续服务阶段，运营管理事业部以"提效益、树品牌"为目标，依照共同商定的方案及工作目标，形成工作推进计划。并派驻管理人员，对接绿维智美等营销资源，按照工作计划管理并推进全年工作。

附 录

◇ 服务方式

根据项目方的实际情况与项目所处的开发运营阶段，运营管理事业部将采取个性化的服务方式，为需求方找到最合适的解决方案。形成咨询报告服务模式、运营顾问服务模式、委托执行服务模式与内容及IP导入服务模式。

在咨询报告服务模式中，运营管理事业部通过组织各专业专家，以会诊形式研究旅游项目的专项运营问题，通过案例的实地考察，提供项目诊断报告、资源梳理报告等专业的研究报告，为决策提供依据。

在运营顾问服务模式中，事业部以"运营专员+绿维智库"的服务结构为基础，针对项目的实际情况，提供项目开发线路图、资源导入、运营管理三位一体的服务模式。通过开发路线图，把握开发节奏与重要节点；通过资源平台对接绿维内外部资源，打造小镇独特的旅游产品、服务业态；通过有力的运营管理执行，解决经营中的问题，打造独具特色的小镇品牌。

在委托执行服务模式中，运营管理事业部针对旅游项目"运营难、招商难、营销难、人才难"的四难问题，为项目方提供运营、招商、营销、人力资源的委托执行服务。

在内容及IP导入服务模式中，运营管理事业部针对旅游产品缺乏特色，且培育过程繁难的现状，为项目方提供研学教育、夜色革命等产品内容及IP全程服务模式，以构建旅游核心吸引物。

运营管理事业部将在深刻理解旅游项目内外资源和竞争环境的基础上，充分整合调动内外资源，从而达到"成就客户、成就品牌、成就自我"的共赢目的。

5. 智慧旅游事业部

智慧旅游事业部立足于智慧旅游发展现状，与旅游行业深入融合，将以物联网、移动互联网、智能化、云计算为技术核心，实现人、物、事、流程的全面连接、互通与融合，构建"智慧+旅游"生态链，成为旅游产业转型及创新的发动机。

智慧旅游事业部依靠强大的技术资源，为绿维文旅实现企业互联网化和运营平台化提供了坚实的保障。

智慧旅游事业部组织架构

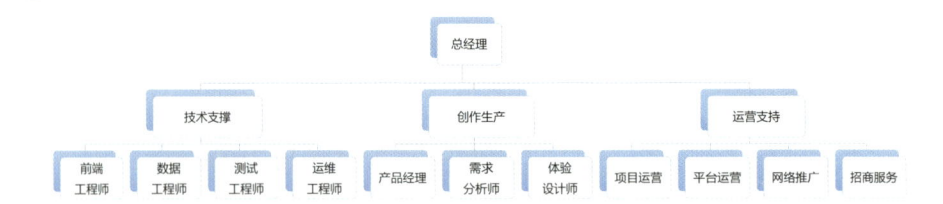

```
                        总经理
          ┌───────────────┼───────────────┐
        技术支撑         创作生产        运营支持
    ┌──┬──┬──┐      ┌────┬────┬────┐  ┌────┬────┬────┐
  前端 数据 测试 运维  产品 需求 体验   项目 平台 网络 招商
  工程师 工程师 工程师 工程师 经理 分析师 设计师 运营 运营 推广 服务
```

  同时，智慧旅游事业部积极地整合内外部平台资源，以旅发网为基础，积极搭建旅游与特色小镇开发运营平台，包括旅发网在内的旅英网、旅建网、旅运网、旅开网、旅投网、旅智网、知识库八大网络矩阵，形成旅游行业 O2O 服务平台，以融合旅游产业资源为核心竞争力，向旅游企业提供更全面的智力支撑、产业链资源输出和多维度能力输出。

  智慧旅游事业部通过旅游大数据平台的建设和智慧目的地运营系统的搭建，构建起一站式项目孵化和交易撮合服务，实现线上、线下全域协同共赢。

  旅游大数据平台通过旅游资源数据整合、综合利用、分析挖掘，帮助政府建立旅游大数据的汇集及应用。平台与多个省级现有业务系统、旅游资源库进行对接，帮助政府打造一个统一、权威的旅游政务与公共服务平台，为政府决策提供有力支持，提高政府服务的效能；同时致力于对游客开放相关旅游数据，引导游客安全旅游、高效旅游，提升当地旅游服务水平。

  智慧目的地运营系统通过为旅游目的地打造全新的运营架构，包括 web 网站、移动端以及后端智能平台，以统一支付的交易体系将旅游资源和相关的食、住、行、购、娱等进行整合经营，充分挖掘目的地群众的双创潜力。同时能实现多种不同前端软硬件感知设备（包括电子票务、电子闸机、语音播报、信息发布等）的协同运转，预留上层智能管理平台接口，连接游客端，形成一整套融合性的智慧旅游软硬件运营体系。

  伴随世界经济加速向以网络信息技术产业为重要内容的经济活动转变，智慧旅游事业部将肩负起以信息化改造提升传统动能，提高供给质量和效率，助推供给侧结构性改革，推动传统旅游产业数字化、智能化、网络化转型升级的历史使命。智慧旅游打造数据化运营的核心能力，通过数据融合、数据储备与数据分析，形成数据决策引擎，更进一步为旅游企业的精细化管理和决策，乃至旅游产业链发展提供大数据支撑。提供智慧旅游项目规划和工程建设，向各级政府提供旅游大数据技术支持。

6. 人才与培训事业部

人才与培训事业部主要设置旅英网、绿维商学院、绿维文旅学院三大分支机构。旨在为旅游开发、投融资、规划设计、工程建造、运营、智慧旅游等企业，提供专业人力资本服务。

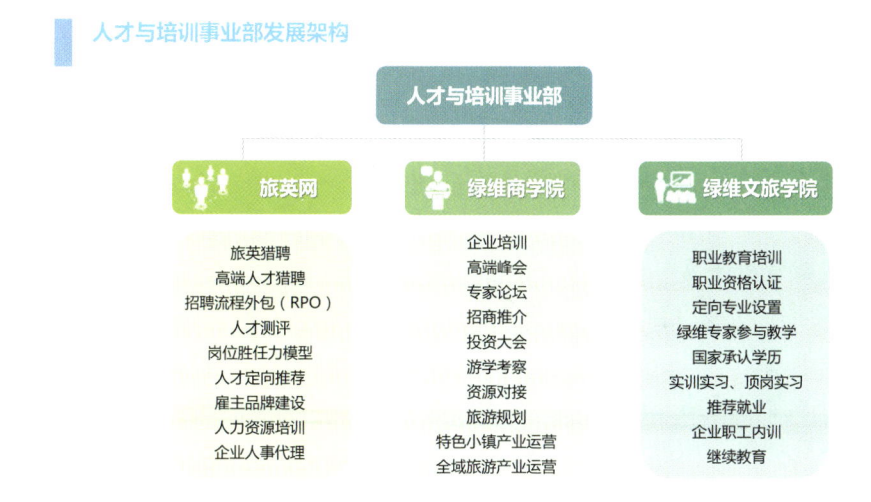

人才与培训事业部发展架构

旅英网	绿维商学院	绿维文旅学院
旅英猎聘	企业培训	职业教育培训
高端人才猎聘	高端峰会	职业资格认证
招聘流程外包（RPO）	专家论坛	定向专业设置
人才测评	招商推介	绿维专家参与教学
岗位胜任力模型	投资大会	国家承认学历
人才定向推荐	游学考察	实训实习、顶岗实习
雇主品牌建设	资源对接	推荐就业
人力资源培训	旅游规划	企业职工内训
企业人事代理	特色小镇产业运营	继续教育
	全域旅游产业运营	

◇ 旅英网

旅英网秉承"帮文旅企业快捷觅才，达成高效团队；助文旅精英才尽其用，成就卓越人生"的建设理念，面向旅游全产业链行业提供一站式人力资源综合解决方案、人才专家咨询、旅游人才发展报告等咨询服务；以及网络招聘、招聘流程外包、背景调查、结构化面试、人职匹配分析、高端人才猎聘等招聘服务；同时为"旅游+"行业精英人才提供职业发展规划、职业升级培训、职业资格认证等培训服务。事业部聘请业界专家，开设旅游系列公开课（课程包括开发、投资、PPP、建造、运营、智慧旅游、特色小镇－全域旅游－田园综合体等方面）满足各类旅游精英和旅游管理团队的提升需求，是专业的知识共享、技能提升、人脉积累、精英猎聘的综合交流服务平台。

旅英网拥有海量的旅游人才库、专业的人才咨询顾问团队、完善的客户服务体系和科学的人才价值评估体系。确保不受时间地域限制，通过网络技术随时随地为旅游全产业链输出专业人才，实现企业与个人的价值最大化。

◇ 绿维商学院

绿维文旅控股集团下属商学院，依托绿维文旅在旅游与特色小镇方面的专业影响力及十余年项目实操经验，以创新立院，以成为中国一流的文旅商学院为目标，拥有行业权威师资，建构多元化授课方式，致力于分享经典，解决问题，提高行业管理服务水平，诚邀业界精英"共享智慧·共融合作"。

师资雄厚

绿维商学院有自己的导师智库，业内许多大咖都是绿维商学院的特聘教授，师资力量雄厚。

实战经验丰富

商学院从成立到现在已经主办、协办、承办了很多的活动，拥有丰富的实战经验。

行业资源丰富

依托绿维文旅控股集团十年的发展沉淀，有着极为丰富的行业资源，商学院成为文旅行业汇聚优质资源的平台。

◇ 绿维文旅学院

专注文旅职业教育及职业资格认证，通过与国内知名院校紧密合作，面向社会，针对市场需求，培养更优秀，更实战型专业人才。真正实现入学、实训、就业、资格认证一体化模式。学院拟设置景观设计、环境艺术设计、景区开发与管理、酒店管理、旅游管理五大专业，进行教学管理，学生毕业时成绩合格可取得合作高校颁发的国家承认的学历证书。通过企业资源整合，为学生提供实训实习、顶岗实习以及入职就业的机会，也为企业推送更符合职位需求的高质量的专业人才。

人才与培训事业部以务实的态度、专业的服务，急市场之所急，为全国各地方的政府、企业、个人提供个性化、定制化的人才流动、专业

附　录

培训服务，以支持旅游行业更快、更好地发展。

7．平台运营中心

平台运营中心致力于打造旅游产业开发第一平台"旅发网"，实现绿维文旅集团旅游产业开发服务的互联网化、平台化运营，实现旅游产业O2O生态链的全程运营。该中心整合公司资源形成旅游产业的垂直领域多点布局，构建旅游产业规划、施工建造、项目众筹、政企投融资合作、智慧城区建设、人才输送等的综合服务。

平台运营中心组织结构

平台运营中心
- 用户运营
- 推广合作
- 网站编辑
- 客户服务
- 产品运营
- 策划设计

平台运营中心业务结构图

旅发网（旅游产业开发平台）
- 旅建网
- 旅英网
- 旅运网
- 旅投网
- 旅开网
- 旅智网
- 旅创网

平台运营中心以旅发网为核心运营平台。业务涵盖旅建网、旅英网、旅运网、旅投网、旅开网、旅智网、旅创网七大垂直旅游矩阵服务。